本书是国家社会科学基金项目（一般项目）《西部地区老年残疾人居家养老服务供给体系研究》的最终成果

本书由西北大学"双一流"建设项目、陕西省普通高校哲学社会科学特色学科建设项目（《基于合作收益的公共管理学科建设》）资助出版

公共管理学术前沿文库

残障老人社区居家养老服务研究

基于西部地区的调查

许琳 等◎著

中国社会科学出版社

图书在版编目（CIP）数据

残障老人社区居家养老服务研究：基于西部地区的调查／许琳等著．—北京：
中国社会科学出版社，2016.12

（公共管理学术前沿文库）

ISBN 978-7-5161-9096-8

Ⅰ.①残…　Ⅱ.①许…　Ⅲ.①残疾人—养老—社区服务—研究—中国
Ⅳ.①D669.6

中国版本图书馆 CIP 数据核字（2016）第 241536 号

出 版 人	赵剑英	
责任编辑	孙　萍	
责任校对	胡新芳	
责任印制	王　超	

出　　　版	中国社会科学出版社	
社　　　址	北京鼓楼西大街甲 158 号	
邮　　　编	100720	
网　　　址	http://www.csspw.cn	
发 行 部	010-84083685	
门 市 部	010-84029450	
经　　　销	新华书店及其他书店	

印　　　刷	北京君升印刷有限公司	
装　　　订	廊坊市广阳区广增装订厂	
版　　　次	2016 年 12 月第 1 版	
印　　　次	2016 年 12 月第 1 次印刷	

开　　　本	710×1000　1/16	
印　　　张	20.25	
插　　　页	2	
字　　　数	311 千字	
定　　　价	76.00 元	

总　序

　　"全面改革"、"深化改革"是我们党和政府面临的一项长期而艰巨的任务，在改革的过程中，很多公众所关注的公共管理问题都会被提上议事日程，并进入决策者深化改革的序列。这些问题涉及政府、市场和社会等各个领域，比如：与社会公众生命和财产密切相关的应急管理问题、与国家战略相匹配的可持续发展问题、造成消费者剩余损失的垄断问题、关乎社会公平的公共服务供给均等化问题、保证政府公信力的执政能力提升问题、影响人民群众生活水平的收入分配制度改革问题、关乎民生的养老和医疗卫生体制改革问题，等等。这些问题的顺利解决不仅能够增加人民群众的福利或福祉，更有利于经济的持续发展和社会的长期稳定。

　　关注理论前沿和研究社会热点问题是学者们义不容辞的责任，对以上诸多公共管理问题的深入研究不仅能够促进学科的理论创新，而且也能够为改革的决策部门提供智力支持。

　　西北大学公共管理学院在公共管理领域的教学与研究起步于20世纪80年代，是全国最早涉及此领域的院校之一。30多年来，学院紧跟公共管理的理论前沿，围绕中国公共管理特别是西部地区公共管理理论与实践的热点和难点问题，进行了多学科、多角度、多层次的探索，形成了公共行政学、社会保障学、公共政策与管理、人力资源管理以及公共信息资源管理为核心的五个学科方向，并在上述领域取得了一系列科研进展。为了与大家分享已有的研究成果，我们以"公共问题研究文库"的形式将其结集出版。希望能够以该文库为载体，有效传播西北大学在公共管理领域研究的新观点和新思想，并为公共管理学科学术资源的积累、学术梯队的培养贡献自己应有的力量。

公共管理学术前沿文库编委会

2013 年 12 月

前　言

　　中国正面临前所未有的人口老龄化的严峻挑战。截至 2015 年末，我国 60 周岁及以上人口达 2 亿 2200 万人，占总人口的 16.1%。预计到我国人口老龄化高峰，老龄人口将占全国总人口的 1/3。养老已不是家庭成员的独立责任被越来越多的人所认同。加快发展社会养老服务是保障民生和全面建成小康社会的一项紧迫任务。老年人的养老方式大致可分为家庭养老、机构养老和社区居家养老。近年来，我国正在逐步建立以居家为基础、社区为依托、机构为支撑的养老服务体系。其中，社区居家养老服务是指政府和社会力量依托社区，为居家的老年人提供生活照料、家政服务、康复护理和精神慰藉等方面服务的一种服务形式。社区居家养老作为一种既与传统的家庭养老和机构养老不同又发挥了家庭养老和机构养老优势的养老方式，以其成本低、覆盖面广、服务方式灵活、能充分利用社会和社区资源、能照顾到老年人不愿离开家和熟悉的生活环境的心理需求、便利性、舒适度、经济性、安全性突出等优点，不仅成为绝大多数老人养老方式的首选，而且，自 2008 年全国老龄委联合发改委、民政部等十部委下发《关于全面推进居家养老服务工作的意见》至今，社区居家养老已上升为我国应对人口老龄化挑战的根本战略。

　　在应对人口老龄化挑战、推进社区居家养老服务发展的今天，我们必须充分认识到这样一个基本国情——我国不仅是世界上老龄人口最多的国家，而且是残疾人口最多的国家（2010 年末我国残疾人已超过8502 万人，残疾类型包括视力残疾、听力残疾、言语残疾、肢体残疾、智力残疾、精神残疾、多重残疾和其他残疾），还是残疾老人和失能老人最多的国家（2015年我国残疾老人已超过4526万人，失能老人已超过4000万人）——老年残疾人占全国老年人口的比例为24.43%，占全部残疾人的比例为53.24%，老年残疾已成为我国经济与社会发展进程中值得高度关注的社会问题。数量不断增长的老年残疾人面临年老和残疾的双重障碍，自然衰老带来的身体器官功能退化与残疾带来的身心障碍和不便叠加在他们身上，这使得他们在日常生活、社会参与及养老等许多方面遇到一系列不同于常人的困难，生活质量差。多项调查结果显示，居家养老依然是大部分老年人（包括老年残疾人）的选择。可见，我国面临的老年残疾人社区居家养老服务压力和失能老年人照护服务压力超过世界上的任何国家。完善我国老年残疾人社区居家养老服务体系任重道远。

残疾人是社会保障和公共服务的重点人群之一，而老年残疾人居家养老服务体系是我国养老服务体系和社会保障体系的重要组成部分，它关系到老年残疾人晚年的生活条件和生活质量。完善的社区居家养老服务供给体系的建设并不是一蹴而就的，需要一个长期的过程，其必然受到国家政策、政府财力、经济社会发展水平、社会认知度、公众参与度、人力资源供给、社会管理水平等多种因素的影响。如何构建老年残疾人居家养老服务供给体系已成为我国老龄事业、残疾人事业、社会保障事业、社区服务发展的一个新课题，特别是在经济发展水平不高但已进入老龄化社会的西部省份，对这一问题的关注和研究远远不足。

本书立足我国西部地区，以人口老龄化为背景，以西部地区老年残疾人社区居家养老服务需求与供给体系为研究对象，以老年残疾人均等享有公共服务为主线，采用文献研究法、问卷调查、深度访谈与个案研究法、统计分析法、比较分析法、系统分析法等方法，沿着"规范研究—实证研究—对策研究"的思路以及"老年残障风险—老年残疾人居家养老服务需求—老年残疾人居家养老服务保障"的分析框架展开研究。力图准确把握我国西部地区老年残疾人社区居家养老服务的需求与供给的特点、现状、政策效应、存在的问题及面临的困境，探索完善西部地区老年残疾人社区居家养老服务供给体系的路径与对策，为我国包括居家养老在内的养老服务体系的完善提供可供参考的现实依据及政策依据。

本书共有七章，具体内容如下：

第一章绪论，介绍本书的研究背景、研究对象和相关概念的界定、研究意义、研究的主要内容和基本思路以及研究方法。

第二章通过文献研究，梳理老年残疾人社区居家养老相关的基本理论及研究文献，跟踪并把握研究前沿，为研究提供学理基础。

第三章基于长期照护的对象主要是老年残疾人中的失能老人，主要分析国际上长期照护的四种模式、台湾长期照护的实践探索以及英美日等国政府与非政府组织在社区居家养老服务供给中的合作实践带给我们的有益的国际经验。

本书的重点是对西部地区老年残疾人社区居家养老服务需求及供给体系的研究，其中需求研究包括定量研究和质性研究两部分。其内容分别体现在第四章和第五章中。

第四章为定量研究，在西部 6 省区问卷调查的基础上，采用 SPSS 统计分析方法，通过描述性分析、交互分析、Logistic 回归分析等实证分析方法和文献研究方法，重点分析西部地区老年残疾人的社区居家养老服务需求现状，分析个人及群体基本特征、家庭特征和社会经济特征等对其社区居家养老服务需求的关联性。

第五章运用质性研究方法，通过对老年残疾人及其家庭的典型个案进行深度访谈，分析所调查的老年残疾人的年龄、残疾类型和残疾等级、生活自理状况、婚姻状况、经济状况、家庭残疾人口数、居住方式、主要照料者等因素及其对养老方式、社区居家养老服务需求和老年生活质量的影响。

第六章研究西部地区老年残疾人社区居家养老服务供给体系及政策分析，从政策法律环境、我国东西部地区政策实践比较等维度，研究支撑我国老年残疾人社区居家养老服务供给体系的法律法规及政府相关政策构成、内容及政策效应，对我国东西部不同地区老年残疾人社区居家养老服务供给体系进行比较研究，吸取有益经验、启示和借鉴，厘清西部地区老年残疾人社区居家养老服务供给体系的现状、特点及面临的困境，分析阻碍西部地区老年残疾人社区居家养老服务发展的因素。

第七章实现路径研究，按照基本公共服务均等化理论的本质要求，提出完善西部地区老年残疾人社区居家养老服务供给体系的路径——确立一个视角（残障视角），走出四个认识误区，坚持弱者优先及残疾人权利保障等五项基本原则，确立服务老年残疾人的宗旨以及提高老年残疾人生活质量的目标，构建普通老人居家养老服务体系和残障老人居家养老服务体系两大体系，完善制度保障、资金保障、组织保障、服务队伍保障、服务设施保障和信息化保障等五个服务支持体系。

目　录

第一章　绪论 ……………………………………………………（1）

　第一节　研究背景 ……………………………………………（1）

　第二节　研究对象和相关概念的界定 ………………………（3）

　第三节　研究意义 …………………………………………（13）

　第四节　研究的主要内容和基本思路 ………………………（13）

　第五节　研究方法 …………………………………………（15）

第二章　国内外研究综述及相关理论 ………………………（18）

　第一节　国内外研究综述 …………………………………（18）

　第二节　相关理论 …………………………………………（37）

第三章　长期照护的模式及社区居家养老服务

　　　　　供给的国际经验 …………………………………（47）

　第一节　国际上长期照护的四种模式 ……………………（47）

　第二节　台湾长期照护的探索 ……………………………（58）

　第三节　英国、美国、日本和中国香港政府与民间组织在

　　　　　社区居家养老服务供给中的合作实践 …………（74）

第四章　西部地区老年残疾人社区居家养老服务

　　　　　需求的定量研究 …………………………………（88）

　第一节　研究设计 …………………………………………（88）

第二节　实证分析 ……………………………………（92）
第三节　研究结论 ……………………………………（117）

第五章　西部地区老年残疾人社区居家养老服务
　　　　需求的质性研究 ……………………………（120）
第一节　研究设计 ……………………………………（120）
第二节　结果与分析 …………………………………（121）
第三节　研究结论 ……………………………………（133）

第六章　西部地区老年残疾人社区居家养老服务
　　　　供给体系分析 ………………………………（141）
第一节　支撑我国老年残疾人社区居家养老服务
　　　　供给体系的政策环境分析 …………………（142）
第二节　东部地区部分省市的探索 …………………（166）
第三节　西部地区 12 省区的实践 …………………（174）
第四节　东西部地区老年残疾人社区居家养老服务
　　　　供给体系的比较分析 ………………………（200）
第五节　小结：对西部地区老年残疾人社区居家
　　　　养老服务供给体系的基本判断 ……………（226）

第七章　完善西部地区老年残疾人社区居家养老
　　　　服务体系的路径 ……………………………（229）
第一节　确立残障视角，走出老年残疾人
　　　　社区居家养老服务的几个误区 ……………（229）
第二节　坚持弱者优先及残疾人权利保障
　　　　等基本原则 …………………………………（232）
第三节　构建两大服务体系 …………………………（234）
第四节　完善五个服务支持体系 ……………………（236）

结　语 ……………………………………………………（246）

附录1　调查问卷 ································· （248）

附录2　访谈案例 ································· （253）

参考文献 ······································ （284）

后　记 ·· （306）

图表目录

图 1—1　老年人、老年残疾人、失能老人概念关系 ……………（8）

图 1—2　我国的社会养老服务体系的构成 ………………………（9）

图 1—3　长期照护的类型的构成 …………………………………（12）

图 1—4　老年生活保障体系的构成 ………………………………（12）

图 1—5　研究思路与结构 …………………………………………（16）

图 3—1　家庭非正式照护负担系数（1950—2100 年） …………（54）

图 3—2　四种福利模式下高龄老人规模与长期照护

　　　　公共支出规模之关联 ……………………………………（55）

图 4—1　调查对象的残疾类型分布比率 …………………………（93）

图 4—2　调查对象的生活自理程度分布 …………………………（93）

图 4—3　调查对象领残疾人证的比率 ……………………………（93）

图 4—4　调查对象日常生活的照料者 ……………………………（94）

图 4—5　调查对象养老面临的最大困难 …………………………（94）

图 4—6　调查对象在养老方面的最大期望 ………………………（94）

图 6—1　政府在居家养老服务中的职责 …………………………（203）

图 6—2　福利多元主义理念下完善的社区居家

　　　　养老服务供给体系的构成 ………………………………（203）

图 6—3　老年残疾人居家养老服务所需要的

　　　　各类专业服务人员的构成 ………………………………（206）

图 6—4　2013 年末获得市政府运营奖励的西安市社会

　　　　力量开展居家养老服务的 65 个社会组织的

　　　　构成分布 ……………………………………（206）

图 6—5　阻碍西部地区老年残疾人社区居家养老

　　　　服务发展的因素分析 ………………………（225）

图 7—1　老年残疾人社区居家养老服务体系 …………（235）

表 3—1　不同年龄段就业身份的性别差异（2009 年）…………（52）

表 3—2　2015—2051 年台湾地区人口结构中方案预测 …………（59）

表 3—3　2006—2051 年台湾地区 65 岁以上老年人口变化 …………（60）

表 3—4　台湾地区长期照护服务对象人数推估 ………………（61）

表 4—1　本书所选取的变量名称及取值 …………………………（89）

表 4—2　残障老人社区居家养老服务需求的描述性分析 …………（95）

表 4—3　残障老人居家养老意愿交互分析比较 ………………（102）

表 4—4　残障老人日常生活照顾选择的交互分析 …………（105）

表 4—5　残障老人社区养老服务态度的交互分析 …………（108）

表 4—6　残障老人社区提供上门服务的交互分析 …………（110）

表 4—7　影响残障老人居家养老意愿的 Logit 模型回归结果 ……（112）

表 4—8　影响残障老人最希望谁来照顾日常生活

　　　　选择意愿的多项 Logit 模型回归结果 ………………（114）

表 4—9　影响残障老人社区养老服务态度的

　　　　多项 Logit 模型回归结果 ………………………（115）

表 4—10　影响残障老人对社区提供上门服务态度的

　　　　多项 Logit 模型回归结果 ………………………（116）

表 5—1　本书中典型个案案主的基本情况 …………………（121）

表 5—2　残疾人家庭收入与社会平均水平存在的差距 …………（126）

表 5—3　健康老人与老年残疾人居家养老服务需求比较 …………（135）

表 5—4　重度肢体残疾人的主要障碍和辅助器具需求 …………（138）

表 6—1　我国老年残疾人社区居家养老服务相关法律体系 …………（142）

表 6—2　我国老年残疾人居家养老服务相关的部分政府

　　　　发展规划 ………………………………………（159）

表6—3　东部几个主要大城市居家养老服务的特点 ……………（173）

表6—4　西安市莲湖区可享受无偿居家养老服务的
　　　　人员类别及服务标准 ……………………………（179）

表6—5　西部几个主要城市居家养老服务的特点 ……………（199）

表6—6　东西部几个主要地区老龄化水平及其社区
　　　　居家养老服务发展状况比较 ……………………（210）

表6—7　居家养老服务的不同供给模式 ………………………（216）

表6—8　与老年人及残疾人养老服务相关的政府补贴 ………（217）

表6—9　残疾人家庭与全国居民家庭生活水平差距 …………（222）

表6—10　2010—2013年我国残疾人社区服务覆盖率
　　　　　及残疾人康复服务覆盖率 ……………………（223）

表7—1　老年残疾人社区居家养老服务多元主体结构 …………（241）

第一章

绪　论

第一节　研究背景

中国是世界上老年人口最多的国家，也是世界上人口老龄化发展速度最快的国家之一。1999 年我国已开始进入老龄化社会。截至 2015 年末，我国 60 周岁及以上人口达 2 亿 2200 万人，占全国总人口的16.1%。其中，65 岁及以上人口 1 亿 4386 万人，占全国总人口的10.5%。[①] 不仅如此，我国还是世界上残疾人口最多的国家。根据 2006年第二次全国残疾人抽样调查数据推算，我国各类残疾人总数为 8296万人，残疾人口占全国总人口的 6.34%。其中，60 岁及以上的老年残疾人约为 4416 万人，占全部残疾人的 53.23%。[②] 老年残疾人占全国老年人口的比例为 24.43%，老年残疾率是总人口残疾率的 3.85 倍。[③] 根据 2010 年第六次全国人口普查我国总人口数及第二次全国残疾人抽样调查我国残疾人占全国总人口的比例推算，2010 年末我国残疾人总数已达到 8502 万人。[④] 由此推算，2010 年末全国 60 岁及以上老年残疾人

---

① 中华人民共和国国家统计局：《中华人民共和国 2015 年国民经济和社会发展统计公报》，2013 年 2 月 29 日，国家统计局网站（http://www.stats.gov.cn/tjsj/zxfb/201602/t20160229_1323991.html）。

② 第二次全国残疾人抽样调查领导小组、中华人民共和国国家统计局：《第二次全国残疾人抽样调查主要数据公报》（第二号），2007 年 5 月 28 日，中残联网站（http://www.cdpf.org.cn/sytj/content/2007-11/21/content_74902.htm）。

③ 杜鹏、杨慧：《中国老年残疾人口状况与康复需求》，《首都医科大学学报》2008 年第 3 期。

④《2010 年末全国残疾人总数及各类、不同残疾等级人数》，2012 年 6 月 26 日，中残联网站（http://www.cdpf.org.cn/sytj/content/2012-06-26/content_30399867.htm）。

约为 4526 万 5000 人。在造成残疾人口数量和比例上升的诸多原因中，人口老龄化是其中最重要的因素。由于生理机能衰退，心脑血管疾病、骨关节病、糖尿病、帕金森病、老年性痴呆（阿尔茨海默病）等发病率的提高，老年人面临的残疾风险远远高于其他年龄组群。1987 年和 2006 年两次全国残疾人抽样调查的数据对比显示，我国 60 岁及以上残疾人由 1987 年的 2051 万人上升到 2006 年的 4416 万人，增加了 2365 万人，占全国残疾人新增总量的 75.5%。老年残疾人占残疾人总数的比例由 1987 年的 39.7%上升到 2006 年的 53.24%。随着我国人口老龄化和老年人口高龄化的进一步发展，预计到 21 世纪上半叶我国老年残疾人的数量和比例将以较快的速度增长。伴随着我国人口老龄化的发展，残疾人口的老龄化将会更加明显。老年残疾人的增多已成为我国人口老龄化过程中的必然趋势和突出问题。

数量不断增长的老年残疾人面临年老和残疾的双重障碍，自然衰老带来的身体器官功能退化与残疾带来的身心障碍和不便叠加在他们身上，这使得他们在日常生活、社会参与等许多方面遇到一系列不同于常人的困难，生活质量差。因此，在我国老年残疾人口的绝对规模和相对规模双双增长的态势下，老年残疾人的生活照料或长期护理问题已成为我国人口老龄化背景下必须面对和亟须解决的重大社会问题。

老年人的养老方式大致可分为家庭养老、机构养老和社区居家养老。多项调查结果显示，居家养老依然是大部分老年人的选择。大部分老年人愿意独立或与子女共同居住在环境熟悉的社区，在家人的陪伴下度过晚年，居家养老的意愿始终占据主流。事实上，居家养老已经成为我国政府推行的养老方式中覆盖人群最广、最经济、最适合国情、最易被老人所接受的养老方式。居家养老服务属社区照料，是以家庭为核心、以社区为依托、以专业化服务为依靠，为居住在家的老年人提供以解决日常生活困难为主要内容的社会化服务，其形式主要是由社区组织经过专业培训的服务人员上门为老年人提供生活照料、康复护理和精神慰藉等服务以及在社区建老年人日间照料中心为社区老人提供服务。居家养老符合我国人口老龄化特点，且能够满足老年人的生活和心理习惯，是对传统家庭养老模式的补充与更新。如何让包括绝大多数老年残疾人在内的老年人在不入住养老机构的情况下在家、在社区健康地养老，度过有尊严、有质量的晚年生活，就成为居家养老服务体系建设的重要和艰巨的任务。

老年残疾人属于老残一体的双重弱势群体，其外延涵盖了失能老人、部分失能老人、重度残障老人、生活半自理和自理残障老人以及一户多残老人等多种情况。据统计，2010年末，全国城乡部分失能和完全失能老年人约3300万人，① 占总体老年人口的19.0%。其中完全失能老年人1080万人。2012年全国失能老人达3600万人，2013年增长到3750万人，② 2014年末近4000万人。③ 现有对居家养老问题的研究中，对不同特征老年群体居家养老服务需求、服务模式的分类研究明显不足，特别是缺乏对残障老年人居家养老服务的专门研究。残障老人家庭的养老问题与健康老人家庭的主要差别是什么？在居家养老服务需求方面，健康老年人与残疾老人有何差异？不同残疾等级、不同残疾类别的老人对养老服务需求有何差异？不同经济条件、不同性别、不同年龄段、不同婚姻状况、不同居住方式的残疾老人对居家养老服务需求有何差异？在居家养老服务供给方面，境外的实践有何经验可借鉴？我国西部与东部的实践有何不同？西部地区在残疾老人居家养老服务体系建设方面的现状如何？取得了哪些有益的经验、存在哪些问题、面临怎样的困境？现有的居家养老服务供给是否可以满足老年残疾人的特殊需求？破解西部地区老年残疾人居家养老服务体系建设困境的出路何在？——这些正是本书要探索并回答的问题。

第二节　研究对象和相关概念的界定

本书以西部地区老年残疾人居家养老服务需求与供给体系为研究对

① 《2010年度中国老龄事业发展统计公报》，全国老龄工作委员会办公室网站（http：//www.cncaprc.gov.cn/jianghua/12147.jhtml）。

② 吴玉韶：《中国老龄事业发展报告（2013）》，2013年2月27日，全国老龄工作委员会办公室网站（http：//www.cncaprc.gov.cn/jianghua/22341.jhtml）。

③ 《我国失能、半失能老人近4000万人》，2015年12月6日，新华网（http：//news.sinhuanet.com/local/2015-12/06/c_1117370072.htm）。

象，以老年残疾人为研究目标人群，研究涉及老年人、残疾人、残疾标准、残障老人、失能、半失能、失能老人、居家养老、长期照料、养老服务体系、家庭养老、社区养老、机构养老等一系列相关概念。在此，首先需厘清这些概念。

老年人：按照国际规定，65 周岁以上的人确定为老年；在中国，按照《中华人民共和国老年人权益保障法》第二条的规定，一般年满60 岁以上者称为老年人，60—69 岁为低龄老人，70—79 岁为中龄老人，80 岁以上为高龄老人。截至 2015 年末，我国 60 周岁及以上老年人口达 2 亿 2200 万人，占全国总人口的 16.1%。[①] 预计 2034 年我国老年人规模将突破 4 亿人，2054 年突破 4 亿 7200 万人。

残疾人：国际劳工组织通过的《残疾人职业康复和就业公约》指出：残疾人是指因经正式承认的身体或精神损伤在适当职业的获得、保持和提升方面的前景大受影响的个人。联合国大会通过的《残疾人权利宣言》指出：残疾人是指任何由于先天性或非先天性的身心缺陷而不能保证自己可以取得正常的个人和社会生活上一切或部分必需品的人。2006 年 12 月 13 日联合国大会通过的《残疾人权利公约》指出：残疾是伤残者和阻碍他们在与其他人平等的基础上充分和切实地参与社会的各种态度和环境障碍相互作用所产生的结果。残疾人包括肢体、精神、智力或感官有长期损伤的人，这些损伤与各种障碍相互作用，可能阻碍残疾人在与他人平等的基础上充分和切实地参与社会。[②] 全世界残疾人的规模大约占总人口的 10%。

《中华人民共和国残疾人保障法》第二条规定：残疾人是指在心理、生理、人体结构上，某种组织、功能丧失或者不正常，全部或者部分丧失以正常方式从事某种活动能力的人。残疾人包括视力残疾、听力残疾、言语残疾、肢体残疾、智力残疾、精神残疾、多重残疾和其他残

[①] 中华人民共和国国家统计局：《中华人民共和国 2015 年国民经济和社会发展统计公报》，国家统计局网站（http://www.stats.gov.cn/tjsj/zxfb/201602/t20160229_1323991.html）。

[②] 《残疾人权利公约》，中国人大网（http://www.npc.gov.cn/wxzl/gongbao/2008-12/24/content_1467401.htm）。

疾的人。① 2010 年我国残疾人规模已达 8502 万人。

残疾标准②：视力残疾，是指由于各种原因导致双眼视力低下并且不能矫正或视野缩小，以致影响其日常生活和社会参与。视力残疾包括盲（含一级、二级）及低视力（含三级、四级）。

听力残疾，是指人由于各种原因导致双耳不同程度的永久性听力障碍，听不到或听不清周围环境声及言语声，以致影响日常生活和社会参与。听力残疾根据听觉系统的结构和功能方面的损伤程度分为四级。

言语残疾，是指由于各种原因导致的不同程度的言语障碍（经治疗一年以上不愈或病程超过两年者），不能或难以进行正常的言语交往活动。言语残疾包括：失语、运动性构音障碍、器官结构异常所致的构音障碍、发声障碍（嗓音障碍）、听力障碍所致的语言障碍、口吃等。言语残疾按残疾程度分为四级。

肢体残疾，是指人体运动系统的结构、功能损伤造成四肢残缺或四肢、躯干麻痹（瘫痪）、畸形等而致人体运动功能不同程度的丧失以及活动受限或参与的局限。肢体残疾包括：（1）上肢或下肢因伤病或发育异常所致的缺失、畸形或功能障碍；（2）脊柱因伤病或发育异常所致的畸形或功能障碍；（3）中枢、周围神经因伤病或发育异常造成躯干或四肢的功能障碍。肢体残疾按残疾程度分为四级。

智力残疾，是指智力显著低于一般人水平，并伴有适应行为的障碍。此类残疾是由于神经系统结构、功能障碍，使个体活动和参与受到限制，需要环境提供全面、广泛、有限和间歇的支持。智力残疾包括：在智力发育期间（18 岁之前），由于各种有害因素导致的精神发育不全或智力迟滞；或者智力发育成熟以后，由于各种有害因素导致智力损害或智力明显衰退。智力残疾按残疾程度也分为四级。

精神残疾，是指各类精神障碍持续一年以上未痊愈，由于病人的认知、情感和行为障碍，影响其日常生活和社会参与。

---

① 主席令（第 3 号）：《中华人民共和国残疾人保障法》，中央政府门户网站（http://www. gov. cn/jrzg/2008-04/24/content_ 953439. htm）。

② 《第二次全国残疾人抽样调查残疾标准》，中国残联（2007-11-21http://www. cdpf. org. cn/wxzx/content/2007-11/21/content_ 25055637_ 6. htm）。

多重残疾，是指存在两种或两种以上残疾。

残障老人：也称老年残疾人或残疾老人，是指进入老龄阶段的各类残疾人，按照我国对老年人的划分，本书将残障老人界定为年龄在 60 岁及以上的各类残疾人。这既包括在进入老年阶段之前就已发生残疾的各类残疾人，也包括进入老年阶段后由于生理机能衰退及患心脑血管疾病、骨关节病、糖尿病、帕金森病、老年痴呆等疾病以及意外等原因导致残疾的老年人。我国老年残疾发生率为 24.43%。根据 2010 年第六次全国人口普查数据及我国残疾人的比例推算，2010 年末全国 60 岁及以上老年残疾人约为 4526 万 5000 人。中国老龄科学研究中心主任张恺悌指出，我国 60 岁以上老年人的余寿中有 2/3 的时间处于"带病生存"状态。[①] 由生理机能衰退和疾病导致残疾在人生的老年阶段尤为明显。

失能：由于意外伤害或疾病带来身体或精神上的损伤，导致生活不能自理的状态，称为失能。按照国际通行的日常生活活动能力量表（Activities of Daily Living，简称 ADLs）分析，吃饭、穿衣、上下床、上厕所、室内走动、洗澡 6 项指标，每项分成"不费力"、"有些困难"和"做不了"三个级别。如果回答这 6 项都"不费力"就判定为完全自理；只要有一项回答"有些困难"，就判定为部分自理；只要有一项回答"做不了"就判定为不能自理。对于不能自理者，吃饭、穿衣、上下床、上厕所、室内走动、洗澡 6 项指标中一到两项"做不了"的，定义为"轻度失能"，三到四项"做不了"的定义为"中度失能"，五到六项"做不了"的定义为"重度失能"。其中任何一项调查回答"做不了"的，则定义为"完全失能"；任何一项都能做，但是"有困难，需要人帮助"的定义为"部分失能"。

失能老人：那些生活不能自理必须依靠他人照顾的老年人称为"失能老人"或"老年失能者"。失能者不一定都是老人，由于意外伤害或疾病可能会导致一些青年人、中年人甚至儿童失能，但失能者中还

---

① 《完全失能老人超千万　我国凸显"长寿不健康"现象》，新华网（http://news.xinhuanet.com/society/2011-11/27/c_111197879.htm）。

是以老年人居多。

随着人均预期寿命的提高，老年带病期延长，需要照料的老年人口越来越多。我国首次"全国城乡失能老年人状况研究"显示，2010年末全国城乡部分失能和完全失能老年人约3300万人，占总体老年人口的19.0%。2014年末近4000万人，比2010年增加700万人，占总体老年人口的19.5%，失能老年人占全国总人口的比重进一步提高。

关于老年人、老年残疾人、失能老人的关系应该表述为，老年残疾人既是老年人中的一部分，也是残疾人中的一部分，是老年人中身患残疾的那一部分，也是残疾人中进入老年阶段的那一部分。本书研究的对象是老年残疾人，关键是要厘清老年残疾人与失能老人的关系。由于各类残疾均分为四个残疾等级，从一级到四级残疾程度依次递减。一般来说，一级残疾不能独立实现日常生活活动，生活长期、全部需他人扶助；二级残疾基本上不能独立实现日常生活活动；三级残疾能部分独立实现日常生活活动，部分生活需由他人照料；四级残疾基本上能独立实现日常生活活动。所以，并非所有残疾人都是失能者，同样，并非所有的老年残疾人都是失能老人。老年残疾人中残疾等级高的可能成为完全失能老人或部分失能老人，残疾等级低的可能是部分失能老人或生活自理老人。老年残疾人的外延应该大于失能老人，二者是包含和被包含的关系，老年残疾人包含了失能老人。老年残疾人不一定是失能老人，而失能老人一定是残疾老人。

老年人、老年残疾人、失能老人的概念关系如图1—1所示。

老年人、老年残疾人、失能老人的关系也可以从各自的人口规模上得以印证。以2010年为例，当年末，我国老年人口为1亿7800万人，占总人口的比例达13.3%。2010年我国残疾人规模为8502万人。其中，60岁及以上老年残疾人约为4526万5000人。同年，全国城乡部分失能和完全失能老年人约3300万人，占总体老年人口的19.0%。

随着人口老龄化加速发展，老年人口基数大、增长快并日益呈现高龄化、空巢化趋势，同时，随着残疾人口的老龄化，需要照料的失能、半失能老人、残疾老人数量剧增，加强社会养老服务体系建设的任务十分艰巨。

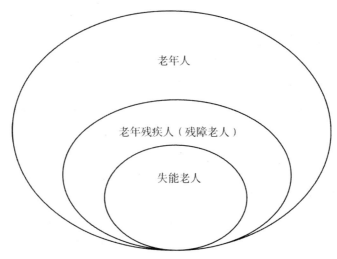

图 1—1　老年人、老年残疾人、失能老人的概念关系

生活自理能力：生活自理能力是用来衡量老年人在一些最基本的日常生活活动方面自己照料和处理的能力。通常包括吃、穿、洗澡、如厕、室内活动和能否控制大小便等方面。无论哪一项活动不能完全自理，都会导致老年人在日常生活中对他人的严重依赖而需要他人照料。在养老机构中，一般把日常生活行为完全自理、不依赖他人护理的老年人定义为自理老人；把日常生活行为依赖扶手、拐杖、轮椅和升降等设施帮助的老年人定义为介助老人；把日常生活行为依赖他人护理的老年人定义为介护老人。

家庭养老：养老的实质是由谁来提供养老资源（包括经济供养资源和照料服务资源），这是我们区分养老方式最重要的标准。家庭养老是相对于社会养老而言的。因此，从实质上来说，家庭养老是指由家庭成员提供养老资源的一种养老方式，是"在家养老"和"子女养老"的结合。家庭养老是一种环环相扣的反馈模式。在经济供养上，家庭养老是代际的经济转移，以家庭为载体，自然实现保障功能，自然完成保障过程；在照料服务上，家庭养老是下一代对长辈的床前尽孝、悉心照顾其生活起居。父母养育儿女，儿女赡养父母，这种下一代对上一代予以反馈的模式在每两代之间的取予是互惠均衡的。"家"使老年人感到安全和对亲情需求的满足，满足老年人"叶落归根"的心理。费孝通教授讲过：家，强调了父母和子女之间的相互依存，它给那些丧失劳动能力的老年人以生活的保障。中国一直以儒家思想为主导，长期以来形成了"家庭养老"的传统模式，赡养老年人已成为国人责无旁贷的责任，父母养育了子女，子女就必须赡养老年的父母，否则，将受到道德舆论的谴责，这就是费孝通教授于1983年提出的中国养老的"反馈模式"。这种以孝文化为传统的赡养方式，两千多年来一直由家庭单位直接承担，早已根深蒂固于国人的思维之中。

社会养老服务及社会养老服务体系：养老服务是指为老年人提供必要的生活服务，满足其物质生活和精神生活的基本需求。依据养老服务供给主体不同可分为家庭养老服务和社会养老服务。社会养老是相对于家庭养老服务而言的，强调的是养老服务的社会参与性，社会多元主体（政府、市场、非营利组织、家庭、社区）相互配合，联动发展，共同发展养老服务。社会养老服务体系是与经济社会发展水平相适应的，以满足老年人养老服务需求、提升老年人生活质量为目标，由社会多元主体面向所有老年人提供生活照料、康复护理、精神慰藉、紧急救援和社会参与等设施、组织、人才和技术要素形成的网络，以及配套的服务标准、运行机制和监管制度。我国的社会养老服务体系主要由居家养老、社区养老和机构养老三个有机部分组成。① 具体如图1—2所示。

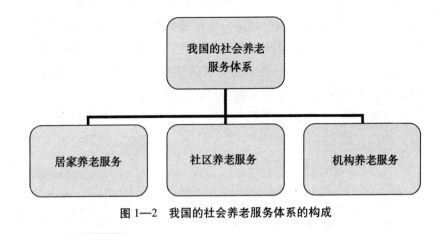

图1—2　我国的社会养老服务体系的构成

---

① 国务院办公厅：《社会养老服务体系建设规划（2011—2015年）》，中央政府门户网站（http://www.gov.cn/zwgk/2011-12/27/content_ 2030503. htm）。

居家养老：居家养老是由西方的社区照顾演化而来的，联合国在第二次世界大战后，提出由社会为老人提供养老服务。这种模式有别于机构养老和传统的家庭养老，机构养老主要是指老年人集中在专门的养老机构，并享受其提供的照料服务；家庭养老指的是老年人完全依靠家庭成员或亲友来解决老年经济来源和生活照料等养老问题。而居家养老虽然仍以家庭为核心，需要家庭的照料，但同时，它是依托社区，通过专业培训的服务人员上门服务和社区日托为主要形式来提供老人生活照料、医疗康复、精神慰藉为主要内容的养老模式。也就是说，虽然老人仍居住在家中，离不开家庭的支持，但通过社会对养老服务及责任的分担，家庭养老与社会养老能够有机结合，这种模式既符合我国未富先老的社会特点，又满足了老年人的长期生活习惯和心理因素。虽然国外对居家养老模式已经有了多年的理论研究和实践探索，但居家养老在我国的发展时间较短，很多人对此还不熟悉，尤其是有些人还会把居家养老与家庭养老的概念相混淆。这里应该明确区分居家养老与家庭养老这两个截然不同的概念。

居家养老服务：居家养老服务是指政府和社会力量依托社区，为居家的老年人提供生活照料、家政服务、康复护理和精神慰藉等方面服务的一种服务形式。它是对传统家庭养老模式的补充与更新，是我国发展社区服务，建立养老服务体系的一项重要内容。[1] 居家养老服务以上门服务为主要形式。对身体状况较好、生活基本能自理的老年人，提供家庭服务、老年食堂、法律服务等服务；对生活不能自理的高龄、独居、残疾、失能等老年人提供家务劳动、家庭保健、辅具配置、送餐上门、无障碍改造、紧急呼叫和安全援助等服务。

社区养老服务：社区养老服务是居家养老服务的重要支撑，具有社区日间照料和居家养老支持两类功能，主要面向家庭日间暂时无人或者无力照护的社区老年人提供服务。[2]

---

① 全国老龄委办公室、发展改革委、教育部、民政部等：《关于全面推进居家养老服务工作的意见》，民政部网站（http://www.mca.gov.cn/article/zwgk/fvfg/shflhshsw/200802/20080200011957.shtml）。

② 国务院办公厅：《社会养老服务体系建设规划（2011—2015 年）》，2011 年 12 月 27 日，中央政府门户网站（http://www.gov.cn/zwgk/2011-12/27/content_2030503.htm）。

社区居家养老服务：发达国家社会福利学界按照养老所使用资源的不同把养老方式明确地区分为家庭养老、社区养老和机构养老，或者称为家庭照料、社区照料和机构照料。而我国政府部门出台的相关文件中把西方国家所指的社区养老或社区照料拆分成两个概念——居家养老和社区养老，实际上，居家养老和社区养老同属于有别于家庭养老的社会化养老方式，二者从概念上不易分开，强调的都是由社会多元主体为不入住养老机构而居住在家、生活在社区中的老年人（绝大多数老人）提供各类社会化的养老服务。如果没有社区为居家老人提供社会化的养老服务，居家养老服务也就无从谈起，居家养老自然无法实现。居家养老除了需要家庭照料外，还需要来自社会的帮助，主要需要来自社区力量的照顾。居家养老与社区养老是无法分开的，本书认为没必要把它们用两个概念区分开来，如果非要如此的话，反而加剧了养老方式概念的混乱。故此，本书中用社区居家养老服务这一概念，社区居家养老强调了社区在居家养老中的作用。其含义就是政府文件中所指的居家养老服务，即政府和社会力量依托社区，为居家的老年人提供生活照料、家政服务、康复护理和精神慰藉等方面服务的一种养老服务形式。

机构养老服务：机构养老服务以设施建设为重点，通过设施建设，实现其基本养老服务功能。养老服务设施建设重点包括老年养护机构和其他类型的养老机构。老年养护机构主要为失能、半失能的老年人提供专门服务，重点实现以下功能：（1）生活照料。设施应符合无障碍建设要求，配置必要的附属功能用房，满足老年人的穿衣、吃饭、如厕、洗澡、室内外活动等日常生活需求。（2）康复护理。具备开展康复、护理和应急处置工作的设施条件，并配备相应的康复器材，帮助老年人在一定程度上恢复生理功能或减缓部分生理功能的衰退。（3）紧急救援。具备为老年人提供突发性疾病和其他紧急情况的应急处置救援服务能力，使老年人能够得到及时有效的救援。

长期照护：也称长期介护、长期护理、长期照料、长期养护、养老护理等。长期照护（Long Term Care，简称LTC）是指在一个比较长的时期内，持续地为因衰弱、慢性疾病或其他功能受损，存在认知障碍或处于伤残状态下而导致生活不能自理或半自理的人提供日常生活照顾和基础医疗护理。长期照护包括医疗服务、社会服务、居家服务、运送服务或其他支持性的服务。世界卫生组织（WHO）认为，长期照护的目的在于"保证那些不具备完全自我照料能力的人能继续得到其个人喜欢的以及较高的生活质量，获得最大可能的独立程度，自主、参与、个人满足及人格尊严"。① 长期照护分为家庭照护、机构照护和社区照护三种类型（见图1—3）。

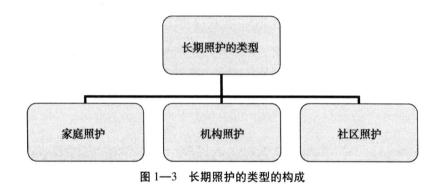

图1—3　长期照护的类型的构成

西方大多数国家老年福利起步较早，形成了较完善的长期照料体系，并具有养老金制度、医疗保障制度、长期照护制度三大支柱共同支撑的老年生活保障体系（见图1—4）。长期照护制度成为老年生活保障体系中的重要组成部分。

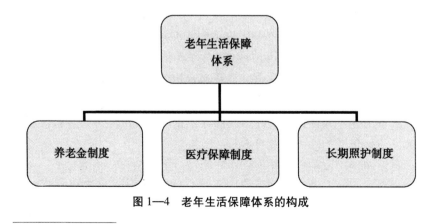

图1—4　老年生活保障体系的构成

---

① WHO' *Home-Based and Long-term Care. Report of a WHO Study Group*，WHO Technical Report Series898，2000.

第三节　研究意义

残疾人是社会保障和公共服务的重点人群之一，残疾人社会保障和服务体系是国家社会保障和公共服务体系的重要组成部分。机构养老只是老年残疾人养老方式的一个补充，绝大多数老年残疾人还是选择居家养老。居家养老服务是我国发展社区服务、建立养老服务体系、完善社会保障制度的一项重要内容，而老年残疾人居家养老服务体系是我国养老服务体系和社会保障体系的重要组成部分，它关系到老年残疾人晚年的生活条件和生活质量。如何构建老年残疾人居家养老服务供给体系已成为我国老龄事业、残疾人事业、社会保障事业、社区服务发展的一个新课题，特别是在经济发展水平不高但已进入老龄化社会的西部省份，对这一问题的关注和研究远远不足。

通过该项研究，准确把握我国西部地区老年残疾人居家养老服务的需求与供给的特点、现状、政策效应、存在的问题及面临的困境，探索西部地区老年残疾人居家养老服务的有效供给体系与模式，对如何应对人口老龄化及残疾人口老龄化，提高老年残疾人晚年的生活质量，使其有尊严地生活，促进其社会参与和融合，使其共享社会经济发展的成果，对进一步推进我国为老服务体系建设，对提高我国老年福利和残疾人福利，完善社会保障体系建设，实现西部地区社会经济的全面均衡发展，构建社会主义和谐社会具有积极的现实意义。此外，还可以为我国包括居家养老在内的养老服务体系的完善提供可供参考的现实依据及政策依据。同时，也有利于我国社会保障理论研究、老龄问题研究和残疾人问题研究的进一步深入，对社会保障学、福利社会学、老龄学等学科的发展具有积极意义。

第四节　研究的主要内容和基本思路

一　本书的主要内容

（一）文献梳理

通过文献研究，梳理老年残疾人社区居家养老相关的基本理论及研

究文献、国际上长期照护的主要模式及社区居家养老服务供给的国际经
验，为研究提供学理基础。

（二）需求研究

通过问卷调查与统计分析、走访调查与个案访谈等实证研究手段对
西部地区老年残疾人社区居家养老服务需求分别做定量研究和定性研
究，理清老年残疾人社区居家养老服务需求的特殊性，重点分析西部地
区老年残疾人的社区居家养老服务需求现状，分析个人及群体基本特
征、家庭特征和社会经济特征等对其社区居家养老服务需求的关联性，
分析调查对象的年龄、残疾类型和残疾等级、生活自理状况、婚姻状
况、经济状况、家庭残疾人口数、居住方式、主要照料者等因素及其对
养老方式、社区居家养老服务需求和老年生活质量的影响，梳理和掌握
老年残疾人在养老服务需求方面的特殊性，剖析其养老所面临的困境，
通过实证研究对研究假设进行检验。

（三）供给研究与政策分析

通过文献研究、实证研究、比较研究，从政策法律环境、我国东部
地区的探索、西部地区的实践等维度，研究支撑我国老年残疾人社区居
家养老服务供给体系的法律法规及政府相关政策构成、内容及政策效
应，对国内外、我国东西部不同地区老年残疾人社区居家养老服务供给
体系进行比较研究，吸取有益经验、启示和借鉴，研究西部地区老年残
疾人社区居家养老服务供给体系的现状、特点及面临的困境，分析阻碍
西部地区老年残疾人社区居家养老服务发展的因素，厘清目前我国西部
地区老年残疾人社区居家养老服务供给体系的现状与问题。

（四）实现路径研究

在厘清政府、市场、社会公益组织、社区、家庭各自在老年残疾人
居家养老服务中的责任定位与作用的基础上，基于基本公共服务均等
化、福利多元主义和弱者优先的视角，分析老年残疾人社区居家养老服
务多元供给的必然性与可行性，构建多元供给体系的框架，分析目前阻
碍西部地区老年残疾人社区居家养老服务多元供给的障碍因素，探索西
部地区老年残疾人社区居家养老服务有效供给体系及实现路径。

二 基本思路

本书沿着"规范研究—实证研究—对策研究"的思路以及"老年残障风险—残障老人居家养老服务需求—残障老人居家养老服务保障"的分析框架展开。以人口老龄化为背景，以老年残疾人均等享有公共服务为主线，以西部地区老年残疾人社区居家养老服务需求与供给体系为研究对象，借助文献研究对国内外已有的学术思想及新的理论成就、对与老年残疾人社区居家养老相关的基本理论及观点、对国际上长期照护的主要模式及社区居家养老服务供给的国际经验进行梳理。实证研究通过问卷调查与统计分析、深度访谈研究西部地区老年残疾人社区居家养老服务的需求特点及供给体系现状，通过实证研究对研究假设进行检验。最后在理论分析与实证分析的基础上进行对策研究，探索完善西部地区老年残疾人社区居家养老服务有效供给体系的框架及实现路径，从而为老龄化背景下如何优化养老服务的公共政策，更好地保障老年残疾人权益，改善老年残疾人的生活状况，提高政策运行的科学性、针对性，强化为老年残疾人服务的能力提供政策和现实依据，以实现包括老年残疾人在内的全体老年人老有所养的目标。

研究思路及结构如图1—5所示。

第五节 研究方法

本书依据社会学、人口学、公共政策、管理学、社会保障学的基本理论与分析方法，具体采用了以下几种研究方法：

一 文献研究法

对国内外老年残疾人社区居家养老服务需求与供给的相关文献进行收集、梳理和分析，取得翔实的第二手资料。

二 问卷调查、深度访谈与个案研究法

走访社区、居家养老服务中心、老年残疾人家庭、残联、民政、老

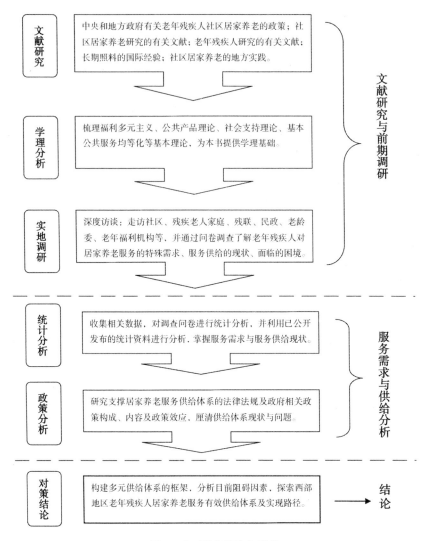

图1—5　研究思路与结构

龄委、老年福利机构等，并通过问卷调查、深度访谈与个案研究，了解老年残疾人对社区居家养老服务需求的内容及特殊性，分析调查对象的年龄、残疾类型和残疾等级、生活自理状况、婚姻状况、经济状况、家庭残疾人口数、居住方式、主要照料者等因素及其对养老方式、居家养老服务需求和老年生活质量的影响，了解社区居家养老服务供给的现状、面临的困境、政府的相关政策及执行情况。

三　统计分析法

对调查问卷进行统计分析，进行研究。通过描述性分析、交互分析、Logistic 回归分析等实证分析方法，并利用已公开发布的统计资料，重点分析西部地区老年残疾人的社区居家养老服务需求现状，分析个人及群体基本特征、家庭特征和社会经济特征等对其社区居家养老服务需求的关联性。

四　比较分析法

就服务需求而言，比较健康老年人与残疾老年人对社区居家养老服务的需求特点；就服务供给而言，对国内外、我国东中西部不同地区老年残疾人社区居家养老服务供给体系进行比较研究，借鉴发达国家和地区的经验，得出启示及借鉴。

五　系统分析法

把老年残疾人社区居家养老服务需求与服务供给问题作为一个系统，对服务需求的内容、特点以及服务供给的主体、方式、费用来源、服务项目内容、服务的管理监督、服务质量的评估、服务供给各主体间的关系等要素进行综合分析，找出有效供给的可行方案。

第二章

国内外研究综述及相关理论

本章通过文献研究，梳理老年残疾人社区居家养老相关的基本理论及研究文献，跟踪并把握研究前沿，为研究提供学理基础。

第一节　国内外研究综述

老年残疾人社区居家养老服务体系的相关研究分布于社区居家养老的概念界定及其存在必然性的研究、社区居家养老服务理论的研究、社区居家养老服务供给体系的研究、老年残疾人服务保障的研究、老年人长期照料的研究等当中。

一　关于社区居家养老的概念界定及其存在必然性的研究

社区居家养老服务在国外一般称为老年人社区照顾。日本称老年人护理为"介护"。英国从 20 世纪 50 年代后期、美国从 80 年代、中国香港从 70 年代开始推行社区照顾的养老模式，强调两点：一是在社区内照顾；二是由社区来照顾。但 M. 弗里德曼认为这并未能很好满足老年弱势群体的需要，今后仍需在放宽对参与者的限制、扩大服务工作的范围等方面做出努力。大陆学者对此还存在较大的争议，其焦点主要是居家养老服务的范畴问题，是以日常基本生活为重点，还是同时包括精神慰藉。2008 年全国老龄委等十部委联合发布的《关于全面推进居家养老服务工作的意见》中明确指出："居家养老服务是指政府和社会力量依托社区，为居家的老年人提供生活照料、家政服务、康复护理和精神慰藉等方面服务的一种服务形式。它是对传统家庭养老模式的补充与更新。"

安杰尔、康托尔、多贝尔斯坦、莫罗尼（Angel、Cantor、Dobelstein & Moroney）等指出，正规照顾系统主要由政府和非政府机构组成，它们在解决残疾老人日常生活照顾问题上具有重要作用。惠特拉奇（Whitlatch）等认为虽然非正规照顾系统是老年残疾人最偏爱和最经常使用的援助资源，但是正式照顾系统也为老年残疾人提供了很多支持。加纳、默瑟、科弗（Garner、Mercer & Koff）等学者分析了以家庭照顾为主的非正规照顾系统的优缺点。苏珊·特斯特指出养老院集中宿舍式的生活使老人失去了适应社会的能力，缺乏"家"的感觉，不符合中国人"叶落归根"的传统观念。姚远等学者均认为居家养老符合我国"未富先老"的老龄社会特点，发挥了其低成本、覆盖面广、服务方式灵活等优点，充分利用闲置的社会和社区资源，拓展了为老服务市场。

费孝通将中国的家庭照顾模式概括为"反馈模式"，以区别于西方的"接力模式"。他认为在中国的家庭中，养育子女的责任由父母承担，当父母老去后，子女也要承担起赡养父母的责任；与中国不同的是，在西方家庭中父母要承担养育子女的责任，但子女成年后却无赡养父母的责任。[1] 钱宁有相似的观点，认为中华民族以"守望相助，疾病相扶持"为理念的传统福利思想古已有之，在民间，早已形成了以家庭自我照顾和邻里互助互济为基础的福利照顾网络。[2] 张赛军、祁峰、赵立新等认为家庭在未来一段时间仍然是老年人精神慰藉的主要来源。[3] 任炽越认为居家养老具有推广成本低、覆盖面易于拓展、服务方式灵活等优点，易于在"未富先老"的中国式老龄化社会推广。[4] 顾大男、柳玉芝基于我国1998—2002年老年人口健康状况调查数据，考察了机构养老老人与居家养老老人两群体间的健康状况和死亡风险差异，

---

① 费孝通：《家庭结构变动中的老年赡养问题——再论中国家庭结构的变动》，《北京大学学报》1983年第3期。

② 钱宁：《社区照顾与中国社会福利制度的改革》，《中国青年政治学院学报》2002年第4期。

③ 赵立新：《社区服务型居家养老：当前我国农村养老的理性选择》，《广西社会科学》2006年第12期。

④ 任炽越：《城市居家养老服务发展的基本思路》，《社会福利》2005年第1期。

得出家庭或社会支持不仅可以降低死亡率，而且可以缩小两群体间的健康和死亡风险差异的结论。①

二　关于社区居家养老服务理论的研究

高秀艳、吴永恒等认为可以将居家养老服务界定为一种准公共物品。② 进一步细化，魏玉将其界定为竞争性公共物品，郭竞成将其界定为"限价公共服务"，③ 基于对居家养老服务的这种属性判断，政府在为居家养老服务进行规划时借鉴公共服务产业的观念和基本框架就成为一条可行的研究思路。

穆光宗较早从弱势群体的理论视角研究居家养老服务，他认为丧失劳动能力的农村老人、高龄独居老人、失去自理能力的老人是老年人中的弱势群体，而老年人这个群体本身就是弱势群体，所以以上三类老人是"弱势中的弱势"。他们应该是居家养老服务的主要受益群体。当一个老年人充分获得所需的居家养老服务时，老年生活便具有了发展性，弱势的地位也可能随之改变。④

田玲、张思峰认为居家养老服务支持理论有普惠性福利理论和福利多元主义理论。⑤ 丁煜、同春芬、孙思等用福利多元主义研究居家养老问题，丁煜指出中国发展居家养老的起点是"去家庭化"，其发展应凸显中国家庭养老文化。⑥ 李军用新公共管理理论来支持政府购买居家养老服务。⑦

王贵生、史雄等认为非营利组织，尤其是其中的社会养老福利机

---

① 顾大男、柳玉芝：《我国机构养老老人和居家养老老人健康状况和死亡风险比较研究》，《人口研究》2006 年第 5 期。

② 高秀艳、吴永恒：《城市社区居家养老产业引入竞争机制之浅见》，《现代财经：天津财经大学学报》2009 年第 2 期。

③ 郭竞成：《居家养老模式的国际比较与借鉴》，《社会保障研究》2010 年第 1 期。

④ 穆光宗：《解析"老年弱势群体"》，《社会科学论坛》2005 年第 3 期。

⑤ 田玲、张思峰：《居家养老服务发展的思路框架与制度安排——基于国际实践经验的分析探讨》，《改革与发展》2014 年第 6 期。

⑥ 丁煜、杨雅真：《福利多元主义视角的社区居家养老问题研究——以 XM 市 XG 街道为例》，《公共管理与政策评论》2015 年第 4 期。

⑦ 李军：《公共政策视阈下政府购买居家养老服务研究》，《江苏大学学报》（社会科学版）2014 年第 5 期。

构，应该在处于社会转型期的中国社会的为老服务领域承担更多的责任。[①] 易松国认为私营化应该在福利改革中发挥重要的作用，并逐渐成为改造的主要方向。[②] 吴玉韶认为，有效地激发和调动企业和民间组织的积极性是建立良好的居家养老服务市场化运行机制的前提条件。[③] 但是，也有学者持不同的看法，认为我国目前尚缺乏完善的养老保障体系，基本养老保险覆盖面窄、待遇水平参差不齐、补充养老金制度发展滞后，这些不利因素直接导致老年人的经济支付能力低且存在明显的区域和城乡差别，政府购买养老服务与老年人自身购买养老服务难以形成合力，所以目前我国不具备实现养老福利多元供给的条件。[④]

三　关于社区居家养老服务供给体系的研究

（一）对服务供给主体的研究

就政府角色来说，其在居家养老服务体系中的主导地位毋庸置疑。全国老龄工作委员会办公室在《全国部分城市居家养老服务情况的调查报告》中指出，政府应在制定居家养老服务发展规划、出台扶持政策、研制服务的标准规范和评估办法、实行检查监督等方面发挥宏观管理职能。有学者就提出政府应从直接干预经济生活的职能转向促进公共服务领域的管理与服务职能，从而实现政府职能的转变。秦艳艳、邬沧萍从养老服务供给的社会主体方面展开分析研究，认为当前城市养老服务供给主体主要是社区、市场和非营利组织这三种社会养老服务的主体，社会养老服务供给的实质就是社会资源为养老服务供给埋单。我国政府应该在管理、规划、推进及监督四个方面发挥作用，全面推进城市社区居家养老服务体系的建设和发展。[⑤] 由于社会养老供给主体主要由

---

① 王贵生：《中国社区居家养老照顾服务业发展研究》，硕士学位论文，北京交通大学，2009 年。

② 易松国：《社会福利社会化的理论与实践》，中国社会科学出版社 2006 年版，第 4—13 页。

③ 吴玉韶：《居家养老服务亟需破解四个难题》，《社会福利》2009 年第 1 期。

④ 杨敏、张河川：《对我国政府购买居家养老服务发展的思考》，《社会学研究》2010 年第 4 期。

⑤ 秦艳艳、邬沧萍：《我国城市社区居家养老服务体系中政府职能分析》，《兰州学刊》2012 年第 1 期。

三个异质性的主体构成，因此，社会养老服务主体存在争议。张晓峰指出政府购买居家养老服务能够为民间组织创造公平竞争的社会环境，通过良性竞争来实现政府财政效力的最大化。[①]

就个人来说，不应丧失保障自身养老的主观能动性，特别是在人口老龄化高峰来临前，仅靠政府和社会的养老服务供给难以满足老年人多层次的服务需求，且负担也过于沉重。还有学者提出"时间银行"、"时间储蓄"等以劳动互换为形式的养老服务模式，这从某种程度上说也是对以个人为主体的养老服务模式的新探索。

（二）对服务供给项目的研究

学界在生活照料、家政服务等服务项目的设置方面存在较为统一的看法，主要的争议焦点则出现在是否应该将精神慰藉服务和康复护理服务等较高层次的服务作为当下居家养老服务的主要内容，加以推广。任炽越认为在养老服务资源稀缺的情况下，老年人的日常基本生活照料仍是居家养老服务第一位需要解决的问题，精神慰藉服务等可以待居家养老服务体系逐渐完善成熟后再予以拓展。[②] 居家养老服务供给内容主要以是否符合老人需求为标准，孙泽宇就针对目前老年人迫切需求医疗和精神慰藉服务的现状，提出应积极构建居家养老生活照料服务网、社区紧急救助网以及医疗卫生保健网的建议。[③] 项丽萍通过对社区养老服务的分析，也指出仅偏重物质生活帮困需求是不够的，老年人对于医疗保健和精神慰藉服务方面的需求更为迫切，社区为老服务作为居家养老服务的支撑，应与老年人的实际养老服务需求相匹配。[④] 褚湜婧等指出居家养老服务需要首先满足老年人的住房需求，在满足老年人量的需求的基础上满足老年人对质的需求。[⑤] 赵艳华通过分析河北省需求结构的转变及这些变化引起的养老服务新需求——增设长期医疗护理保险制度，

---

① 张晓峰：《建立政府购买服务制度完善居家养老服务体系》，《社会福利》2007 年第 8 期。

② 任炽越：《城市居家养老服务发展的基本思路》，《社会福利》2005 年第 1 期。

③ 孙泽宇：《我国城市老年人长期护理的现状与对策》，《中国老年学杂志》2009 年第 8 期。

④ 项丽萍：《我国社区养老服务方式探析》，《青海社会科学》2007 年第 5 期。

⑤ 褚湜婧、王猛、杨胜慧：《典型福利类型下居家养老服务的国际比较及启示》，《人口与经济》2015 年第 4 期。

指出保健、医护是养老服务的核心要求，老年慢性病普遍化及老年残疾人数普遍上升、家庭结构变化及劳动参与率的上升是引起养老服务需求改变的原因。[①]

（三）对供给方式的研究

萨瓦斯（Savas）认为无论是政府部门、民间组织还是市场经营，其提供公共服务的主要方式都必须包括以下几种：（1）政府部门直接提供；（2）委托政府或其他部门；（3）签约外包；（4）经营特许权；（5）补助；（6）抵用券；（7）市场供给；（8）志愿服务；（9）自我协助；（10）政府贩售特定服务。阎青春认为我国居家养老服务的供给模式可以划分为如下四种：层级联动模式；政府主导，中介组织运作模式；政府资助，机构主办，连锁经营模式；政府购买服务，公司承办，市场运营模式。这四种模式各有利弊，在实践中应该因时因地选择。[②]张旭升、张孝廷从服务投递者的视角分析其参与政府购买居家养老服务的动机和行动策略，认为养老服务较灵活的工作方式，为服务投递者兼顾"养家糊口"和"家庭照顾"提供了可能。在政府购买民间养老组织运作的过程中，组织管理相对规范、工作相对稳定等特性在一定程度上满足了服务投递者寻找归属感的需要。同时，针对收入偏低和职业歧视问题，服务投递者在参与过程中采取了兼业、直面歧视、置换工作空间、转变职业观念等行动策略予以应对。但就政府购买服务的组织来说，更应该从政策角度给予相应的关怀、保障和化解。[③]

张红凤、孙敬华基于对山东省 5 个地市的调查，归纳出目前居家养老服务供给的三种模式：基层群众自治组织供给模式、"政府—社会组织"合作供给模式和社区居家养老机构供给模式。[④] 通过调查分析，谢

---

① 赵艳华：《河北省需求结构转变下养老服务供给模式创新研究》，《产业与科技论坛》2015 年第 24 期。

② 阎青春：《四种居家养老服务模式的"利"与"弊"》，《社会福利》2009 年第 3 期。

③ 张旭升、张孝廷：《服务投递者参与政府购买居家养老服务的动机、行动策略及政策建议》，《西北人口》2013 年第 1 期。

④ 张红凤、孙敬华：《居家养老服务供给模式比较分析及优化策略——以山东省为例》，《山东财经大学学报》2015 年第 5 期。

婷、李放指出老年人获得服务的方式为固定服务和订单式服务。[1] 借鉴发达国家的经验，李长远指出我国应该推进政府购买居家养老服务，营造竞争性的市场环境来建立完善的居家养老服务供给体系。[2]

张艳芳通过对养老服务供求失衡的测算得出中国养老服务总量虽然增加，但是供给能力不稳定，不仅存在总量的供求失衡，而且存在养老服务结构、城乡和地区之间的供求失衡。[3] 陈为智认为由于居家养老服务内容涉及不同的老年人群体，又从多个层面展开，养老服务的内容无法和老年人的服务需求相契合。[4] 此外，目前我国居家养老服务由于忽视了老年人的差异性需求，真正投入到老年人身上的慢性病防治与治疗、护理、陪伴、家政等照护服务项目不多，出现了大量社区日间照料中心闲置的情况。在供给方面，政府既是管理者又是执法者，造成了养老服务资源分配不均衡的现象。[5]

（四）在国内外经验借鉴的研究

学者的研究主要集中于介绍早期开展居家养老服务试点的几个城市并总结出其发展模式，如北京的"没有围墙的养老院"模式、"九养"服务模式，上海的"居家养老服务券"模式，宁波的"政府购买服务"模式，大连的"家庭养老院"模式，苏州、兰州的"虚拟养老院"模式等，这些试点城市对居家养老服务工作的有益探索为我国居家养老服务的全面开展提供了有益借鉴。黄俊辉、李放选择南京市鼓楼区政府购买居家养老服务作为分析案例，解释鼓楼区政府向社会组织购买居家养老服务这一治理结构的发生逻辑，其研究表明，这一治理结构受鼓楼区政府所处的制度环境和鼓楼区政府本身两种因素的双重作用，既有

---

① 谢婷、李放：《政府购买居家养老服务的供给现状——基于南京市服务对象的调查》，《社会福利》2016 年第 5 期。

② 李长远：《发达国家社会组织参与居家养老服务的经验对我国的启示》，《党政视野》2016 年第 1 期。

③ 张艳芳：《促进养老服务供求失衡的中国政府购买养老服务政策研究》，《西北人口》2016 年第 1 期。

④ 陈为智：《当前社区居家养老服务中的关键问题反思及前瞻》，《西北人口》2016 年第 3 期。

⑤ 陈为智：《福利政策视角下社区居家养老服务关键议题的反思》，《重庆工商大学学报》（社会科学版）2016 年第 5 期。

"刺激—回应"性的动力因子，又有"自主—创新"性的内力作用。另外，面对新型的治理结构，鼓楼区政府面临着政府职责、政府能力和制度安排三个方面的挑战。① 屈朝霞等从供给主体、供给方式、供给内容以及资金投入四个方面对我国社区居家养老服务保障现状进行分析研究后发现，我国社区居家养老服务保障存在以下问题：总体水平偏低，且城乡发展不平衡；供给主体以政府为主导，且提供者专业化程度较低；供给内容层次较低；经费投入严重不足。同时发现：所在地区性质、社区老年人口所占比例和居民经济状况在一定程度上影响着居家养老服务保障的水平。②

在国外经验借鉴方面，戴卫东认为我国应参考德国第五大险种"护理保险"的实施经验，在国内一些老龄化较严重的城市试点护理保险，探索建立长期护理制度。③ 祁峰、薛忠义对日本的居家介护服务进行了介绍，并强调日本居家介护服务中专业化的管理和人才队伍建设对我国居家养老服务事业的开展具有重要借鉴意义。④ 任炽越对澳大利亚以社区和家庭养老为主的居家养老服务框架进行了介绍，并对澳大利亚专门针对移民提供的居家养老服务进行了详细的说明，认为这一制度设计最能反映澳大利亚社会福利政策的人性化。⑤ 纪宁、孙东在对法国养老服务业进行研究后认为，法国政府在全国推行通用的养老服务券并引入市场机制来提高服务的供给量和质量的做法大大促进了养老服务产业的发展。⑥

（五）我国社区居家养老服务发展中存在的问题研究

吴玉韶认为目前的居家养老服务中存在着资源浪费严重，不能有效

---

① 黄俊辉、李放：《政府购买服务的逻辑与挑战——南京市鼓楼区居家养老服务网的案例研究》，《中共南京市委党校学报》2013年第1期。

② 屈朝霞、郝溪瑶、刘天骄：《社区居家养老服务保障供给现状的实证分析——基于177个社区的实地调查》，《广西经济管理干部学院学报》2011年第3期。

③ 戴卫东：《中国长期护理保险制度构建研究》，人民出版社2012年版，第173页。

④ 祁峰、薛忠义：《日本居家护理服务的发展与启示》，《东亚经济论坛》2010年第4期。

⑤ 任炽越：《真正成功的是在家养老——澳大利亚居家养老服务一瞥》，《社会福利》2010年第1期。

⑥ 纪宁、孙东：《法国发展养老服务业促进就业和完善社会保障的启示与借鉴》，《中国经贸导刊》2010年第21期。

满足老年人服务需求的问题，这主要是因为现阶段的居家养老服务资源条块分割，缺少整合，居家养老服务参与各方难以形成合力。[①] 韦宇红也认为我国社区居家养老服务的财力资源总体上处于匮乏状态。同时，社区居家养老服务财力资源使用效率不高的问题也较突出，由于地方政府的财力有限或重视不够，对居家养老服务的资金投入严重不足。至于社会捐助，在我国还缺乏完善的制度安排。由于社区养老服务具有社会福利性和公益性的特点，即便是有偿服务，其收费也必须遵循微利、低价的原则，因此这部分收入积累的财力资源也非常微薄；社会福利彩票收入用于社区服务的资金投入具有很大的不确定性，对社区养老服务财力资源的贡献有限。[②] 王金元认为目前政府对居家养老服务的重要性、紧迫性认识不足，反映在政策上就表现为扶持力度不够、连续性不强、落实不到位。[③] 王素英认为目前存在的主要问题是政府支持力度不够，体现在以下两个方面：（1）部分地区和部门对社区养老认识不到位，加之一些政策措施刚性不够，许多政策很难落实，没有发挥好优惠政策对社会力量兴办养老机构的扶持和激励作用。（2）缺乏规范的行业管理机制，养老服务市场处于一种较为盲目、无序的发展状态，造成养老服务体系建设滞后于经济社会发展水平。[④]

谢秀珍认为目前的居家养老服务缺乏系统的法律支持，现有相关法律在法律效力和覆盖范围上都存在不足。[⑤] 杨梨、钟静霞也同样认为社区居家养老服务供给存在主体较单一的问题，社区居家养老在实际推行中，虽然各地具体模式及做法有所不同，但当前我国养老服务的提供者主要集中于政府部门，不少地区仍然缺乏养老服务的非营利组织的加入。此外，还存在社区居家服务组织性不高，与老人需求的连接性不强，导致老人参与性不足，很多老人并不了解居家养老，对社区居家养老提供的具体服务也不太感兴趣。居家养老服务是为广大老人提供就近

---

①　吴玉韶：《居家养老服务亟需破解四个难题》，《社会福利》2009 年第 1 期。

②　韦宇红：《我国城市社区养老服务资源有效供给研究》，《理论导刊》2012 年第 6 期。

③　王金元：《城市老人居家养老的现状与对策——以无锡社区居家养老服务为例》，《江南大学学报》2008 年第 3 期。

④　王素英：《中国社会养老服务体系建设现状及思路》，《社会福利（理论版）》2012 年第 9 期。

⑤　谢秀珍：《我国老年人权利法律保护的对策研究》，《公会论坛》2010 年第 4 期。

的养老服务，老年人的参与不足将严重影响社区居家养老服务的效果。①

韦宇红的研究指出，居家养老服务人员的专业化程度低，志愿者队伍规模小。老年人对社区服务的需求呈现出多样化、专业化、高级化的趋势，因而对社区养老服务人员的专业技能和素质提出了越来越高的要求。我国社区从业人员中的绝大部分没有经过专业培训，难以有效满足老年人的社区养老服务需求。究其原因主要有两点：一是社区养老服务的专业教育培训体系建设滞后，职业准入制度不成熟；二是社区养老服务工作的福利待遇和社会地位较低，从业人员以下岗工人、农村务工人员为主，他们接受培训的主动性不强。②

四　关于老年残疾人服务保障的研究

郑功成将残疾人社会保障事业划分为一般性制度安排和残疾人福利两类，前者包括残疾人社会保险和社会救助等，后者包括残疾人福利津贴、残疾人康复事业、残疾人特殊教育、残疾人福利设施、残疾人社会服务等。③ 根据这一划分，则残疾人服务保障是残疾人社会保障体系的一项子内容。郑功成指出，残疾人在新时期缺乏参与分享国家发展成果的有效途径，所以，残疾人发展需要走政府责任与社会责任并重的社会化、多层次化道路，政府投入不足与社会资源调动不力，影响了整体的发展。④

程凯认为目前的残疾人生活保障仍然以家庭抚养为主。⑤ 梅运彬在对北京市老年残疾人家庭的基本状况进行深入分析后认为，照顾老年残疾人会给家庭带来巨大的经济负担。⑥

姚远认为老年残疾人已成为老年人群体和残疾人群体中不可忽视的组成部分，在老年残障的推动下，传统家庭养老模式越来越需要社会的

---

① 杨梨、钟静霞：《社会工作视阈下的中国社区居家养老》，《社会福利》2012 年第 8 期。

② 韦宇红：《我国城市社区养老服务资源有效供给研究》，《理论导刊》2012 年第 6 期。

③ 郑功成：《中国残疾人社会保障的宏观思考》，《河南师范大学学报》2007 年第 6 期。

④ 同上。

⑤ 程凯：《试析我国残疾人的社会保障问题》，《红旗文稿》2006 年第 7 期。

⑥ 梅运彬：《老年残疾人及其社会支持研究——以北京市为例》，武汉理工大学出版社 2010 年版，第 92—93 页。

支持，社会化养老服务支持和养老服务的细致化、人性化将成为未来老年残疾人养老模式发展的主要方向。①

姚远还认为老年残障是影响我国家庭养老功能变化的因素之一，他通过对北京市第二次全国残疾人抽样调查数据分析和入户访谈，发现：老年残障提高了老年人对家庭的依赖程度，提高了家庭养老功能存在的客观必要性；老年残障推动了家庭养老功能的发展，要求家庭养老功能从维生型向生活质量型变化，更加细致、人性、科学、技巧；老年残障强化了家庭养老功能与社会支持之间的联系，需要构建一个以保持家庭养老功能为中心的社会支持体系。老年残障对家庭养老功能的影响也提示我们在构建相关政策时要注意视角拓展、理念更新、政策延伸、支持网络化等问题。②

姚远的研究还发现，我国老年残疾人具有年龄、残障、性别等多种标志。多标志的特点反映出老年残疾人的跨群体或多群体的需求，而目前单群体的社会政策无法满足多标志群体的叠加需求。为此，他提出社会政策建立多标志视角的接受原则、延伸原则、重点原则和交融原则，并对老年法、残疾人法和妇女法的多标志视角扩展提出条文方面的具体建议。③

姚远、陈昫还对老年残疾人的身份认同问题进行了研究，对老年残疾人身份认同的基本内涵、特征、应对策略等方面进行了分析，并从人口学和社会学的角度对其特征进行了探讨。他们认为，老年残疾人的身份认同主要集中在个体认同、自我身份认同、群体认同与社会身份认同四个方面；老年残疾人的身份认同对其日常生活以及生活质量均具有重要影响；弱化老年残疾人的弱势认同，增强老年残疾人的集群认同感，优化老年残疾人的社会人身份认同感，是改善老年残疾人精神心理状态、提升其生活质量的重要途径。④

邱红、王晓峰、温丽娟、刘红军等对人口老龄化与老年残疾人数量

---

① 姚远：《老年残障对我国家庭养老功能变化的影响》，《人口研究》2009 年第 2 期。

② 同上。

③ 姚远：《我国老年群体的多标志特征及相关政策构建——基于北京市老年残疾人的视角》，《人口与经济》2009 年第 2 期。

④ 姚远、陈昫：《老年残疾人身份认同问题研究》，《人口研究》2011 年第 6 期。

增长之间的关系进行了研究，指出从第二次全国残疾人抽样调查的残疾发现年龄来看，超过1/3的残疾人是在进入老年后才出现残疾的。从残疾类别来看，视力残疾与听力残疾有超过一半的人是在进入老年后发生的，肢体残疾情况有很多是在老年后发生的，其他残疾类别也都有10%左右的人是在老年后发生的。可见，经济与社会发展在使人均预期寿命延长的同时，也使老年人面临更高的残疾风险，人体机能老化、老年病多发等都是致使老年人发生残疾的诱因。因此，人口老龄化在增加老年人口数量及比例的同时，也使老年残疾人的数量及比例不断增大。[①]

谢琼也指出，人口老龄化不仅是造成残疾人数量增加的主要原因，也是改变残疾人结构及残疾人保障需求的重要原因。因此，研究残疾人事业需要特别重视老龄化问题，残疾人保障体系建设也需要以老年残疾人的保障为重点。[②]

丁志宏在对我国目前残疾现状及特征进行分析后，强调要关注女性残疾老人的特殊需求，并加强对男性残疾老人致残的预防、康复工作，防止男性老年残疾低龄化。[③] 张金峰的研究发现，中国老年残疾人口在主要社会保障需求方面存在比较明显的性别差异，女性老年残疾人口的需求满足状况不如男性。[④] 其研究还发现，中国老年残疾人口不同特征子群体的异质性非常明显。具体而言，从年龄分布来看，老年残疾人口集中于中、低龄群体；从性别角度分析，老年残疾人口的女性化特征比较突出；从城乡分布来看，农村老年残疾人是老年残疾群体的主体；从残疾等级构成来看，老年残疾人以中、轻度残疾为主；从残疾类别构成来看，老年残疾人群体的残疾类别主要集中在听力残疾、肢体残疾、视力残疾和多重残疾。[⑤] 徐宏基于9省调查问卷的分析，指出老年残疾人有经济保障、生活照料、精神慰藉等全方位的需求，但是相当一部分老

① 邱红、王晓峰、温丽娟、刘红军：《人口老龄化与老年残疾人状况分析》，《医学与社会》2010年第7期。

② 谢琼：《人口老龄化与老年残疾人保障体系的构建》，《中国人民大学学报》2008年第1期。

③ 丁志宏：《我国老年残疾人口：现状与特征》，《人口研究》2008年第4期。

④ 张金峰：《老年残疾人社会保障需求的性别差异研究》，《中华女子学院学报》2011年第1期。

⑤ 张金峰：《中国老年残疾人口异质性分析》，《石家庄经济学院学报》2010年第1期。

年残疾人的服务需求没有得到满足。[①]

褚湜婧、杨胜慧、段玉珊的研究结果表明，农村老年残疾人残疾类型较为集中，且具有年龄特征。残疾比例最高的是听力残疾，其次是肢体残疾，中龄老年（70—79 岁）残疾人数量最多；残疾率随年龄增加而升高；外伤致残构成农村老年人伤残的重大风险。农村老年残疾人面临的多重困境包括：生活条件较差，对基本生存满足的需求最强烈；生活质量较低，康复意识和康复服务差距较大。[②] 贾玉娇对东北的实证分析发现，现阶段我国农村残疾人服务政策与残疾人实际需求之间的契合度低；残疾级别、残疾类型与家庭结构，是影响农村残疾人服务需求意愿的显著因素；重度残疾人和精神残疾人应该成为残疾人社会服务的重点对象。[③]

赵建玲对老年残疾人家庭现状与需求特点进行了研究，指出老年残疾人家庭需求既具有共同性又具有特殊性，其特殊性包括需求多重但支付能力低、需求多样化和个性化、需求呈现持续性和长期性以及心理需求迫切并具有特殊性。[④]

杜鹏、杨慧认为通过必要且合理的康复服务，老年残疾人中的一部分可以恢复部分已经失去的功能，提高自理能力，最终回归社会。反之，如果无法获得有效的康复服务，老年残疾人的自理能力将进一步丧失，给家庭和社会造成更沉重的负担。[⑤] 米红、杨贞贞认为为了打破居家养老服务有效需求不足与供给不足的困境，切实满足老年残障群体养老服务的需求，建立比例补贴式的、具有最高限额的、多选择性的养老服务补贴制度具有紧迫性、必要性和现实性。[⑥]

───────────────

① 徐宏：《中国老年残疾人养老服务供需问题研究——基于 9 省调查问卷的分析》，《经济管理研究》2015 年第 3 期。

② 褚湜婧、杨胜慧、段玉珊：《关于农村老年残疾人服务体系的理论思考》，《理论界》2013 年第 3 期。

③ 贾玉娇：《农村残疾人社会服务需求分析——基于对东北 8 县 2 局的实证研究》，《社会保障研究》2012 年第 2 期。

④ 赵建玲：《老年残疾人家庭现状与需求特点分析》，《残疾人研究》2014 年第 1 期。

⑤ 杜鹏、杨慧：《中国老年残疾人口状况与康复需求》，《首都医科大学学报》2008 年第 3 期。

⑥ 米红、杨贞贞：《老年残疾人居家养老服务补贴模式创新与实证研究》，《残疾人研究》2011 年第 2 期。

在照顾模式的研究方面，戴卫东认为应在我国探索开展长期护理服务，重度老年残疾人应作为这一服务的主要受益人群。[①] 卢少萍等提倡建立"医院—社区—家庭"全护理模式，以对老年痴呆患者进行有效照护。[②] 桂世勋提出建立以家庭为基础、社区康复站为依托、区县级以上康复综合服务机构为指导的三级康复训练网络。[③]

杜英歌、张皓对我国残疾人社区公共服务供给机制进行了研究，指出社区是残疾人生活的最重要场所，为残疾人提供最基本的公共服务也是我国残疾人各项政策得以落实的基础平台。但是目前社区在为残疾人提供公共服务机制上存在一些不容忽视的问题，在服务供给和残疾人需求之间存在较大的脱节。为此，建立起以需求为导向的残疾人社区公共服务供给机制是提升残疾人公共服务的关键所在。[④]

何晔对我国残疾人社区公共服务供给做了研究，分析了我国社区残疾人公共服务缺失的现状，并提出了以社区为依托，提高残疾人公共服务的数量和质量的对策思路。[⑤]

五　关于老年人长期照料的研究

为老年人长期照料供给服务的具体空间位置不同、涉及什么群体提供服务以及服务是否受过专门培训等因素指标，决定了其具有家庭照料、集中机构照料和社区照料三种模式。

家庭照料是老年人长期照料的主要照料形式，通常是老年人的主要家庭成员或社会关系为其在自己家中提供照料。机构照料是老年人在长期照料机构或场所中，集中接受机构提供的照料服务。社区照料则是老年人依托自己生活的社区，在社区内获得需要的照料服务。1989 年英

---

① 戴卫东：《我国重度残疾老年人状况及其社会保障》，《中国卫生事业管理》2010 年第 3 期。

② 卢少萍、张月华、徐永能等：《老年性痴呆患者医院—社区—家庭全程护理模式评价》，《中国临床康复》2005 年第 28 期。

③ 桂世勋：《中国残疾老人发展趋势及残疾状况研究》，《中国人口科学》1999 年第 3 期。

④ 杜英歌、张皓：《我国残疾人社区公共服务供给机制》，《浙江万里学院学报》2010 年第 5 期。

⑤ 何晔：《残疾人社区公共服务供给：困境及对策》，《唯实》2013 年第 6 期。

国的《社区照顾白皮书》给出的理解是："社区照料是通过社区内的团体机构或者短暂时期的照料机构，为帮助人们更好的安排生活、提高生活灵活性和质量而给予人们的相应的支撑性服务，涉及老年人的日间照料以及其家庭和社会关系的喘息照料，以增加照顾范围，直至提供居家照顾。"

我国目前出现的居家照料，是指老年人居住在自己家中，根据自己的照料需求选择长期照料服务内容，并由照料服务者上门提供的一种支持性照料服务方式。居家照料的老人虽居住在家中，但由于照料者的不同，与家庭照料有本质区别，它更多的是侧重社区在提供照料中的作用，其本质是社区内的相应机构为满足居住在家的老年人的照料需要，由专业的服务人员提供的有针对性的照料服务，因为照料者从家庭成员扩展到专业的社会工作人员，故被视作社区照料的一种创新。

杜鹏、武超对中国老年人的生活自理能力状况与变化进行了研究，指出分年龄、性别和城乡的老年人生活自理能力存在明显差别，年龄越大生活自理能力越差、女性不能自理比例高于男性、农村生活自理能力比城市差、中西部地区生活不能自理比例远高于东部地区。[①]

武学慧、唐幼纯、王维通过对老年人的身体状况、精神状态、照料需求、卫生服务需求、照料方式的选择倾向以及家庭情况、经济水平等进行统计分析，得出老年人亟须长期照料服务的供给，其中需要长期照料服务的老年人人数占调查总人数的 99.91%，需要居家照料的老年人人数占调查总人数的 50%，多数老年人表示长期照料服务的费用比较高，经济收入难以负担，希望社区提供居家照料。[②] 黄成礼在研究中认为，在失能的老年群体中，有照料需求的老人多数是存在中度失能的，而那些失能程度较轻的老年人多数都没有照料需求。同时，高龄老人需要护理的比例明显是低龄老年人需要护理比例的 6 倍多，可是在医疗护理方面，高龄老年人享有的卫生照料却存在着严重不足的情况。其研究通过对不同年龄段老年人的失能程度以及预测的卫生照料花费进行回归

---

① 杜鹏、武超：《中国老年人的生活自理能力状况与变化》，《人口研究》2006 年第 1 期。

② 武学慧、唐幼纯、王维：《上海市老年长期护理（LTC）需求实证分析》，《劳动保障世界》2010 年第 10 期。

分析，指出了机构照料对于老年人卫生照料的重要作用。① 王静等在研究中指出，大多数老年人由于与家庭成员一起居住致使他们更愿意选择居家照料的方式，而独居的老年人更愿意选择机构照料的方式，调查表明婚姻和居住情况是影响长期护理选择的主要因素。② 姚文、刘小芹、冯学山通过研究指出老年人的日常生活能力决定了他们的长期照料需求，日常生活能力强弱与长期照料需求高低成反比。③

陆泽雁指出性别、居住情况、身体情况对养老服务需求影响较大；性别和退休前或现在职业对医疗服务需求影响较大；文化程度及职业对文化娱乐服务需求影响较大。④

清华大学老年学研究中心对老年长期照护体系的规划与发展的研究针对老年人和残疾人社会福利服务缺乏体系和专业化的问题，给出的对策便是在政策制定者当中倡导连续照料的形式，通过掌握老年人的生理功能衰退以及精神问题等方面的情况，需要一个系统性的、全方位的服务流程，具体的服务机构、医疗机构之间能够有效地沟通以实现老年人各种服务的流转，而在整个服务中，政府必须给予支持，社会提高参与程度，共同来营造预防为主、保健为重的福利照护体系。⑤

蒋承、顾大男、柳玉芝、曾毅基于拓展的多状态生命表方法，对我国 65 岁及以上老年人的日常生活照料成本和临终前照料成本进行了分城乡、性别、年龄和自理能力状态分析，研究结果表明，不同年龄、性别、城乡和生活自理能力的老年人的期望照料费用存在差异。初始状态为伤残的老年人，其期望日常照料费用与同年龄能自理的老年人相比要高出 2 倍以上。初始状态能自理的女性老年人的期望日常照料费用比男性高。无论初始自理能力状态如何，老年人余生的期望日常照料费用呈

---

① 黄成礼：《北京市老年人口长期护理需求分析》，《卫生经济研究》2005 年第 4 期。

② 王静、吴明：《北京市某城区居家失能老年人长期护理方式选择的影响因素分析》，《中国全科医学》2008 年第 11 期。

③ 姚文、刘小芹、冯学山：《社区脑卒中患者的日常生活能力与长期照料需求研究》，《中国初级卫生保健》2010 年第 10 期。

④ 陆泽雁：《介入与嵌入：欠发达地区居家养老服务的策略》，《汕头大学学报》（人文社会科学版）2016 年第 2 期。

⑤ 清华大学老年学研究中心：《老年长期照护体系的规划与发展》，《社会福利》2010 年第 4 期。

现出巨大的城乡差异，城镇高于农村。他们所界定的老年家庭照料成本是指由于老人在经济、日常生活功能和精神等方面所处的弱势状态而给家庭其他成员所带来的时间、经济和心理上等多方面的成本。提出随着我国人口老龄化的加剧，全社会应该更加关注老年人的照料和医疗负担问题，国家应对贫困老年人及其家庭制定特殊政策，以减轻他们的照料或医疗负担。① 照料成本是指在照料老年人过程中付出的代价和牺牲。季晓鹏、王志红等的研究指出，老年照料成本主要由三部分组成：直接成本、间接成本和无形成本。直接成本包括老年照料所支出的看护费、保姆费以及医生、护士上门服务的各项服务费用；间接成本包括照料带来的家属的误工费，如工作时间的机会成本等；无形成本包括照料所造成的家属精神负担和心理压力等。蒋承、赵晓军的研究显示，目前我国老年照料对于成年子女的就业概率有着显著的负向影响，同时对子女的工作时间也有着显著的负向影响。②

在老年人长期照料模式的研究方面，石人炳根据老年照料的主体不同，将老年照料划分为亲情模式、友情模式、志愿者模式、市场模式和福利模式。通过调查的资料分析，发现当前农村老年照料中存在的突出问题为照料模式单一、部分老年人的照料需求得不到满足、老年生活照料问题有不断严重的趋势。导致农村老年人生活照料问题的主要原因在于亲情模式不断弱化，而福利模式等其他模式没能及时跟进补充。建议在继续发挥家庭照料作用的同时，加强福利模式在农村老年照料中的作用，同时，积极培育老年照料市场，调动多种资源形成老年照料的合力。③

关于老年人的长期照料服务的需求，国内的大多数学者认为这种需求还会呈现增加的趋势。可是由于照料需求的持续性、多样性，老年人中的很大一部分群体在购买服务的过程中都存在费用不足和难以负担的问题，只有依靠国家构建的长期照料保障才能得以实现。据此，学者们

① 蒋承、顾大男、柳玉芝、曾毅：《中国老年人照料成本研究——多状态生命表方法》，《人口研究》2009 年第 3 期。

② 蒋承、赵晓军：《中国老年照料的机会成本研究》，《管理世界》2009 年第 10 期。

③ 石人炳：《我国农村老年照料问题及对策建议——兼论老年照料的基本类型》，《人口学刊》2012 年第 1 期。

都将长期照料的社会保险作为研究内容。学者们有对长期照料保险的重要性和功能进行研究的，也有对长期照料保险是否可行以及发展时机进行研究的，还有学者借鉴国外经验对我国长期照料保险进行了设计和规划。裴晓梅对长期照护社会保险的世界趋势与中国推展的研究认为，国外的长期照料保险早就开始推行了，我国已处于开展长期照料保险的合理时机，为持续照顾老年人的日常生活，长期照料保险应该提上议程。而具体的保险内容，涉及制度设计、保险对象、保险供给方、保险层次和水平等制度层面，以及经费来源、投入控制、如何开展等实操环节。[①]

六　简要评述

如前所述，本书研究主题所涉及的文献可细分为社区居家养老的概念界定及其存在必然性的研究、社区居家养老服务理论的研究、社区居家养老服务供给体系的研究、老年残疾人服务保障的研究、老年人长期照料的研究等诸多方面，但大体上可分为社区居家养老服务和残疾人服务保障两大类。

从社区居家养老服务研究来看，社区居家养老作为解决我国"银发浪潮"下养老危机的有效路径选择已经得到了学者的充分重视。相关研究为政府完善政策提供了依据，也为本书研究奠定了一定基础。学者的研究主要有两种思路：一种是从理论出发，论证社区居家养老服务的必然性和可行性，为建设和完善居家养老服务体系提供学理上的依据；另一种是立足实践，对国内居家养老服务试点以及国外居家养老服务案例进行描述性介绍，总结其优势和不足，并提出对策。这两种思路，在居家养老领域研究的初级阶段或者说是奠基阶段，有其特殊的历史使命——将居家养老这一新概念引入学界，并让学者对其有一个初步的认识。但是也应该看到，随着对居家养老领域各种问题研究的不断深入，这两种主要的研究思路已经无法满足研究的需要。可以看到，目前学界关于居家养老服务的文献存在着大量的同质性，这一现象正是两种研究思路思维定式下出现的必然结果。此外，现有研究中存在的不足还

---

① 裴晓梅：《长期照护社会保险的世界趋势与中国推展》，《上海城市管理》2010 年第 1 期。

表现为：（1）有的研究对理论层面的分析尚显不足；（2）对不同特征老年群体居家养老服务需求、服务模式的分类研究尚显不足，特别是残疾老年人养老服务的专题研究；（3）居家养老的老年残疾人占九成以上，而对这部分残疾老年人居家养老服务供给的研究不够充分。这些为本书提供了探索的空间。

社区居家养老服务的研究应该深入化和体系化。深入化是指点的深入化。以居家养老服务研究中的一个热点问题"政府责任"为例，很多文献在对策和建议中必然会出现诸如政府应该体现主导责任这一点。但是，对于政府的责任应该达到什么样的程度很多学者却又没有给出明确的论述，政府、社会、市场、家庭之间的责任分工也没有进一步的细化。将居家养老服务中的核心问题如服务对象的细分、各方的责任分工、服务内容的差异化、服务形式的多样化等结合实践进行深入细致的分析和研究，是深入化研究的主要形式。体系化是指面的体系化。在研究居家养老服务问题时，除了聚焦于细节问题外，将研究视角提升到宏观层面，从体系的角度去审读居家养老，将会扩大学者的研究视野。深入化、体系化地研究居家养老，是一种点、面结合的科学研究方法，可能会成为未来居家养老服务领域有关研究的发展趋势。

从残疾人服务保障研究来看，无论是对老龄化与老年残疾人数量的影响的研究，还是对家庭养老功能的研究；无论是对分城乡、分性别老年残疾人特殊需求的研究，还是对老年残疾人照顾模式的研究，或是对我国残疾人社区公共服务供给机制的研究，这些成果都为本书奠定了坚实的基础。

综上所述，以人口老龄化为背景对于老年残疾人和长期照料服务的研究已经取得了一定的成果。在人口老龄化、老年残疾人、长期照料这三个领域，学者们运用了定性与定量相结合多种研究方法以及多种数据分析工具对研究对象进行了从定义界定到现状分析再到政策建议的深入调查研究。还有很多学者选取特定的对象，例如失能老人和失智老人、城市老人和农村老人，通过研究长期照料服务的需求影响要素和供给现状提出相应的建议，以期改善目前存在的供需矛盾和困境。虽然在这些领域的研究取得了成就，但是针对人口老龄化背景下，立足西部地区，同时选取老年残疾人这一特定的人群作为研究对象来研究居家养老服务的需求与供给的研究还为数不多，这为本书留下了探索的空间。本书将选取老年残疾人作为对象研究居家养老服务的供给与需求，为相关政策的制定提供现实依据和政策依据。

第二节　相关理论

一　需求理论

最早研究社会福利的时候，学者们只是从福利的性质角度出发，从国家的宏观政策、公共服务的福利共享的层面着手，需求的理论内涵并没有引起学者的重视，然而随着研究以及实践的推展，需求的界定及其外延尤为重要。

学者们引用最多的则是马斯洛（1954）的需求理论，他将人类的需求由低级到高级划分为生理需求、安全需求、社会需求、尊重需求和自我实现需求五个等级，并指出，要了解人的态度和情绪，就必须了解他们的基本需求。阿尔德弗（1969）指出，需求分为存在需求、关系需求和成长需求三类，其中的存在需求相当于马斯洛提出的生理需求和安全需求，关系需求实际上是马斯洛的社会需求和部分尊重需求，而成长需求则是对应的尊重需求和自我实现需求。阿尔德弗的需求分类虽不及马斯洛高明，但他侧重对个体差异的研究。托尔则提出人类在不同的年龄阶段所存在的普通需求是不同的，将人的年龄段划分为婴儿阶段、青少年阶段、成年阶段和老年阶段，并指出了处于各阶段人们不同的具体需求，谈到老年人最需要的是经济、照料和情感等方面的需求。

学者们通过对需求理论的研究，明确了人类需求是社会服务工作的核心，是研究社会政策、福利服务、计划和资源配置的基础，作为服务工作人员，应正视服务供给中人类需要的基本需求、必要需求、特殊需求和紧急需求。在对弱势人群提供服务，促进其发展的过程中，通过满足其需求来弥补他们的需求服务短缺，提供政府供给和市场中需求无法得以满足的部分。英国社会政策教授伯列绍将需求分为四类，第一种是大部分需求或期望不足时感觉到的需求，第二种是人们通过实际行动表达了的需求，第三种是专家指定服务的标准上的需求，第四种是没有服务的社区与有服务的社区对比产生的比较上的需求,① 他的这四种不同的需求测量方式, 对于了解社区居民的需求有很大的指导作用。

根据社会工作研究领域对于老年人服务工作内容的界定, 明确了老年人具有身体健康的维护、经济保障、文化体育休闲、情绪和精神关注、社会参与以及特殊问题处理等几个方面的需求, 开展老年人的服务工作可从这几个方面着手。国外学者认为除了生活照料需求、医疗护理需求外, 不同年龄段和不同健康程度的老年人由于其基本需求的群体性、特殊需求的外界支持性等需求特点使他们的社会需求也变得尤为重要。

二 社会交换理论

社会交换理论最早于 1970 年之后被一些学者引入到社会学研究中, 主要涉及的是社会成员之间的权责、价值等。将社会交换理论用于社会工作领域时涉及的主要范畴是: 家庭关系中的权责平等、代际间获取照料利益互惠、家庭中正式照料资源与非正式资源的相互配合等, 是涉及老年人照护资源与赡养问题的主要内容。在交换理论中, "相互间的义务"、"互惠"、"资源替代物" 等中心概念又是分析社会网络、社会支持的关键。根据社会交换理论的核心理论及其外延可以对老年人的照料做一界定, 照料实质上是子女通过物质支持、精神抚慰及其他照顾内容给予老人们的养育之情的债务上的 "偿还"。② 在我国传统的养老文化中, 子女对老人们的供养和照料其实就是经济回报, 社会交换理论中的交换主体由子女和老年人在不同的时间序列中充当, 分别在各自的时间序列中按照一方给予另一方获取的对等原则来进行交换, 交换对象就是彼此的照料。

三 残疾人权利观

在不同的历史阶段社会对残疾人的观念是不同的。漫长的历史长河中, 人类社会长期存在着对残疾人的漠视。在原始社会, 人类会将残疾

---

① Bradshaw, J., "The Concept of Social need", *New Society*, Vol. 30, March, 1972.
② 彼得·M. 布劳:《社会生活中的交换与权力》, 商务印书馆 2008 年版, 第 146、225、228 页。

的同伴抛弃以节约食物；中世纪的欧洲，残疾被认为是受到了"魔鬼的诅咒"，残缺的身体被看作丑陋和无能的象征。

19世纪伊始，人类社会开始关注残疾人问题，并从医学上重新认识残疾人。人们称残疾人为"残废"，将他们的残疾看作一种因器官欠缺或器官功能丧失而导致的医学疾病。所以，帮助残疾人就是通过身体调整和心理调整使他们适应残疾后的特殊条件，残疾被认为是个人的不幸。在这种残疾人观下，残疾人的保障模式被称为"个体医疗模式"。"个体医疗模式"虽然有利于残疾人得到医疗保障和专业护理，却忽视了残疾人的内在需要和权利需要，将残疾人看作社会的"包袱"。[①]

20世纪70年代后，人们开始反思"医疗模式"下的"个体残疾人观"。迈克尔·奥利佛（Michael Oliver）提出应该对残疾人的理解有一个转变。他认为身体的残疾并非单纯的个人现象，而是一种社会现象。残疾人的限制，并不是自身的限制，而是社会给予的限制，解决残疾人问题，应从社会的调整开始。这种"社会残疾观"对应的残疾人保障模式被称为"社会模式"。"社会模式"由于强调消除社会环境障碍以帮助残疾人充分参与并融入社会主流中去，因而更具有包容性。但是，"社会模式"下的残疾人保障，多为较低层次的生存保障，忽视了残疾人的发展潜能。

在"社会模式"基础上，一种以权利为本的残疾观开始形成。这种残疾观认为残疾人是权利的享有者，他们是社会成员中的一分子，应当像健全人一样享有决定自己生活的权利。残疾人在参与社会和自身发展中所遇到的障碍是对人权的侵犯，社会有责任和义务保障残疾人的权利不受侵犯。社会模式与权利观念的结合，产生了新的残疾人保障模式——"权利模式"。在权利残疾观下，残疾人和普通人一样是权利享有者，也是社会财富的创造者。残疾人在社会中的角色由福利救济的被动接受者转变为权利主张者。社会服务的提供将尊重残疾人的自主选择权并强调残疾人的共同合作。

残疾人的权利是普遍性和特殊性的辩证统一。残疾人权利的普遍性

---

① ［美］罗斯曼·朱丽叶（Juliet C. Rothman）：《残疾人社会工作》，华东理工大学出版社2008年版，第10页。

主要包括残疾人作为"人"而享有的普遍人权，如生命权、自由权、财产权、尊严权、获助权、公正权等。① 残疾人权利的特殊性表现为：权利主体的特殊性，由于现实生活中障碍的存在，残疾人并不能像普通人一样行使自己的权利；权利实现的特殊性，由于残疾人存在实现自身权利的障碍，所以这一群体的权利必然需要一些特别的、有针对性的制度安排来保障，而要求这种特殊制度安排的权利在权利观视角下可以看作残疾人的"福利权"。

福利供给不足，是造成残疾人权利受损的主要原因。由于残疾人自身的限制和市场中存在的障碍，残疾人从市场交换中获得需要的资源并不容易，所以残疾人需求的满足更加依赖国家、社会和家庭的支持，家庭保障功能的弱化又要求国家和社会应该承担更多的责任。从老年残疾人群体这个角度来看，他们的养老需求也是一种福利权。建立完善的养老服务体系并对这一群体进行必要的倾斜和支持，是我国社会保障体系建设事业的题中应有之义和有机组成部分，也是老年残疾人福利权的合理诉求。

四　公共物品理论

有关公共物品的论述最早可以追溯到 19 世纪初的托马斯·杰斐逊（Thomas Jefferson），他曾有过如下的论述：从我这里接受思想的人，自己受到教育，但不会有损于我；就像从我这里点亮他的蜡烛，照亮自己而不会把黑暗留给我。现代经济学对公共物品理论的系统研究真正意义上始于保罗·萨缪尔森（Paul A. Samuelson）。他将公共物品定义为："每个人对这种产品的消费，都不会导致其他人对该产品消费的减少。"② 斯蒂格利茨（Joseph E. Stiglitz）认为，"纯公共物品是指多为一个人提供公共物品的边际成本严格为零，且不可能不让人们享受该物品的物品。在这个意义上，政府提供的许多公共物品都不是纯公共物品。"③

---

① 马洪路：《残疾人社会工作》，中国社会出版社 2010 年版，第 22 页。
② ［美］保罗·萨缪尔森：《经济学》，人民邮电出版社 2011 年版，第 132 页。
③ ［美］约瑟夫·E. 斯蒂格利茨：《公共部门经济学》，中国人民大学出版社 2005 年第 3 版，第 111 页。

一般来说，区分私人物品与公共物品以及对公共物品做进一步划分涉及两个评价标准。

一是非竞争性。它是指一个人对公共物品的消费并不会影响其他人同时消费该物品及从中获得效用。即在生产水平一定下，为多一个人提供这一物品的边际成本为零。

二是非排他性。它是指一个人在消费一种公共物品时，不能排除其他人消费这一物品（不论他们是否付费），或排除的成本很高。

根据这两个标准，则同时具有竞争性和排他性的物品为私人物品，可以完全由市场来提供；而既无竞争性又无排他性的物品就是公共物品，比如国防。但是，在现实生活中，存在着一些物品，它们可能有竞争性而无排他性，如消防；或者有排他性而无竞争性，如拥挤的公路。这种物品，我们可以称之为准公共物品。

由于搭便车的存在，所以以市场提供公共物品会出现供给不足和消费不足的情况，我们称这种现象为市场失灵。政府提供公共物品看似一个合意的选择，但政府公共部门在提供公共物品时可能趋向于浪费和滥用资源，并且导致寻租行为和政府扩张。

服务，是一种无形的产品（物品）。居家养老服务也可以看作一种产品。研究居家养老服务供给体系，首先应该科学认识居家养老服务的属性。

从服务类型来看，居家养老服务按照服务层次可分为基本型服务和发展型服务，基本型服务即生活照料、家政服务、康复护理和精神慰藉等；而发展型服务则是高于基本型服务的，满足需求者个体差异的服务，如上门保健性按摩服务、私人心理辅导等。

基本服务显然更多地具有公共品的属性，而发展服务则更多地具有商业服务的属性。

从服务受益群体来看，在获取居家养老服务的同时，普通老年人要支付一定的费用。由于居家养老服务中存在着政府的财政补贴，所以服务价格并不是市场价格，而一般是低偿的，基于这一点，普通老年人获取的居家养老服务带有准公共物品的属性。可以享受政府购买服务的特殊老年人群体，如老年残疾人，他们获取的居家养老服务在政府购买的范围内，更多地体现出公共品的属性。但是在实践中，由于政府购买的居家养老服务的有限性，即使是享受政府购买的老年残疾人群体，也需要通过额外支付费用去获取一些满足自身特殊需求的居家养老服务，在这个层面上，则老年残疾人居家养老服务也属于准公共物品。

五　服务型政府理论

服务型政府源于"服务行政"思想。服务行政一词最早出现在德国行政法学家厄斯特·福斯多夫（Ernst Forsthoff）于 1938 年发表的论文《作为服务主体的行政》中。[①] 安德森（James E. Anderson）认为"政府的任务是服务和增进公共利益"。[②] 丹哈特夫妇（R. B. Denhardt and J. V. Denhardt）认为"政府的首要任务是服务而非掌舵"。[③] 20 世纪七八十年代，西方兴起了"政府重塑"、"政府再造"运动，尝试从根本性或方向性上调整政府管理的理念、打破传统理论和管理模式的束缚，这一运动可以看作服务型政府理论产生的渊源。

构建服务型政府的实践虽然源自西方，但是"服务型政府"作为一种学理性概念，却是由我国学者最早提出来的。张康之教授于 2000 年最早在学术领域使用了服务型政府这一概念，并做了一系列相关研究，他认为政府存在三种管理模式：盛行于前资本主义社会的统治行政模式，对应统治型政府；马克斯·韦伯（Max Weber）的官僚制管理行政模式，对应管理型政府；服务行政模式，对应服务型政府。[④]

中共十六大首次将政府职能归结为经济调节、市场监管、社会管理和公共服务四项内容。温家宝总理于 2004 年正式提出建设服务型政府的口号并指出："管理就是服务，我们要把政府办成一个服务型的政府，为市场主体服务，为社会服务，最终为人民服务！"2006 年 10 月，十六届六中全会将"建设服务型政府，强化社会管理和公共服务职能"写入《关于构建社会主义和谐社会若干重大问题的决定》。社会主义市场经济体制的完善、经济社会的协调发展、行政管理体制改革的继续深

---

① 燕继荣：《服务型政府的研究路向——近十年来国内服务型政府研究综述》，《学海》2009 年第 1 期。

② 肖顺武：《公共利益研究》，博士学位论文，西南政法大学，2008 年。

③ 刘厚金：《我国行政问责制的多维困境及其路径选择》，《学术论坛》2005 年第 11 期。

④ 李传军：《管理主义政府模式的终结》，博士学位论文，中国人民大学，2003 年。

化、对外开放水平的全面提高都要求我们必须建立服务型政府。服务型
政府是一个具有核心竞争力的、民主和负责的、法治和有效的、为全社
会提供公共产品和服务的、实现了合理分权的政府。服务型政府的核心
理念演变为合理引导社会参与到公共物品的供给中去，为公共物品的多
元供给创造良好的环境。

居家养老服务具有社会福利属性，属于准公共物品。提供公共物品
是服务型政府的分内之事。福利水平具有刚性增长的特征，单纯靠政府
去组织提供，并不是可持续发展的合理选择。伴随着当下经济文化水平
的日益提高，我国老年（残疾）人的养老需求也呈现出多元化、高标
准化的趋势。政府在提供好基本公共服务的同时，也应该针对老年
（残疾）人的特殊养老需求进行合理的制度性安排，加强监管，为多元
供给居家养老服务提供宽松但有秩序的环境。

六　福利多元主义理论

福利多元主义理论诞生于凯恩斯主义衰退的时代。凯恩斯主义于
20 世纪 30 年代后盛行于欧美国家，它强调在社会福利的提供中政府应
该起到主导作用，社会福利体系的建设应该以政府为中心。20 世纪 70
年代后美国经济出现滞胀，失业率上升，人口老龄化和家庭核心化等社
会问题冲击着原有的以政府为中心的社会福利供给模式。为了解决这一
福利危机，福利多元主义作为一种应对方案应运而生。

福利多元主义这一概念首先出现于 1978 年英国的《沃尔芬德的志
愿组织的未来报告》。报告中主张在英国的社会政策中引入福利多元思
想，将志愿组织纳入社会福利提供者的范畴。罗斯（R. Rose）在《相
同的目标、不同的角色——国家对福利多元组合的贡献》一文中对福
利多元主义做了细致而明确的阐述，并正式提出福利多元组合理论
（welfare mix）。该理论认为家庭、市场和国家是社会福利的提供者，它
们提供的福利的整合就是社会总体福利。国家或政府虽然仍然在提供社
会福利方面起着关键的作用，但是不再是福利提供的垄断者。这三个部
门都有各自的优势和缺陷，它们应该联合起来，扬长避短，以追求社会

福利的最大化。[①] 德国学者伊瓦斯（A. Evers）进一步发展了福利多元主义，在罗斯研究的基础上提出了福利三角理论（welfare triangle）。伊瓦斯认为经济通过提供就业提高福利；个人、家庭和社区则是提供非正式福利的核心；国家通过提供社会福利政策等制度性安排进行社会资源的再分配，以优化福利配置。[②] 伊瓦斯后期的研究中特别强调民间社会的作用，这对福利多元领域的研究是一个新的启发。之后，约翰逊（N. Johnson）对福利多元组合进行修正后，将志愿组织纳入社会福利提供者的行列，认为政府部门、家庭、市场、志愿组织共同构成社会福利的四大来源，从而将社会福利提供者由三部门发展为四部门，即政府、市场（商业部门）、家庭和志愿部门（非营利组织）。国家部门提供直接和间接福利；商业部门利用市场提供有营利性质的福利；志愿部门由自助互助组织、社区组织和非营利组织提供福利；非正规部门则指来自家庭、亲友等其他群体的福利。[③]

福利多元主义的主要理念是分权与参与。分权，就是政府将权力下放，改变过去在福利提供中的家长式作风，减少对民间组织参与福利供给的限制，将福利的提供权由公共部门转移到私营部门。而参与，则意味着更多的主体加入到社会福利的供给中来。在福利供给中，政府应重新定位自己的角色，由主要的供给者转变为监管者、规范者、仲裁者和服务的购买者，有所为有所不为，合理引导私营部门，实现社会福利最大化。伴随着经济体制改革，我国的一元化福利模式已经瓦解，面对福利需求多样化、福利供给不足、财政压力增大等问题，福利多元化理论不啻为解决我国目前福利困境的一剂良药。

七　基本公共服务均等化理论

均等化是基于公平原则和社会平均水平，把贫富差距控制在合理的范围之内，促进区域之间、城乡之间、经济社会之间协调发展，使不同

---

① 赵静：《非营利组织参与养老保障问题研究》，硕士学位论文，陕西师范大学，2008年。
② 许光：《制度变迁与利益分配：福利三角模式在我国的应用与拓展》，《中共浙江省委党校学报》2010年第3期。
③ 彭华民、黄叶青：《福利多元主义：福利提供从国家到多元部门的转型》，《南开学报》2006年第6期。

社会阶层均衡受益，由此确保全体人民公平分享经济社会发展成果，保障公民基本权利。一般来说，基本公共服务均等化是指政府要为社会成员提供基本的、与经济社会发展水平相适应的、能够体现公平正义原则的大致均等的公共产品和服务，是人们生存和发展最基本的条件的均等。

基本公共服务均等化的内涵表现为以下两个方面：一是居民享受基本公共服务的机会均等，如公民都有平等享受义务教育的权利；二是居民享受基本公共服务的结果均等，如每一个公民无论住在什么地方，城市或是乡村，享受的义务教育和医疗救助等公共服务，在数量和质量上都应大体相等。实现我国基本公共服务均等化必须推进二者统一。

从我国的现实情况出发，基本公共服务均等化的内容主要包括：一是基本民生性服务，如就业服务、社会救助、养老保障等；二是公共事业性服务，如公共教育、公共卫生、公共文化、科学技术、人口控制等；三是公益基础性服务，如公共设施、生态维护、环境保护等；四是公共安全性服务，如社会治安、生产安全、消费安全、国防安全等。只有把这些基本公共服务做好，全体社会成员才能共同享受改革开放和社会发展的成果。

八　社会支持理论

早期的研究者将社会支持当作从一个人的朋友或熟人网络得来的一般性的资源。从社会学视角看，社会支持是一定社会网络运用一定的物质和精神手段对社会弱者进行的无偿帮助的一种选择性社会行为。

从类型来看，社会支持可以分为以下几种维度：其一，客观支持、主观体验到的支持和对支持的利用度。客观支持也称实际社会支持，包括物质上的直接援助和社会网络、团体关系的直接存在和参与，是客观存在的现实，这是人们赖以满足他们社会、生理和心理需求的重要资源；主观体验到的支持也称领悟社会支持，即个体所体验到的情感上的支持，也就是个体在社会中受尊重、被支持、被理解因而产生的情感体验和满意程度，与个体的主观感受密切相关；对支持的利用度是个体对社会支持的利用情况，有些人虽然可以获得支持，却拒绝别人的帮助。然而，人与人之间的支持是相互的，支持别人的同时，也为别人提供帮助打下了基础。其二，家庭支持、朋友支持和其他支持。这是基于社会支持来源角度进行的分类，强调个体对来自各种社会支持来源的理解和领悟。其三，认知支持、情感支持和行为支持。这是以社会支持维度为出发点的分类。认知支持是指提供各种信息、意见与知识等；情感支持是指安慰、倾听、理解及交流等；行为支持是指实际的帮助行动。不同的分类反映了研究者对其本质的不同理解，当然，不同类别中许多内容是相互交叉的。

1998 年以来，国内学者对社会支持的研究逐渐深入。李强认为，社会支持是一个人通过社会联系所获得的能减轻心理应激、缓解紧张状态、提高社会适应能力的影响。其中社会联系是指来自家庭成员、亲友、同事、团体、组织和社区的精神上和物质上的支持和帮助。程虹娟从三个角度归纳了对社会支持的定义：一是从社会互动关系来定义社会支持：社会支持不仅仅是一种单向的关怀或帮助，它在多数情形下还是一种社会交换，是人与人之间的一种社会互动关系；二是从社会行为性质来定义社会支持；三是从社会资源的作用来定义社会支持：来自于社会关系的帮助、人们联系的方式以及支持网络中成员间的资源交换。

综上所述，有关残疾人权利观的理论，为老年残疾人获取社区居家养老服务提供了合理性与合法性论证；公共物品理论则帮助我们界定了老年残疾人社区居家养老服务的准公共物品属性，为后继的老年残疾人社区居家养老服务供给体系构建提供了理论基石和出发点；服务型政府理论明确了老年残疾人社区居家养老服务供给体系构建中政府的责任；福利多元主义理论为社会力量参与老年残疾人社区居家养老服务供给体系的构建提供了理论支撑和实现路径选择；社会支持理论为老年残疾人社区居家养老服务供给体系的构建提供了正式支持和非正式支持相互补充、融合，认知支持、情感支持和行为支持互为补充的理论依据。

第三章

长期照护的模式及社区居家养老
服务供给的国际经验

长期照护是指在一个比较长的时期内，持续地为因衰弱、慢性疾病或其他功能受损，存在认知障碍或处于伤残状态下而导致生活不能自理或半自理的人提供日常生活照顾和基础医疗护理。长期照护包括医疗服务、社会服务、居家服务、运送服务或其他支持性的服务。由于长期照护的对象主要是失能老年人，长期照护与社区居家养老二者在对象上具有一定的重叠，所以，研究老年残疾人社区居家养老服务问题有必要对长期照护进行梳理。本章主要分析国际上长期照护的四种模式、台湾长期照护的实践探索以及英美日等国政府与非政府组织在社区居家养老服务供给中的合作实践带给我们的有益的国际经验。

第一节　国际上长期照护的四种模式

世界正在遭遇快速奔跑的老龄化、高龄化以及由此带来的激增的社会成本，老龄问题前所未有地摆在各种发展水平的经济体面前。如何化解正在逼近并有可能在未来不断演化的社会风险？发达国家不能回避这个问题，作为老龄人口最多的国家——中国也必须正视这个问题。一些发达国家已经早早地建立了独立的长期照护制度，即使没有独立制度，至少也明确了政府出资责任，为老年人建立了除养老和医疗之外的生活支持。本章将对 OECD 国家长期照护制度进行全面考察，旨在为我所用，给中国构建完整的老年残疾人生活支持体系提供借鉴。

老年长期照护（long-term care for the elderly）是对失去生活自理能力的老年人提供的日常生活照顾和基础医疗护理。长期照护和医疗护理在理论上的区别是，前者重在照顾（care），后者旨在治疗（cure）。不过，对于很多住院的老年人来说，二者的界限很难划分清楚，政府在资助上往往有交叉。从国际上主要的长期照护制度来看，对长期照护风险的属性认识决定了制度模式的选择。

一　老年长期照护是个人风险、家庭风险还是社会风险：考察各国对制度模式的选择

个人风险是由个人对自身、他人、社会及不可抗力带来的不确定性的掌控能力弱和认知不足造成的，既有个人客观条件的局限，也有主观决策的失误，其风险承受者是独立的个人。家庭风险是个人风险外溢并给作为整体的家庭及有关联的家庭成员带来的不确定性，风险承受者扩展到整个家庭及相关成员。社会风险是个人风险和家庭风险外溢对非关联的他人和其他家庭带来的不确定性，当这种风险汇集到一定程度就有可能引发社会秩序混乱。在做出这样的概念诠释后，再来看看老年长期照料的风险属性。

老年人首先是独立的个人，因伤残或年老体衰造成个人生活自理能力降低，这是个人风险。在一些国家，包括中国在内，子女有法定的赡养义务，失能失智老年人的个人风险就外溢到子女身上，构成了家庭风险。当失能老年人的数量激增，个人和家庭已经无力化解这一风险时，老年长期照护不再仅仅是个人或家庭的事，而被看作社会潜在的风险，要通过社会共担互济来化解个人风险和家庭风险。实际上，一些国家在还未遭遇严重老龄化的时候，因为社会公民权的普及，也是通过社会力量（包括财税体系）来化解老年长期照护风险。埃斯平·安德森对福利国家做了三种划分，在此基础上，通过对老年长期照护风险的不同界定，对不同国家的长期照护制度模式进行考察。

（一）"社会民主主义"和"法团主义"福利模式下应对"社会风险"的长期照护制度

"社会民主主义"福利国家的代表是斯堪的纳维亚国家，包括挪威、瑞典、芬兰和丹麦。在农耕条件恶劣的自然条件下，为了获得农民联盟的支持，这些国家发展了普及性的、"去商品化"程度最高的社会福利制度。这种福利模式决定了老年长期照护制度的主要特征是：通过税收筹资为社会成员提供"普及制"（universal coverage）的长期照护保障，由大量的公共部门提供包括医疗护理和个人照护需求在内的全部照护服务，公共财政在长期照护中的支出比重较高。2009—2010 年，以上四国的长期照护公共支出占 GDP 的比重在 1.8%—3.6%。

"法团主义"福利国家从教会维护的阶层差距和地位差异一路走来，排斥市场的福利供给作用，"促成了区分社会地位的十分复杂的保险基金"。[①] 这些福利模式的长期照料制度分为两类：第一类是由国家组建独立的、普及制的长期照护保险制度，这类国家包括荷兰、卢森堡、德国、日本和韩国，通过强制性社会保险缴费来筹资。第二类是在原有保险体系内设长期照护项目，通过社会保险缴费报销部分长期照料费用，代表性国家是比利时，其长期照护保险列在医疗保险项目中，由后者的筹资予以报销，但是医疗保险主要针对医疗护理，并不覆盖个人照护需求，因此这是一种"混合制"（mixed system）的长期照护模式。法国现行制度规定长期照护对象须个人先缴费才具备享受公共资助的权利。在萨科齐任期将尽时，法国曾讨论新一届政府上台后即设立长期照护保险，作为法国的第五个社会保险项目。

"法团主义"福利国家的"普及制"和"混合制"长期照料因为有了社会保险资金的注入，财政负担相应减轻，这些国家长期照护公共支出占 GDP 的比重在 0.9%—1.7%（韩国是 0.3%）。在这个福利簇群中，奥地利是个特例，其长期照护公共支出中有 60% 用于现金福利，面向全体国民按照需求给付，资金由联邦和地方政府分担。另外 40%用于购买机构照护服务，向有需求者提供实物福利。这与 OECD 其他国家将大部分公共补助用于实物福利的做法大相径庭。正是因为现金津贴提高了照护服务选择的自由度，奥地利的长期照护对象主要选择购买家庭照护，其家庭正式照护对象占 65 岁及以上人口的比重高达 24%，较这一比例次高的挪威多 1 倍，是 OECD 平均水平的近 3 倍。[②]

---

① 埃斯平·安德森：《福利资本主义的三个世界》，商务印书馆 2010 年版，第 37—40 页。
② 奥地利数据来源于 OECD：Austria Long-Term Care，2011。

无论是"社会民主主义"福利模式还是"法团主义"福利模式，都将老年长期照护看作社会风险，社会互济是其长期照护制度的主旨，所不同的是筹资方式，前者是税，后者是费，但都有强制性。

（二）"自由主义"福利模式下应对"个人风险"的长期照护制度

快速成长的中产阶级在盎格鲁-撒克逊国家推动着市场自由化，政府的干预被压缩到尽可能小的程度。在应对老年风险方面，"自由主义"福利国家主张个人责任，鼓励市场提供服务，政府在个人之后承担"补缺"责任。这种模式的代表是英国和美国，其他国家如加拿大、澳大利亚、新西兰、爱尔兰虽然在养老金制度上有不同程度的"自由主义"，但在老年长期照料方面政府介入较多，如加拿大各省和地方政府均是按照照料需求进行评估，向经照料需求评估被确认有资格的所有人提供政府资助的机构照料和家庭照料。

"自由主义"福利模式的"补缺制"最突出的代表是美国。美国没有建立独立的长期照料制度，也没有面向所有国民的长期照料津贴，但对老年人和低收入群体这两类特定群体提供非常慷慨的保障，分别由老年医疗保险（medicare）和低收入者的医疗救助（medicaid）承担主要出资责任，其中医疗救助为符合条件的机构照料对象支付包括食宿费在内的绝大部分费用。下面一组数据可以说明美国医疗救助与长期照护的密切关系：

（1）长期照护对象中有30%享受医疗救助。

（2）医疗救助总支出中有近30%用于长期照护。

（3）医疗救助承担长期照护总费用的40%。

"自由主义"福利模式"补缺制"国家将长期照料视为"个人风险"，鼓励个人通过市场保险产品来分担这一风险。尽管如此，由于人们的"短视"和对政府资助的依赖，导致私营长期照料保险市场很弱小。仍以美国为例，尽管美国的私营长期照料保险在资助力度和覆盖面上都位于OECD的第二位，但总体规模仍然很小，私营保险支出占长期照料总费用的比例仅为5%（次于日本的7%），购买私营保险的人占40岁及以上人口的比重也只有5%（次于法国的15%），这种规模与私营医疗保险根本无法比拟。正是看到这一点，美国政府也在探索公共长期照护保险计划。2010年奥巴马签署了《美国适用性医疗卫生法案》

（*Affordable Health Care for America Act*），其中的"社区生活辅助服务及支持法案"（Community Living Assistance Services and Supports Act，简称CLASS Act）提出了"政府举办、市场管理、自愿加入、自由退出"的公共长期照护保险方案。[①] 这一法案在 2012 年 10 月正式实施，也体现出美国开始正视长期照护的"社会风险"属性。

（三）"家庭主义"福利模式下应对"家庭风险"的长期照护制度

地中海沿岸和中东欧转型国家在处理老年风险方面非常强调家庭责任，这与其"家庭主义"文化有着根深蒂固的联系。在这些国家中，家庭被看作是提供免费照料服务的"机构"，而政府财力支持不足也是导致这些国家需要大量家庭照料的主要推手。在四类长期照料制度模式中，"家庭主义"福利模式国家的公共支出占 GDP 比重最低，仅占0.2%—0.6%。大量繁重的长期照料工作由家庭成员承担，中年及以上女性是主要家庭照护者，这些国家 45 岁及以上女性劳动参与率要比"社会民主主义"福利国家低 10—20 个百分点。

将长期照护作为"家庭风险"推向家庭，由家庭成员之间互助互济，虽然减少了照料成本支付，但给家庭照料者带来沉重的身心压力。不仅如此，随着人口老龄化，目前的家庭照料者逐步走向老年，而后来者供给不足，家庭非正式照料的纽带日显脆弱，需要政府和社会对家庭照料者提供有力支持。一个有效的办法是向照料对象提供津贴，除了在市场购买服务供应商提供的照料服务，也可以用于"雇佣"家庭成员或邻里。例如，2009 年西班牙该类专项资金标准是依照料需求等级每人每月发放 300—520 欧元的津贴。

对家庭照料者的津贴都来自于中央和地方财政，隐喻着"家庭主义"福利国家正逐步按照社会风险属性对待长期照料。西班牙在 2006年引入税收筹资的长期照料制度，照料对象的自付比例降至 1/3，家庭负担大大减轻，同时社会照料及其产业随之拉动起来。

---

① CLASS 的目标是：帮助需要照护的人保持生活和经济上的独立性，以便继续生活在社区内；建立基础设施以帮助社区生活辅助服务和支持的实施；减轻家庭照护人员的负担；提供现金福利而不是实物福利（每天 50 美元，可用于非医疗照护服务上，包括房屋修缮、辅助生活设施、无障碍通道、家庭助手、家政服务、喘息照护以及私人辅助服务）。

二 中国老年长期照护的供给：家庭非正式照护供给不足，机构正式照护供给错位

2015 年中国失能和部分老年人已超过 4000 万人。从失能失智老年人的医疗护理和日常生活照护来看，中国还存在着制度供给空白、服务供给匮乏的问题，绝大多数失去生活自理能力的老年人依靠家庭成员和亲友的非正式照料，巨大的供需缺口向政策决策者提出老年长期照护制度化的课题。

（一）家庭非正式照护难以持续

家庭非正式照料者主要由中年及以上女性家庭成员构成，这一点在 OECD 国家也有体现，OECD 国家的家庭非正式照料者中有 60% 是 50—64 岁的女性成员。从中国的统计数据来看，除了 16—19 岁年龄段以外，其他年龄段女性"家庭帮工"人数占比始终高于同年龄组的男性，"自营劳动者"身份就业的女性在 40 岁以后占比一直超过男性，而男性雇主和雇员（35 岁以后）的占比始终高于女性（见表 3—1）。由此可以说明女性灵活就业或者说非正规部门就业的情况更普遍，这种状况与女性要用很多时间和精力操持家务有密切关系。

表 3—1　　　　不同年龄段就业身份的性别差异（2009 年）

年龄段	雇员	雇主	自营劳动者	家庭帮工	年龄段	雇员	雇主	自营劳动者	家庭帮工
16—19 岁	-8.1	0.2	6.4	1.5	45—49 岁	6.9	3.6	-5.6	-4.9
20—24 岁	-5.0	1.0	4.3	-0.3	50—54 岁	21.4	2.4	-19.1	-4.8
25—29 岁	-0.4	2.3	0.8	-2.8	55—59 岁	30.3	2.5	-29.5	-3.4
30—34 岁	-1.0	3.2	2.1	-4.4	60—64 岁	13.7	2.1	-13.0	-2.8
35—39 岁	1.3	3.3	0.3	-4.9	65 岁以上	7.6	1.3	-6.9	-2.0
40—44 岁	2.4	3.4	-0.5	-5.3	总计	2.9	2.7	-1.7	-3.9

注：不同年龄段就业身份的性别差异=该年龄段及该就业身份的男性就业人数占全部男性就业人数的比例-该年龄段及该就业身份的女性就业人数占全部女性就业人数的比例。

资料来源：根据《中国劳动统计年鉴 2010》（光盘版），由笔者计算。

但是随着人口结构的变化,家庭非正式照护将面临供给不足的问题。如果将 50—64 岁女性作为家庭非正式照护的供给者,65 岁及以上老年人(包括男性和女性)作为家庭非正式照护的需求者,用二者比率衡量家庭非正式照护负担系数,根据人口趋势数据可以看出,家庭非正式照护负担越来越沉重。2020 年是千禧年之后的最低点,原因是 1960—1970 年借着第二个生育高峰出生的人口进入 50—64 岁年龄区间,理论上增加了家庭非正式照料的供给,使家庭非正式照料负担系数下降。但紧接着,随着这些人步入 65 岁,家庭非正式照料需求者规模开始扩大,负担系数急速攀升,2035 年前后系数突破 2,意味着从此之后每一位中年或低龄女性老年人有可能要照料 2 位以上家庭中的中高龄老年成员。如果这些人同时还在就业,将承受着工作和照顾老人的双重压力。

(二)机构正式照护供求错位

机构照护在服务及时性、全天候以及人员专业性等方面有优势,对于完全失去生活自理能力的高龄老年人来说,机构照护比家庭照护更适宜。在美国,92% 的照护机构是私营的,机构服务费和食宿费人均 8 万美元左右,相当于 65 岁及以上老年人收入的 3 倍,但仍吸引很多老年人尤其是高龄老年人入住。2008 年美国 65 岁及以上老年人的 7.1% 和 85 岁及以上高龄老年人的 21.5% 入住在各类护理机构中,护理院的入住率多年来维持在 88% 上下。

中国的机构照护多由各类收养性养老机构提供。《中华人民共和国 2015 年国民经济和社会发展统计公报》显示,2015 年末全国共有提供住宿的养老服务机构 2.8 万个,养老床位 669.8 万张,[①] 按年末 60 岁以上老年人口规模 2 亿 2200 万人计算,平均每千名老人拥有养老机构床位数为 33.1 张。

从机构居民的构成来看,中国的各类收养性养老机构以"养老"为主,"照护"的成分小得多,这实际上是机构照护和家庭照护的"倒置"。按照我国民政部《老年人社会福利机构基本规范》,"老年社会福

---

① 国家统计局:《中华人民共和国 2015 年国民经济和社会发展统计公报》,中央政府门户网站(http://www.stats.gov.cn/tjsj/zxfb/201602/t20160229_1323991.html)。

利机构由国家出资举办、管理的综合接待三无老人、自理老人、介助老人、介护老人安度晚年而设置的社会养老服务机构,设有生活起居、文化娱乐、康复训练、医疗保健等多项服务设施",这一界定就给公立养老机构收养自理型老年人提供了支持。公立养老机构为了降低运营成本,加上私营养老机构的利益驱动,尽量选择成本相对低得多的自理型老年人。这种"反向选择"与照护机构的社会定位背道而驰。根据全国老龄委的调查,全国只有 24 万—35 万人住在各类收养性养老机构中,仅占部分失能和完全失能老年人的 1% 左右。

20 世纪 90 年代以来,OECD 国家开展了"去机构化"运动,政府通过财政补助引导人们更多地使用家庭照护,医院内和护理院的长期照护床位都有不同程度的减少。尽管如此,除地中海沿岸国家和韩国这些注重"家庭主义"的国家以外,OECD 大部分国家的机构照护对象占 65 岁及以上人口比重均在 5%—10% (见图 3—1)。机构照护仍然是失能失智或高龄老年人长期照护的重要途径。

图 3—1　家庭非正式照护负担系数 (1950—2100 年)

资料来源:根据联合国人口展望数据 (1950—2100 年),① 由笔者计算并绘制。

三　中国老年长期照料的制度取向:从特定群体的"补缺"做起

福利国家的四种模式、长期照料的三类风险以及制度的三种类型,构成了长期照料制度化的总框架。从 OECD 国家长期照料制度运行情况

---

① http://esa.un.org/unpd/wpp/unpp/p2k0data_script.asp.

来看，不同长期照料制度给财政造成的压力是不同的。

从图3—2的两条趋势线可以看出，越是靠近"社会民主主义"福利"普及制"长期照护模式的国家（左上象限），长期照护公共支出占GDP的比重与高龄老人占人口比重的"剪刀口"越小，说明长期照护公共支出跟高龄老人占比的关联度越大；相反，越是靠近"家庭主义"福利"混合制"长期照护模式的国家（右下象限），长期照护公共支出

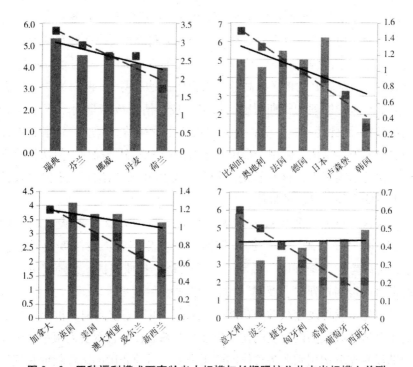

图3—2　四种福利模式下高龄老人规模与长期照护公共支出规模之关联

注：柱形为80+人口占比，散点为长期照护公共支出占GDP的比重；实线是人口占比趋势线，虚线是支出占比趋势线。

资料来源：长期照护公共支出占GDP的比重数据来自于OECD, *Projecting OECD Health and Long-Term Care Expenditures：What Are The Main Drivers*? OECD, Economics Department Working Papers, No. 477, 2006；各国80岁及以上人口占总人口比重来自于OECD对各国长期照护的问卷调查，参见http：//www. oecd. org/document/61/0, 3746, en_ 2649_ 37407_ 35490493_ 1_ 1_ 1_ 37407, 00. html。

占 GDP 的比重与高龄老人占总人口比重背离程度越明显，说明这些国家高龄老人的长期照护对公共财政的依赖度小，更多地依靠家庭照护。因此，在 OECD 国家中，长期照护的财政压力没有明显地与高龄老人规模强相关，福利模式的选择是影响这些国家长期照护公共支出的更重要的因素。

从长期照护风险属性的界定来看，中国似乎将长期照护更多地看作个人风险，政府的介入主要有两个渠道①：一是对"三无"人员、农村"五保户"以及个别地区对城乡"低保户"提供的照护服务补助，这些补助多为实物形式，以上人员在入住公办福利机构时享受减免待遇；二是对民办养老机构按床位提供补助，包括日常补助和一次性建成补助。个别财政状况较好的地区向高龄老人提供"购买券"，但因为购买的服务中没有医疗护理和长期照顾，仅限于现金消费或少量简单服务（如理发等），因此还不是实质意义上的长期照护补助。因此，我国老年长期照护的公共支出主要用于提供养老机构床位的实物福利。但从目前机构入住的结构来看，这些长期照护公共支出并未"瞄准"照护要求最高支付能力相对最弱的群体。

从这一点看，我国政府在做顶层设计时，要有一条从"缺"到"全"、由"低"到"高"的长期照护制度化路径。在制度模式选择上，可以考虑"瞄准度"最高的"补缺制"长期照护，并随着老龄化的走势逐步调整到"普及制"的长期照护保险制度上。

首先，发挥医疗救助的功能，"瞄准"照护需求高但支付能力弱的老年群体。我国的医疗救助在支出上具有随意性，且覆盖面很小，医疗救助没有充分运用到弱势群体的购买力上。目前我国的医疗救助总规模仅占财政收入的 0.1%，而美国仅用于长期照护的医疗救助资金就占财政收入的 3%。因此，增加医疗救助的支出是解决最弱势群体长期照护的有力途径。

其次，清晰区别照护机构的性质，"瞄准"不同层次照护需求的老年群体。公共福利机构的床位和基础照护服务是"公共物品"，应当定位给失能失智者，将完全自理能力的老年人引入社区和家庭中接受照

---

① 残疾人津贴还未定向在长期照护方面，这里暂不考虑。

护。这种方式提供的是低层次、基础性的照护。对于有更高照护服务要求的人来说，应当区分基础照护和个人照护，前者是公共物品，后者是私人物品。把这一点区分清楚，政府的功能定位自然就清晰了。长期照护服务匮乏和行业不规范是老年长期照护市场的"短板"，是政府介入的首要阵地。因此，除了直接提供服务以外，政府还要做照护服务市场的助推器。从税优政策到资源占用（用地、用水、用电等）的优惠政策，从照护服务人员的培训资助到照护服务供应商的激励与扶持，政府同样应不遗余力。

再次，"瞄准"制度发展方向，提早规划长期照料保险制度。从OECD 国家的经验来看，斯堪的纳维亚国家走的是税收筹资的全面公共化道路，这与其福利国家形成背景相吻合，但与中国的社会保险理念相悖。相反，以德国为代表的"法团主义"福利模式的"普及制"长期照料值得借鉴。这种模式是通过在职者缴费的现收现付制，缴费和待遇相对应，权利和义务相结合，正是中国社会保险的基本原则。老龄化和高龄化已经将老年长期照料摆在每个人和每个家庭面前，研究中国的长期照护保险是有迫切性的。值得关注的是，一向奉行"补缺制"的美国，在 2012 年 10 月启动了自愿性的公共长期照护保险计划，这也是将个人风险社会化分散的有益尝试。

四　小结

老龄化和高龄化带来了老年长期照护的问题。不同福利模式的长期照护制度有别，长期照护公共支出规模也各异。社会民主主义福利国家将老年长期照护视为社会风险，其长期照护制度一开始就是全覆盖、公共财政负担的。法团主义福利国家则注重缴费和待遇的对应，将个人风险以社会保险的方式进行社会化分散。家庭主义福利模式更注重家庭的照料责任，政府的补助相对更多地指向家庭照料者。以美国为代表的自由主义福利国家实行补缺制长期照护，用公共财政"瞄准"照护需求最强烈但负担能力最弱的群体，因覆盖面广且财政压力小而体现出较高的制度效率。

中国的老年长期照护也被老龄化赶到了日程上。在照护机构供应错位和家庭照护供给不足的情况下，将财政资助和由其打造的公共机构床位"瞄准"支付能力弱的失能失智老人，对于个人照护需求和收入门槛之上的老年人，则由政府鼓励和激励通过市场购买服务，当然政府应当充分发挥助推市场的作用。

第二节　台湾长期照护的探索

台湾地区属于新兴的高福利地区，并且面临人口老龄化、高龄化的问题。自 20 世纪 90 年代以来进行福利制度改革和福利体系的扩张，并参考德国的长期照护保障制度，建立了以俾斯麦模式为主的福利体系。

一　台湾长期照护制度的社会背景

（一）台湾人口老龄化现状

台湾内政主管部门的人口统计资料显示，台湾早在 1993 年就正式进入了老龄化社会，其老年人口当时已经达到 147.2 万人，占总人口数量的 7.02%，而联合国规定的进入人口老龄化的标准比例是 7%。[①]

台湾地区 65 岁以上人口比重从 1980 年的 4.3%迅速上升到 1993 年的 7.02%[②]，这仅仅用了 13 年的时间，而这个过程，世界上第一个老龄化国家——法国用了 90 年，亚洲最早进入老龄化的国家——日本用了 20 年。因此，台湾的老龄化过程速度特别快，用时非常短。

2006 年台湾地区 75 岁以上老人的人数为 94.8 万人，占老年人口比重的 41.89%；而 2011 年就达到了 109.1 万人，占老龄人口比重的44.18%，这个比例预计在 2030—2040 年将突破 50%。[③]

（二）台湾人口老龄化的发展趋势

台湾"行政院"经济建设委员会在 2006 年曾经对人口进行中方案的预测，未来的台湾人口将在 2020 年前后达到最高值 2329 万人，之后开始下降。在人口的高方案预测中，台湾地区的总和生育率将从 1.1 上

[①]　中华人民共和国国家统计局：《中国统计年鉴 2008》。

[②]　台湾老人福利推动联盟：《老人福利白皮书》，2003 年。

[③]　Commission for Economic Planning and Development, Executive Yuan, *Population Projection of Taiwan Area*：2006 to 2051.

升到 1.6，人口在 2027 年达到峰值 2390 万人。[①] 但是无论是中方案预测还是高方案预测，都不可避免地说明了一个问题，台湾地区未来的老龄化程度将更深，人口金字塔将趋于松树形状，人口年龄结构将严重失衡。到 2026 年老年人口比例将达到 20.6%，平均每 5 个人中就有 1 位老人。

从表 3—2 中可以看出，2015 年的台湾老龄人口与 15 岁以下的青少年人口数相当，届时抚养重心将有所转变。到 2030 年老年人口抚养比将达到 37.61%，也就是说每 2.7 个劳动力就要养活 1 个老人。到 2050 年这个比例惊人地达到 63.76%，说明平均 1.5 个劳动力就要养活 1 个老人。

表 3—2　　　　　2015—2051 年台湾地区人口结构中方案预测

年份	人口数量（千人）				各年龄组占总人口比例（%）			
	总数	0—14 岁	15—64 岁	65 岁以上	总数	0—14 岁	15—64 岁	65 岁以上
2015	22539	3106	16987	2446	100.0	15.8	74.3	12.3
2020	22470	2834	16772	2864	100.0	13.4	72.0	15.8
2025	22261	2645	15924	3692	100.0	12.2	68.8	19.8
2030	21934	2413	14936	4585	100.0	11.4	65.5	23.8
2035	21522	2146	13942	5434	100.0	10.6	63.0	27.3
2040	20887	1872	12962	6053	100.0	9.7	61.0	30.2
2045	19520	1644	11466	6410	100.0	8.8	58.1	33.7
2050	18883	1483	10466	6934	100.0	7.9	55.4	36.7

资料来源：Commission for Economic Planning and Development, Executive Yuan, *Population Projection of Taiwan Area*：2006 to 2051, 2006.

而随着老龄化的不断加深，高龄化的问题也越来越明显。在整个预测中，中高龄老人不论从数量上和比重上都呈现上升的趋势。2006 年的高龄老人数为 94.8 万人，到 2051 年将达到 369.2 万人，

[①] Commission for Economic Planning and Development, Executive Yuan, *Population Projection of Taiwan Area*：2006 to 2051.

高龄老人数涨幅近3倍，所占比例也由41.89%涨到53.80%（见表3—3）。①

表3—3　　　2006—2051年台湾地区65岁以上老年人口变化

年份	65—74岁		75岁及以上	
	人数（万人）	占老年人口比例（%）	人数（万人）	占老年人口比例（%）
2006	131.5	58.11	94.8	41.89
2011	137.8	55.82	109.1	44.18
2016	175.3	58.10	126.4	41.90
2021	247.3	64.09	138.6	35.91
2026	295.7	62.28	179.0	37.72
2031	316.9	56.97	239.3	43.03
2041	309.3	47.66	339.7	52.34
2051	317.0	46.20	369.2	53.80

资料来源：Commission for Economic Planning and Development，Executive Yuan，*Population Projection of Taiwan Area*：2006 to 2051，2006.

（三）台湾长期照料需求增长的原因

第一，老龄化加速。台湾地区的老龄化速度很快，从而不能给社会充足的准备时间。老年人除了健康医疗需求外，对长期照护的需求也逐渐增多。台湾地区政府2000年的报告显示，台闽地区有33.8万人有不同程度的长期照护需求，65岁以上人口占53.9%（长期照护需求调查包含其他年龄段的失能人口）。随着台湾地区认定对象政策的放宽，这个数字还会增加。而根据台湾内政部门的报告，2016年ADL和IADL的失能人数将达到72万人。② 由表3—4可知台湾地区的长期照护需求十分庞大。

---

① Commission for Economic Planning and Development，Executive Yuan，*Population Projection of Taiwan Area*：2006 to 2051.

② 台湾内政主管部门：《老人状况调查》，2005年。

表3—4　　　　　　台湾地区长期照护服务对象人数推估　　　单位：人、%

失能程度	年份	2007	2010	2015	2020
ADLs 失能	轻度失能（1—2项ADLs失能）	59164 (24.7)	64845 (24.6)	78021 (24.5)	94734 (24.4)
	中度失能（3—4项ADLs失能）	37669 (15.7)	41238 (15.6)	49543 (15.5)	60229 (15.5)
	重度失能（5—6项ADLs失能）	142635 (59.6)	157571 (59.8)	191528 (60.0)	233369 (60.1)
	合计	239468 (100.0)	263654 (100.0)	319092 (100.0)	388332 (100.0)

第二，慢性病患者增多。老年人由于终生操劳，身体机能方面已经发生了不可逆转的衰退，有的慢性病还伴有并发症，使得患者生活不便，生活质量降低。这种疾病会给家庭和社会带来非常沉重的长期照护负担。家庭结构变化也不足以支持老年人的长期照护工作。

第三，家庭规模缩小。台湾地区近几年来的家庭规模在不断地变小，现在已经形成了核心家庭的趋势，即大多数家庭都是由父母和未婚子女共同居住。对于老年人的居住安排，与子女同住的比例在不断下降，而仅与配偶同住的比例不断攀升，空巢老人家庭（独居或仅与配偶同住的老人家庭）增多，越来越多的老人，甚至是患有慢性病且有一定程度的ADLs失能的老人也是独立居住的。再加上大量的妇女进入劳动力市场，使得家庭照护的人力资源大幅度地萎缩，家庭养老、家庭照护模式已经十分淡化了。

而机构养老又给台湾家庭造成了沉重的经济负担。如果选择家庭养老，家庭成员就无法外出工作；如果送去机构进行照护或者请护工到家里来，普通家庭不仅无法承受其费用，其服务质量也参差不齐。机构照护平均月支付为新台币3万（约合人民币6390元）到6万元（约合人民币12780元），请本地护工约每月6万元。[①] 而台湾的主要产业制造

---

① 台湾卫生部门：《台湾地区"老人保健与生活问题"调查》，2006年。

业的平均月薪约为 35000 元新台币（约合人民币 7460 元）。因此，大多数家庭都无法负担这样的照护费用。

二 台湾长期照护政策概述

（一）政策发展历程

1991 年《联合国老年人原则》首次提出了"在地老化"的重要理念，认为"老年人应该尽可能长期在家中居住"，"老年人应当得到家庭、社区的照顾和保护，这种照顾和保护可以根据不同社会的文化价值体系来给予"。1993 年推出的"社会福利政策纲领"就包括了福利服务和医疗保健两项重要内容，成为此后推行长期照护制度的指导性纲领。再加上福利多元主义理念的盛行，1997 年，台湾就对《老人福利法》进行了修改，并且在 1998 年首次将长期照护服务单独立法，称为"老人长期照护三年计划"。该计划服务的对象是"没有自我照顾能力的老年人"。这一计划的主要内容在于充实社区照护设施、培训照护人力资源、向民众倡导长期照护，同时建立长期照护的财务制度。

2002 年，台湾推出了"照顾服务福利及产业发展方案"，该方案在"三年计划"的基础上，针对生活障碍老人提供了日常生活及身体照护服务。其重点工作就是提供居家服务，进一步扩大了照护的范围。

从 2007 年开始，台湾地区长期照护服务体系基本完善，提出"长期照护十年计划——大温暖社会福利套案之旗舰计划"。该计划内容详尽，对长期照护护理员的培训到财务责任的对象都有详细的说明。该方案旨在建立在地老化、全人照护、连续服务的照护体系，与家庭共担老化风险，保障失能老人的权益。

台湾长期照护体系的发展，呈现出普及化、连续性的特点，同时用照顾服务和喘息服务支持家庭照顾资源，对有需求的家庭进行阶梯式的补助，并积极寻求与各级政府、非营利组织的合作。从台湾地区的长期照护政策的发展历程可以看出，服务对象的范围在不断扩大，照护资源也由机构转向"在地化"，不断鼓励民间力量参与到服务中来，公共财政投入也不断增加。

（二）照顾管理制度

台湾的长期照护体系先导计划采用了"照顾管理"的概念，并成立长期照顾管理中心，有专门的照顾经理进行管理。照顾管理与个案管理不同的是，它强调整体性和管理型，是一整套的服务。它一方面促进资源的利用；另一方面根据不同的需求提供服务，把选择权交给服务使用者。

照顾管理制度在长期照护服务中有着非常重要的意义。首先，台湾的长期照护服务涉及多个地区和部门，长期以来，都由多个行政部门共同支持，有公共卫生部门的管理中心、内政主管部门的居家服务中心、少数民族委员会的家庭妇女服务中心、农业委员会的农村小区生活支持中心、荣民委员会的荣民服务处。另外，参与其中的医院、非政府组织、社区，以及个人就更多了。同时，长期照护服务通常都是一个护工对应一个或者几个老人，不同的老年人生理、心理、文化背景都不同，对照护的要求自然不同，照顾管理就可以整合这种复杂性的要求。也就是说，照顾管理对那些有特殊问题或者复杂问题的老人，以老人及家庭的需求为导向，整合全部的服务资源，提供一整套系统的服务。同时，被照护者和护理单位之间是合作关系，这样可以促进服务的高效率和高质量。

（三）筹资模式

台湾地区的长期照护制度一开始仅仅面向生活相对贫困、中低收入的失能者或者老人，因此起初的筹资模式也是由社会福利拨款，然后结合地方政府的拨款和民间慈善机构的捐赠，而提供服务的大多数是志愿者，只雇佣少部分劳动力。

从2002年开始，为了在推行长期照护制度的同时，解决失业问题，就将长期照护服务向产业化方向调整，让失业人口承担照护任务。因此在"照顾服务福利及产业发展方案"中扩大了服务的对象。筹资仍然主要靠政府拨款，社会保险支持，但同时向被照护者家庭收取一定的费用。这个费用是按照失能的程度划定的，有免费使用的小时数和半自费使用的小时数，如果超过这个额度，则由被照护者全额支付。

台湾地区在制定法案的时候，充分借鉴了英国、德国、日本等国的经验，在筹资模式上力图普及全民，财务来源主要依靠中央和地方的税收。但同时为了不让政府压力过大，选择被照护者部分承担的方式。这种方式不仅可以减轻政府的负担，民众自费比越高，政府的压力会越轻；而且可以让被照护者切实感受到照护的好处和成本，能从自身做起，尽可能地充分利用照护资源，也可避免民众过度使用照护资源。长期照护不是免费福利，老年人的照护问题也不能完全从家庭甩手给政府，这也体现了家庭和社会共担老龄风险的原则。而在自费程度的问题上，有如下的原则：对于经济非常困难的，政府补助程度较大；如果个人风险较大的，个人承担较多。同时，总体的自费情况还要考虑到政府的财政支付能力。

因此，最终确定的方案是：家庭总收入在最低生活费用 1.5 倍的家庭，政府全额补助；在 1.5 倍到 2.5 倍的，自费 10%。一般的民众家庭，自费 40%，而超过政府补助小时数的，民众全额自费。自费服务的给付标准由政府统一制定，不同的服务对应不同的金额。

所得金额支付方面，除了用在照护服务相关内容外，还包括护理员、督导的交通，失能者家中无障碍设施的改造，以及餐饮服务等多个支持性项目的费用。另外还有行政费用，占到总费用的 2.5%。

目前，台湾地区地方政府正在积极推动长期照护保险的征缴，规划中长期照护保险同全民健保一样，是人人都必须参与的险种。但与此同时，对低收入的人群有一定的补助或者是减免。台湾地区试图用这样的方式整合各种社会保险制度，建立社会福利体系。

（四）台湾长期照护服务内容

台湾地区长期照护主要由"内政部"和"卫生署"负责。其中"内政部"主管照顾服务，含居家服务、日间照顾、家庭托顾、营养餐饮服务，购买或租借辅具，并帮助改善居家无障碍环境，以及护理员的交通接送和长期照护机构的运营；而"卫生署"则主要负责居家护理、居家及社区复健和喘息服务。

1. 居家式长期照护服务

人口老龄化迅速发展，"在地老化"的居家式长期照护服务成为台湾地区最重要的长期照护模式，政府以及各个部门在这种方式上投入的资金也最多。

居家服务是为生活在家中的老年人提供的，服务项目包括居家服务、居家护理、居家复健、居家环境改善、老年人营养餐饮服务、紧急救援服务。

居家服务主要是家务及日常生活照顾服务和身体服务。申请服务的人必须经过资格认定，根据 ADLs 失能情况的不同，轻度失能享受每个月最高 25 个小时、中度最高 50 个小时、重度最高 90 个小时，然后再根据资产审查确定自负的比例。自费的照顾服务每小时单价为 180 元新台币（约合人民币 40 元），这部分资金的公共来源主要是内政主管部门和地方政府的拨款。

居家护理包括一般护理措施和指导、一般性的身体检查、营养和简单的基础复健指导，以及医生上门访问。这种服务的使用率约为 11%。要享受这种服务，需要有医生开出的处方，全民健保会给付被照护人每个月前两次的护理费用，护理费用为每次平均 1300 元新台币（约合人民币 280 元）。全民健康保险相当于大陆地区的医疗保险。

居家复健是指在家中或者所在小区里进行的复健活动，包括日常生活功能评估和训练及社交能力的训练。2007 年，这种服务的使用率约为 4.38%，平均每次单价为 1000 元新台币（约合人民币 213 元）。① 关于这一项服务，各个地方政府规定的资格审查有所不同，大都是事前申请，并由资格审查机构上门审查，同时由医生来进行评估，并且没有接受门诊复健或者居家护理的身心障碍者、老年人，可以享受这项服务。而这项服务的补助金额和次数在各个地方政府都有不同的规定，总体的公共财政来自卫生署的补助和各地方政府的拨款。

居家环境的改善是针对低收入家庭或者中低收入的老年人，包括卧室、厨房、卫浴等设施以及住宅辅助器具的无障碍改造。其资格审查由社会局进行，每户最高可以享受 10 万元新台币（约合人民币 2.13 万元）的补助费用，由各个地方政府承担。

老年人营养餐饮服务可以为行动不便的老年人提供上门送餐服务，对于行动自如的老年人，可以集合在一起集中供餐。这种服务的申请只针对中低收入并有一项以上 ADLs 失能的老年人，因此需要照顾管理中心进行个案评估和社会局进行资产评估，同时也采用部分自费制，家庭总收入在最低生活费用 1.5 倍至 2 倍的，自费 10%。每人每天一餐最高补助 50 元新台币（相当于人民币 10 元），由内政主管部门和各个地方政府拨款。此外，为了鼓励民间力量的参与，对于餐饮提供机构还提供

_____

① 台湾"内政部"：《老人赡养护及长期照护资源分布表》，2007 年。

设施费，根据承担人数的不同有相应的补助，对负责送餐的志愿者也提供一定的交通补助。

紧急救援系统是指独居老年在家有突发事件时可以通过发信号获得紧急救援服务。这项服务只针对独居老人，对低收入老年人进行全额补助，每人每月最高可获得 1500 元新台币（相当于人民币 640 元）补助，由当地政府负责支持。

2. 社区式长期照护服务

社区式的长期照护服务主要是提供日间对老年人的照护。不同的管理单位还有不同的名字，社政单位管理的叫日间照顾中心，而卫政体系管理的叫日间照护中心。这种日间服务主要针对中低收入的失能老年人，其财政也由"内政部"相关部门支持，资格审查优先资产审查。根据失能情况和家庭情况的不同，补助的力度也不同。低收入家庭失能老人每人每月可以享受最高 5000 元新台币（相当于人民币 1065 元）的补助，而中低收入的老年人每人每月可以享受到最高 3000 元新台币（相当于人民币 640 元）的补助。另外，享受这项服务的失能老人每月还能享受最高为 1500 元新台币（相当于人民币 320 元）的交通补助。

社政部门的日间照顾中心服务对象主要以失能、失智老人为主。平时提供的服务有普通的生活照顾，如餐饮、午休等，相关的文娱休闲活动，有的机构也会教老年人如何自我照顾，并提供相关福利的咨询服务，也对老人的家属开展教育讲座等。

卫政部门的日间照护中心，重点在护理方面，较前一种照顾中心更强调专业性，他们的服务对象主要是出院后需要继续护理的病人，或者慢性病患者，但不接收昏迷状态的或者高度瘫痪的老年人。他们提供的服务有日常生活的照护、专业的护理服务、简单的复健活动以及文娱活动。

另外，社区还有一种日间托老中心，形式类似幼儿园。在子女都外出工作的白天，可以将家中的长辈送往日间托老中心接受照顾。该中心的服务对象是那些身体健康、行动方便，并且有较强的自理能力的老年人，通过这种形式可以促进健康老人参与到社会事务当中来。

3. 机构式长期照护服务

台湾地区大概有 13% 的老年人养老问题依赖机构，政府对入住机构的老年人补助情况主要与家庭状况、失能状况相关，但是资产审查结果的作用要大过需求审查。机构式的长期照护有养护机构、长期照护机构和护理之家三种形式。其中，长期照护机构还可分为三种形式：长期照顾型机构、养护型机构和失智照顾型机构。长期照护型机构为长期慢性病且需要医护服务的老人服务。养护型机构为自理能力缺损的老人，或者有鼻胃管、导尿护理服务需求的老人服务。失智照顾型机构为神经科、精神科医生诊断为失智中度以上的老人服务。

养护机构和长期照护机构接收的对象为家庭总收入每人每月未达到最低生活费标准、有一定的失能程度，或者患有慢性病的 65 岁以上老人。他们进入机构的费用由当地政府全额补助。长期照护机构比养护机构提供更为专业的护理服务。

护理之家是较为高端的养老院，由政府资助建设，但是由住进护理之家的老年人全额自负。这种养老院并不是对所有老人开放，他们只接收那些患有慢性病需要长期护理的，或者是已经出院但还无法自理的老人。对于资格的审查，主要依据医生的诊断，并且住进机构后，也要接受医生每个月至少一次的资格审查。

4. 喘息服务

喘息服务主要是为了支持家庭照顾者的服务方案，让家庭照顾者得到暂时休息的机会，是对家庭照护资源的一种保护。其财政支持主要来自卫生署，资格的认定由各个地方政府自行制定政策。

喘息服务的服务对象是家庭照顾者，当家庭照顾者有事或生病的时候，就可以将家中需要照护的失能老年人托付专业机构或者专业人员接受照护。这样不仅可以缓解家庭照护者的压力，也能保证失能老年人受到专业照顾。

喘息服务分为居家喘息与机构喘息，机构喘息可以有护理之家或者其他养护机构，居家喘息有专业的护理人员，也有志愿者。而很多单位也会成立家庭照顾者支持团体，或者给家庭照顾者提供免费的专业培训。对于照顾轻度和中度失能老人的家庭照顾者，每年给予最高 14 天的喘息服务时间，照顾重度失能老人给予最高 21 天的喘息时间。

三　台湾非政府组织在长期照料发展中的作用

台湾地区在制定长期照护制度相关政策时，就提出了"民营化"

的概念，希望引进民间力量参与到长期照护服务中来。民间参与除了市场化之外，大部分就是非政府组织在其中起到的巨大作用。

台湾的非政府组织大致有财团法人、社团法人和非法人团体三类。财团法人以从事公益为目的，并且在法院登记过。财团法人可分为两种形式：一种是公设的财团法人，即政府捐助财产在 50% 以上的财团法人；另一种是民间的财团法人，这种法人大多数由民间捐助，也有少部分有政府的投入，但是投入财产不足 50%。在台湾，这样的财团法人有社会福利基金会等机构。除了基金会外，一些私立医院、社会福利机构也是财团法人的类型。

台湾的社团法人大多被称为"协会"、"协进会"，决策机关是理事会。也有很多社团因为简便或者不需要对外募款，没有经过注册，但是仍然是正规组织，所以属于非政府组织的范畴，被称为非法人团体。台湾的社团法人有很多，而且发展很好，有社会服务慈善团体、小区发展协会、志愿队等形式。

目前，台湾与长期照护制度相关的主要的非政府组织包括财团法人基金会、社会服务慈善团体、小区发展协会、志愿服务队四种类型。这四种类型均是以支持社会福利服务为创建宗旨，也被台湾地方政府视为服务提供商。政府降低成立门槛，通过拨款、奖励、补助等形式鼓励这些非政府组织履行创建时的承诺。财团法人基金会的成立，如果是"内政部"许可的，设立基金需要 3000 万新台币以上，但是由市、县政府许可的仅需 1000 万新台币以上，建立应以所捐助财产及其收入、办理公益事务为目的。政府把财团法人福利机构、财团法人基金会和立案社会福利团体作为社会福利服务的主要提供者。而对于小区发展协会和志愿队伍，就会给予一定的补助和培训、督导，这种补助除了硬件设施的提供、补贴外，经费上的补助主要依据服务对象的失能程度和个数。

非政府组织在长期照护服务的供给中，减轻了不少政府的负担。通过共同生产，政府积极寻找非政府组织的合作方式，共同提供服务。政府有时也委托非政府组织参与服务的执行工作，进行责任分工，也就是用外包的方式购买非政府组织的服务。有的服务也可以通过立法把责任转移给非政府组织，因此，政府成了众多服务供给者中的其中之一，从而大大减轻了公共服务供给的压力。

四　台湾长期照护服务的人力资源

长期照护服务由于其面临的是失能老人，因此除了需要相关的行政人员外，还需要一定专业知识的护理人员，包括照顾服务员、社会工作者、居家及机构护理人员、职能治疗师、物理治疗师等。

任职的照顾服务员需要经过上岗培训。照顾服务员的培训，由"内政部"、职训局补助并承担培训任务，在培训过课程、经过实习之后，照顾服务员到失能老人家中进行服务。但是由于居家照护对技术性要求较高，所以照顾服务员的培训还不够。照顾服务员（正式员工）享有所在单位提供的劳保、健保的只有30%，享受劳工退休准备金的有20%。

社会工作人员的主要任务是参与资源整合和福利服务输送。它的工作有直接服务和间接服务两种形式。直接服务就是直接服务给受益人，可分为个案工作、小组工作和社区工作三种形式。间接服务的服务范围比较广，负责整合所有的资源，起到维护社会公平的作用。这类长期照护人员的工作主要是帮助老年人恢复社会交往和社会关系，消除导致老年人社会功能退化的因素，维持老年人生活的常态和生活稳定，主要解决老年人精神、情绪、生活等方面的问题。人才供给主要靠各个高校的社会工作学系、研究所。目前开设这个专业的学校共计有24所大学2600人、18所硕士研究院260人、4所博士研究所15人，每年平均有2875人毕业。这些专业院校开设有老人福利服务、老人社会工作、长期照护政策、老年社会学等专业，同时还承担社会工作专业人员的培训工作，分为居家式和小区式两种类型。

护理人员主要产生于各个大学、职业学校，目前台湾地区共有13所大学、26所职业技术学校开设了该专业，每年培养几千名护理专业学生。除了高校外，各个地方政府还会举办相关的培训，护理人员正式上岗前都必须接受培训、专业选修和实习。[①]

---

① 台湾"行政院"社会福利推动委员会长期照顾制度规划小组：《整合照顾管理组织及功能规划报告》，2005年。

职能治疗人员也主要产生于各大高校，持有卫生署对医疗方面人力所规范应具有资格的人员可以执业。目前台湾共有 7 所大学、1 所专科学校开设了职能治疗专业。

物理治疗人员也需要有卫生署认证的执业资格证，目前台湾共有 8 所大学、6 所职业学校共同培养。2005 年拥有物理治疗执业资格证的共有 3742 位，但是专门从事长期照护服务的共 187 位，也有部分医疗人员兼职到长照领域。[①]

五 台湾长期照护制度对大陆的借鉴意义

（一）以家庭照料为基础

台湾地区在构建长期照护制度的时候，积极倡导"在地老化"。家庭的作用不仅表现在服务方面，在费用承担方面也有一定的贡献。这种做法一方面强调了家庭的作用，避免了道德风气的倒退；另一方面也减轻了社会和政府的负担，达到多方共赢的局面。

我们在建立制度的时候也可以参照台湾经验，把家庭照护作为解决养老问题的根本途径。家庭照护对老年人有着特殊的意义，是其他方式永远无法代替的。但是从理性经济人的角度考虑问题，如果就业收益大于照料老年人的成本，通常情况下人们就会选择外出就业。因此，政府一方面可以雇佣低收入人群作为家庭照护人员，以解决居家服务和就业两个社会问题。另一方面，应当对那些赡养老人的子女给予支持鼓励的政策，比如给予一定假期、表彰奖励，甚至在其他方面的一些优惠政策。

（二）鼓励老年人自助

台湾的长期照护服务供给中，还有一批老年志愿队存在，他们用自己的亲身经历来鼓励其他老年人，为老年人提供精神上的慰藉。另外，在社区服务体系中的日托中心里，聚集在一起的老年人也会相互交流、互帮互助。

这种"积极老化"的理念也应该渗透在大陆地区长期照料制度的建设中。积极老化就是让老年人有意识地面对自己老化的事实并转变观

---

① 台湾"行政院"卫生署：《卫生统计年报》，2005 年。

念，建立一种充满生机的老年生活。因此，鼓励老年人自助、互助就是贯彻这一理念的方式。

在制度建立的过程中，应当充分发挥老年人自身的能力、充分尊重老年人的自立意愿。对于失能老人，应该利用器械、无障碍设施改造等方式提高他们的生活自理能力。这些辅助设施的启用应该有政策方面的鼓励和支持。而老年人的互助也可以发挥老年人的余热，充分利用老年人中的剩余劳动力。

（三）以居家服务为主

台湾地区的长期照护服务体系以居家服务为主推模式。我们在建立制度的时候也应该采用这样的方式——以家庭为基础、社区为依托、居家服务为主、机构照护为辅。在自己熟悉的街道、小区养老可以满足老年人的归属感。我们前面谈到的在地老化、积极老化的理念都佐证了这一原则实施的必要性。居家养老服务应该在政策的框架下进行，对组织、人员和经费都有相应的安排，制度也应该着力打造居家养老服务的社区网络，以保证长期照护原则中的可近性的实现。

（四）建立长期照护的多元合作机制

台湾的长期照护体系中，整合了各界的资源。政府提供政策支持，市场、非政府组织、社区都为这项事业做出了贡献。大陆地区的长期照护服务需求庞大，因此照料资源不论从数量上还是从质量上都应该有充分的供给。同时，为老年人提供连贯的、体面的长期照护服务，也是全社会共同的职责。

因此，我们应该构建一个多元合作的机制，从家庭、市场、社会、政府四个方面，让它们在各自擅长的领域，根据不同的职能定位，发挥自身的优势，为老年人提供全方位的服务。

按照之前提出的制度建设的理念，家庭应该是最基础最重要的环节。家庭不仅应该提供服务，还应该帮助老年人维护权利、购买服务。社会层面上，应该充分发挥社区和非政府组织的力量，提供必要的服务，同时对其他各方进行监督。市场方面，应该诚信地提供照护服务和产品。政府的形成是公民让渡权力的结果，因此政府天然有保障公民合法权益的功能和任务，所以政府对长期照护制度的责任应该是政策制定、公共服务供给和监督管理。

（五）充分调动社区照护资源

社区的资源如果能利用得好，可以省下很大一笔费用。社区的经费主要来自于政府的拨款、社区内部募款，以及社会捐助（如物业公司的捐助）等。其本身也有一定照护设施和护理人员，因此比机构更加经济。就近参与长期照护，不仅减少了国家和社会投资，也方便了被照护老年人及其家庭，让他们在熟悉的环境中更容易得到情感上的关怀。同时，这种服务形式覆盖面广，服务的供给也十分频繁。台湾地区的社区式照护包括家庭护理、日间照料、日间托管等，我们也可以采用这种服务模式，同时加入大陆自己的特色。长期照护制度建立可以把卫生机构从单一的治疗拓宽到预防、保健、康复、健康教育一系列的服务主体，社区医院的医生也同样可以成为长期照护的护理人员或者培训人员。

（六）关注贫困老年人问题

台湾的阶梯补助式兼顾了长期照护制度中的公平问题。我们在建立大陆的长期照护制度中，也应该着力保障失能且贫困的弱势老年人。在制度设立之初，想要全覆盖，用社会福利的方式提供照护保障的能力非常有限。在一段时间里，中高收入家庭可以通过购买服务的方式得到想要的照护资源，但是贫困的失能老年人却没有能力为自己购买此类服务或设备，而这些低收入老人以及空巢老人又恰好是最需要长期护理服务的人群。所以我们在制定政策的时候，应该向低收入的失能老年人倾斜，对他们提供更多的免费服务。

（七）建立预防为主的照护体制

需要照护的老年人大多数都患有难以治愈的慢性病，这在世界范围内都是非常普遍的现象。目前，台湾地区正在逐步转移长期照护服务的重心，把预防慢性病引发的功能衰退作为护理的专攻环节。

这一点，中国大陆在一开始涉足长期照护制度的时候也应该有充分的考虑，长期照护的目的是实现老年人的全面健康，缩短带病期和伤残期，不能被动地等待伤残形成了才去护理，而应该把重点放在预防上，减少护理的需求，腾出护理资源给失能严重的老年人。要做到这一点，仅仅凭借护理人员是不够的，还应该加强对家庭照护者的培训、对如何预防进行宣传教育、提倡科学的生活方式、对中老年人进行及时监测等。

（八）培养老年护理专门人才

台湾的经验告诉我们，人力资源是长期照护中不可或缺的重要资源，也可以说是最主要资源。我们的制度建设也应该包含对生活护理和医疗护理这两类专门人才的培养。大陆的护理人员数量远低于实际的需求量，因此制度应该把这点考虑进去，以改善照护体系中人力资源不合理的结构，在护理的成本和效益之间权衡。根据台湾的经验，专门的老年护理专业有老年医学、老年护理学、老年心理学、老年康复、老年保健、伦理学等。这些都能在真正的照护工作得到良好的实践。另外，除了专业知识，还应该有相应的政策来规范、约束照护人员的行为，同时保护他们的合法权益和福利待遇，避免出现台湾照护人员高流动性的现象。

（九）建立科学的统一的评估标准

台湾在建立制度时把评估的任务交给了各个县市级别的政府，使得评估标准参差不齐，最终导致服务质量的良莠不齐。我们应该吸取教训，建立一套完善的统一的质量监督和评估体系。应该积极开发这样一套包含服务质量、评估内容、能够做出及时反映的系统，用来收集长期照护机构和护工的服务信息。

（十）建立多元筹资制度

长期照护中除了"人"和"物"的因素外，还有很重要的一点就是"财"，即筹资机制。台湾的阶梯式补助虽然颇受好评，但是也产生了政府财政压力大、民众自负负担重的问题。我们在建立制度的时候，就要尽力避免这些问题。

我国的长期照护问题刚刚进入社会政策的关注范围内，因此在较长的时间里，应该还是依赖个人和家庭的力量。所以在开始的时间里，我们也应该像台湾那样采用政府拨款、公益组织基金会支持，部分服务自付的形式。但是在制度运行之初应该仔细进行测算，保证自付的额度在居民可承受范围之内。由于面临制度的推广问题，所以应该给社会树立起长期照护是便民普惠制度的理念。我国的医疗保险由于当年结算的性质，每年都有大量结余，这些结余也可以考虑投入到长期照护服务中来。

在之后的走向的问题上，由于我国尚处于发展阶段，加上人口众多，照护需求大，因此我们没有条件像台湾一样，把这一制度当成社会福利的内容，但也不能完全放手让长期照护服务完全市场化、产业化。因此，最好的筹资方式就是让这项服务成为基本社会保险的一项内容，建立长期护理保险，鼓励个人和家庭为个人的长期健康投资。

第三节　英国、美国、日本和中国香港政府与民间组织在社区居家养老服务供给中的合作实践

西方民间组织有着悠久的发展历史，英国最早的日间照料服务就是由民间组织提出的，并且在养老服务的提供与评估等方面进行了积极广泛的介入，从而为老年人提供了高效专业的养老服务。相比较而言，我国的民间组织发展时间短，虽然数量庞大，但规模较小，很多都是从政府机构中分离出来的协会或社团。而且在人员方面，对相关社会服务项目管理经验和专业服务知识的缺乏，难以独立承担服务职能。

而英美日等国政府在提供居家养老服务时，主要通过放权使地方政府成为养老服务的主要出资人和管理者，并积极寻求与民间组织的合作，以满足不同地区老人对于养老服务的偏好差异，推动养老服务灵活化及个性化的发展。所以对英国、美国、日本和中国香港四地政府与民间组织合作参与居家养老服务的经验进行梳理总结，以期能够对内地政府与民间组织参与居家养老的合作关系改进有所借鉴和启示。

一　英国、美国、日本和中国香港的实践

（一）英国

英国作为典型的福利国家，其在老年服务方面发展较为完善。英国有关居家养老服务的项目可分为社区内健康照料、地方政府社区支持服务、机构照料和住宅服务。其与民间组织合作参与居家养老服务的特点可以总结为如下几个方面：

第一，与民间组织的合作关系中，政府为主导。在资金支持方面，英国政府每年给予了强大的财政支持；在管理支持方面，通过对行政支持体系和独立于政府之外的登记监督体系的完善，给予了民间组织较大

的自主空间；在政策支持方面，英国政府努力通过健全各项法规政策，特别是与民间公益组织签署了指导合作关系的《政府与志愿及社区组织合作框架协议》，从而积极推动了英国政府与民间组织的合作。

第二，民间组织作为服务主体，通过政府及社会各界的捐助和支持，承担了居家养老服务和组织志愿者为老活动。民间组织的专业化程度比较高，从业人员都经过专业培训，通过对需要照料的老人进行各项检查，建立了老人健康档案，并针对不同情况的老人设计不同的服务康复计划。在英国居家养老服务体系中，政府与民间组织定位明确、各司其职，最值得借鉴的是以协议的方式确定双方合作关系，并以此作为约束行为的准则。

（二）美国

相比较英国来说，美国的居家养老服务起步较晚，但作为较早进入老龄社会的国家之一，65 岁以上老年人口数于 2010 年已经达到总人口数的 13%。所以，为了缓解老龄化问题，美国政府主要通过从民间组织购买服务来发展老年照料业，这样既能够实现责任共担，又在老年服务中引入了竞争机制。以美国"全面的老年人服务项目"（Program of All inclusive Care for the Elderly，以下简称 PACE 项目）作为典型，该项目主要通过与政府救助项目结合以及多方支付的方式来解决服务费用的问题，对于达到入住护理院标准的老人进行全面的医疗康复及社会支持服务，使其晚年生活不脱离原有的生活环境。其特点主要有：第一，需要照料的老人可以选择在社区里接受养老服务；第二，项目的资金来源主要是通过整合医疗保险和医疗救助；第三，整合了成人日常健康中心提供各种医疗服务；第四，通过多学科的专家团队来进行个案管理。

美国政府与民间组织合作参与居家养老服务供给的经验主要有：第一，所有服务统一由一个非营利的民间组织来提供，避免了个人或家庭与不同服务提供者协商所需服务的麻烦。第二，政府责任明确。根据前期的实践证明，美国平衡预算法案于 1997 年不仅正式确立 PACE 项目作为医疗保险支付范围内的永久服务项目，同时还规定各州应提供 PACE 服务给达到医疗救助标准的老年人。州政府主要承担项目的运行管理责任，州政府的医疗保险和医疗救助服务中心负责起草 PACE 项目申请表。第三，完善的管理系统。政府通过服务对象准入、服务机构审查、服务质量检查等制度来保证服务质量。

可以看到，美国居家养老服务以系统的制度体制为前提、雄厚的经济实力为基础，最重要的是以规范的管理模式为保障。PACE 中心通过多学科团队提供的直接护理、协调护理、全面医疗计划及延伸服务能够使老人享受到全面、连续和及时的服务，并为老人家庭成员提供咨询，延长了老人到成人日间护理中心的时间，相比较传统单一的医疗服务或养老服务来说，PACE 项目能够使老人享有更好的生活质量及更高的医疗满意度，也节省了医疗费用。虽然 PACE 项目起源于旧金山的中国城，基于相同的文化背景和传统理念，对于我国居家养老服务事业的发展具有参考价值。但由于两国国情、养老医疗政策的不同，完全照搬PACE 模式是不可取的，应借鉴其成熟规范的管理模式来推动我国政府与民间组织的合作发展。

（三）日本

日本通过 2000 年介护保险制度的实施，实现了以居家养老为主、机构养老为辅的养老模式，并将民间资本引入老年服务市场。其基于中国儒家道德的居家养老服务不仅体现了东方文化，而且为老年人提供了日托服务、短期托付服务、长期照料服务以及完善的居家养老服务。可以说，民间组织通过政府的资助，在市场机制的运作下，服务质量及效率都有所提高，也加快了自身的发展步伐。

日本政府在与民间组织合作参与居家养老服务供给中的特点主要可以归纳为：第一，政府为民间组织的参与提供了坚实的法律保障。例如《特定非营利活动促进法》、《介护保险法》等一系列法律既保障了老人自主选择养老服务的权利，又能够促使民间组织积极参与到老年福利服务的供给中，并且能以当事者的身份针对现行的制度弊端提出相应的改革建议和对策，赋予了民间组织更多的话语权和自主权。第二，民间组织针对老年需求不断开发出形式丰富的照料服务。护理保险制度规定的照料服务只有 16 类，根本无法满足现实需要，但民间组织增加了诸如简单家务援助、陪同往返医院的接送服务等服务，满足了老年人的多方面需要。第三，充分利用社会资源，鼓励多方合作共促养老服务事业的发展。以日本横滨的一个民间组织——"互助·泉"为例，该组织主动与政府部门合作，通过承担一系列的行政委托事业，为市民提供了政府部门无法或者不能提供的福利服务。同时积极参与社区建设，与当地商业街合作，为购物困难的老人和残疾人提供更便捷的服务。

综上所述，日本实践经验对我国最大的借鉴就是通过法律制度的完善增强了民间组织的参与度，赋予其更多的话语权和自主权。在双方的合作关系中，民间组织不单单是作为服务的提供者，更多的是以政府的合作伙伴身份出现，这极大地促进了民间组织的发展，增强了不断改进老年服务的动力，使得老年服务供给更为规范化和人性化。

（四）中国香港

中国香港借鉴了英国社区照顾的经验，但没有盲目照搬西方模式，而是在中国传统文化的基础上，以开放的心态来吸收，特别是在制度层面上借鉴了大量国外民间组织的成功发展模式。通过政府与民间组织分工合作、共同参与的服务体系来满足不同身体状况老年人的生活照料需求。香港政府与民间组织合作参与老年生活照料的经验主要有以下几点：

第一，资金来源广泛。香港社会福利署通过公开招标和竞投的方式，选择合适的民间组织与私营安老院舍来承担老年福利服务，所以大多数民间组织主要资金来源于政府资助。以香港最具规模的民间组织——圣公会福利协会为例，其下设有 79 个为老服务单位，该会2009—2010 年度收入总额 6 亿 6170 万港元，为老服务支出占到协会年度总支出的 54.9%，占总支出的一半以上，其中政府资助了 4 亿 6600万港元，也就是说，经费的 70.6% 都来源于政府资助。除此之外，通过服务收费和各种慈善募捐活动而筹集到的经费对于民间组织的运作也是不可小觑的。

第二，服务项目完善。不仅通过完善的居家社区照顾服务支持体系满足了老年人在家安享晚年的意愿，而且通过院舍服务与社区服务的有效承接来满足老年人不断转变的服务需求。例如圣公会福利协会的为老服务就包括长者社区服务、长者日间护理服务、家庭及家居照顾服务、护老者志愿服务等多项内容。

第三，为老服务评估机制的统一。从 2000 年起，香港建立了统一的老年人服务评估机制，其老年服务的标准采取的是国际通用的"长者健康及家居护理评估"工具，不仅如此，还采取了年度服务检讨等审核机制来确保服务的有效实施。

　　第四，志愿者管理制度、监管制度保障。完善的志愿者登记、管理和发展服务制度，促进了志愿者精神的发展，解决了公众通过志愿形式来奉献爱心的顾虑。对于各类基金会、慈善组织，香港从政府到民间，都有着一套发达的监管体系，从而保证了善款的合理使用以及慈善活动的正当性，能够让社会各方更放心地支持慈善活动发展。

　　第五，专业的从业人员队伍。社会工作者在专业从业人员队伍中发挥着重要作用，不仅作为各种慈善民间组织的核心力量，而且在政府相关部门也有其身影。社会工作者不仅作为沟通政府、社会与公民间的中介，同时也协调着内部相关事务。香港的大学从 20 世纪 50 年代开始就大力培养社会工作专业方面的人才，并通过社会工作登记制度，赋予其相应的职业声望，从而有效规范了专业的发展。

　　与以上政府不同的是，香港虽然受到西方文化的影响，但仍较完整地保留了中国传统文化，其老年福利体系的发展离不开政府对老龄问题的重视，特别是离不开其成熟的慈善募捐文化。这种慈善文化既借鉴了当代西方的福利文化，也吸收了中国传统慈善的相关做法，但更重要的是香港政府及社会对慈善文化的培育和发展，从而形成了具有香港特色的慈善文化。其经验告诉我们，不仅要继续发扬我国尊老敬老的传统孝道文化，更重要的是要在全社会培育一种现代的慈善文化，宣扬志愿者精神。

二　英国、美国、日本、中国香港民间组织与政府合作参与社区居家养老服务的经验借鉴与启示

　　从英国、美国、日本和中国香港等发达国家和地区的实践经验来看，政府与民间组织合作参与居家养老服务的模式已成为发达国家和地区为老服务的主要方向。通过对上述英国、美国、日本和中国香港政府与民间组织合作关系的分析，可以发现我国内地应借鉴方面如下：

　　（一）以政府的支持为后盾

　　通过境外的实践经验研究，可以发现政府在主观及客观上的支持，适度地放权，能为民间组织的发展创造良好的制度和政策环境，奠定民间组织与政府合作参与居家养老服务的基础。境外政府对于老年福利服务的态度是一种"积极不干预"的理念，内地政府可以通过白皮书等

形式公布政策理念，让社会各方都能够明确发展规划和方向，利于引导民间力量的发展。

（二）大力发展为老服务的民间组织

要想促使政府给予民间组织相关的支持，最重要的是民间组织自身的发展和完善能够让政府放心地将居家养老服务的权限通过合作参与的方式进行下放，从而为实现民间组织与政府的合作关系提供可行性。

（三）动员社会力量，创造良好的慈善公益环境

居家养老服务作为一项全民、长期的事业，离不开全社会的积极参与。社会各个部门不仅要清楚自身的福利责任，达成一个默认的权力边界，更重要的是在分工基础上的各方责任主体的合作机制能够使老年社会福利格局呈现多元共存、多方合作的特点。在提倡创造慈善公益环境时，不能只单纯看境外慈善文化的发达，更重要的是要看到这种文化是如何在社会生根发芽的，从而积极培育慈善文化，为居家养老服务社会化打下真正坚实的基础。

英国、美国、日本、中国香港政府与民间组织在居家养老服务中的实践经验为我国提供了有益的借鉴。然而，基于我国经济社会发展水平和人口老龄化现状，不能完全照搬其经验，而应有步骤、分阶段地逐步开展居家养老服务的实践，从而建立科学有效的政府与民间组织在居家养老服务中的合作关系。

三　民间组织与政府在老年残疾人居家养老服务供给中的合作关系的实现

以福利多元主义、民间组织理论以及合作主义理论为基础，可以发现在政府与民间组织的合作关系中，政府通过给予民间组织供给居家养老服务所需要的资金支持，而民间组织则通过服务责任的分担来提供服务支持，双方的分工合作满足了老年人的养老服务需求，从而提高了服务效率和水平。这种合作关系不同于传统的行政关系、隶属关系，而应该是平等的合作伙伴、协商关系。但是目前在居家养老服务供给中，可以看出政府与民间组织之间仍存在着行政隶属关系，并非完整意义上的契约合作伙伴关系。虽然在推动居家养老服务发展的初期，离不开政府的行政推进，但如果长期进行行政干预，就难以构成契约合作关系，从

而阻碍居家养老服务的可持续发展。

（一）实现民间组织与政府在居家养老服务供给中的合作关系的基本原则

1. 从控制转为协商，以实现权力共享

政府与民间组织的合作关系意味着或多或少的权力共享，不仅要通过资源、专业技能等方面的联合来达成共同目标，最重要的是责任的共担。这也意味着，政府在做出提供居家养老服务的决策时，首先要与民间组织共同确定提供居家养老服务的种类、数量以及水平要求，并对服务提供的方式和过程进行共同规划，服务目标的设定以及对绩效考评指标和考核方式所进行的共同协商。在这里之所以要强调协同性，是因为如果由政府单方面确定的标准在很大程度上只能成为对与其合作的民间组织的硬性要求，而难以作为双方合作所期望达成的目标。

2. 信息透明、资源共享

在政府与民间组织合作关系达成之前，首要的是对其进行情况了解和整体评估，但对其存在缺陷的了解往往要随时间的发展而逐步深入，所以如果合作前期的了解不深入、评估不彻底，就势必会影响居家养老的服务效率和服务质量。而且一旦离开政府内部信息控制或者采取较自由的服务外包方式都存在着结构风险，所以单凭民间组织间的竞争来替代政府的内部监控以确保服务效率也是不可取的，容易使政府忽略其应承担的政治责任。双方要想达成理想的契约合作模式，对于政府的信息沟通能力有着较高的要求。不仅要解决网络传播途径和分权形式导致沟通的困难问题，而且要更新合作双方的信息系统，使其兼容，以便于实现信息沟通和资源共享。

3. 责任共担

在 2004 年世界银行的发展报告《让服务惠及穷人》中就曾提出，"责任"作为公共服务提供中的核心，也是参与主体之间的关系基础。责任关系一般分为短线责任和长线责任两种，短线责任是以交易为基础，赋予公民直接决策的权利，使其能够直接表达自身的服务需求，并给予其对服务提供者的服务供给情况及表现的监督权利；长线责任则是以公民表达权的实现和国家与服务提供者之间的契约合作来形成其控制机制。所以，在政府与民间组织的合作关系中，通过双方的责任共担，从而共同保证居家养老服务能够有效并且保质保量地提供给老人。

4. 达成合作意愿

在达成合作关系的目的上，政府部门与民间组织双方存在差异，政府部门的目的在于利用民间组织的资源、专业性服务以及为防止"政府失灵"、"市场失灵"问题出现而进行的风险分担，从而确保能够提供更有效率、更为专业的居家养老服务。而民间组织既要确保为老年人提供多样专业的养老服务，还要确保其自身的生存和维持其独立性。因此，政府与民间组织要想达成一致的合作意愿，就必须通过协商合作，在实现双方自身目标的基础上进行意愿的达成。所以如何协调双方的目标，从而达成共同的以信任、公平和相互尊重为基础的合作意愿非常重要。

（二）从政府的角度构建与民间组织在老年残疾人社区居家养老服务供给中的合作关系

1. 转变对民间组织的观念

双方合作的前提是，政府应该认识到民间组织参与老年残疾人居家养老服务的必要性和重要性，无论是英美政府，还是以孝道为首的日本和中国香港，对这一点都是毋庸置疑的。政府承担过多社会职能容易出现行政机构的低效率以及滋生腐败现象，而如果由民间组织承接从政府分离出来的部分社会职能，政府将民间组织作为传播政府政策和反映公众心声的媒介，对其进行支持和培育，能够更有效率地提供社会服务。所以政府首先要转变对民间组织的传统观念，不应将其看作政府部门的延伸，并给予适时的放权，才能促进双方合作关系的构成。

2. 增加对民间组织的行政支持

从上述对英国、美国、日本和中国香港政府的实践研究来看，政府在居家养老服务方面都进行了极大程度的放权。政府主要负责居家养老服务的宏观管理和监督，具体运作由民间组织来进行，通过契约合作伙伴关系，打破了行政权力制约的上下级关系。但由于民间组织的发展参差不齐，与政府部门之间产生不协调的情况也难以避免。我国可以借鉴英国政府的经验，即通过颁布政府处理与民间组织之间关系的行为准则的文件，以协议的方式明确双方的合作关系。而目前我国政府对民间组织的行政支持力度尚不足，使得其发育迟缓、规模有限，只能在小范围内起到居家养老服务的辅助性作用，所以政府应增加对民间组织的行政支持来促进其发展。

3. 完善对民间组织的法律支持

完善的法律支持体系能够促使民间组织的发展，美国居家养老服务的法律体系就是以《美国社会保障法》、《美国老年人法案》等文件以及根据其制定的相关工作计划作为法律支持基础的，特别是几乎在每部有关老年人的法律文件中都对有关的机构、职能、程序等进行了详细的规定。由此看来，完善的法律法规体系不仅能够保证民间组织参与老年照料服务各项措施的有效实施，同时能够明确在实施过程中权责双方的法律意识，从而解决了民间组织参与居家养老服务的后顾之忧。

虽然我国政府也在不断地完善关于民间组织登记管理的法律制度，颁布了包括《中华人民共和国公益事业捐赠法》、《民办非企业单位登记管理暂行条例》等在内的与民间组织发展有关的法律制度及管理条例，但仍存在诸如登记注册门槛过高、税收优惠落实不到位等问题，这在很大程度上制约了民间组织的发展。所以只有不断完善有关民间组织的法律法规，统一规范的基本法，才能保障其应有的法律地位。不仅如此，我国在老年人权益保障方面，仍缺乏相应的老年人服务法，所以应对老年人权益保障法进行修改，增加关于老年服务的具体条文。同时，积极制定和完善其他配套法律法规和服务机构的信息公开制度，切实为居家养老服务做好坚实的法律支持后盾。

4. 扩大对民间组织的资金支持

由于居家养老服务多是微利项目，因此如果离开了政府部门的相关补贴政策和激励措施，就难以吸引更多的民间组织的参与，而已经参与老年服务的民间组织也会因为高成本、低利润的原因而导致无力运行，更有甚者可能会退出老年服务领域。无论哪种情况都势必会影响需要居家养老服务的老年人利益，从而阻碍了居家养老服务的正常开展。尽管境外民间组织的收入来源各异，但有一点却是相同的，即政府资助是主要来源甚至是第一来源。总的来说，民间组织资金来源不足的问题，与政府对其的让利意愿和程度是密不可分的。美国霍布金斯大学通过对42个国家的民间组织的调研进行了国际比较，结果表明，民间组织的平均收入来源主要包括服务收费、政府资助和慈善所得三部分，而政府资助在保健、教育和社会服务领域中的作用尤其重要，这也表明了民间组织的发展离不开政府的财政支持。

因此，要促进民间组织的发展，政府可以采取两种方式来加大对民间组织的资金扶持力度：第一，增加政府拨款，给予直接的资金扶持。与此同时，完善相关税收制度，给予对提供居家养老服务的民间组织以相应的税收减免，支持其开展合法、低廉的收费服务，以此保证资金来源的多元化。第二，加大政府购买居家养老服务的力度。首先对区域内老年人进行基本信息和服务需求调查，确定居家养老服务的对象、标准及内容，再建立服务费用预算机制，将购买居家养老服务的经费纳入财政体系。政府不仅要加大居家养老服务的购买力度，还应该采取有力的优惠政策并进行积极广泛的宣传，以吸引更多社会力量，让更多的企业、慈善组织、个人参与其中，从而扩大服务资金来源。

5. 加强对民间组织的监督审查机制

政府与民间组织进行合作关系的构建时，不能脱离对其的监督审查。首先，在选择合作的民间组织时，要对其进行资格审查，只有通过政府审批，符合条件的有服务资质的民间组织才能列入选择范围。在双方达成合作关系后，政府部门还要监督民间组织的服务提供情况以及运营状况，防止其出现任何越轨行为。不仅如此，每年年终还应该对民间组织的运作情况以及居家养老服务质量进行检查和评估，取消不合标准的、老年人投诉的民间组织下一年度与政府合作的资格。通过一系列完善的监督审查工作，可以更好地保障享受居家养老服务老人的权益。

6. 民间组织进行舆论宣传支持

民间组织参与居家养老服务，离不开政府的支持，但更重要的是社会对于民间组织的认同。人们的传统观念对于民间组织缺乏信任，所以要改变人们的观念，增强对民间组织的认同感，特别是要获得被服务的老年残疾人的认同，只有奠定了公众基础，才能更好地推行居家养老服务。政府可以通过各种新闻媒体对民间组织的作用、功能和文化价值进行宣传，让更多人了解民间组织参与居家养老事业的优势并倡导公众的监督，并且加强对相关税收优惠政策的宣传以及宣扬热心捐赠人士和志愿者的事迹等来鼓励公众的捐赠和志愿行为，促使形成一种全民监督民间组织公益性、合法性的网络。

（三）从民间组织的角度构建与政府在老年残疾人居家养老服务供给中的合作关系

在中国当前的制度环境下，民间组织只有构建与政府良好的合作关系才能获得更好的发展。同时，其自身的发展和完善可以促使政府更放心地下放居家养老服务权限，增强民间组织的参与度，从而为实现民间组织与政府的合作关系提供可行性。

1. 增强与政府的沟通，明确自身角色定位

能否获得政府的理解和支持，关系到民间组织的生存和发展，而这与良好的沟通机制是密不可分的。例如香港政府与民间组织之间的沟通就主要通过香港社会福利联合会来实现，相比较内地政府与民间组织之间就缺乏规定性的正式交流沟通机制，从而产生沟通不畅等问题。除此之外，民间组织还应明确自身定位，并且积极提升其社会公信力。例如香港的圣公会福利协会就是通过鲜明的组织文化为组织成员的志愿行动提供了精神动力，也提升了组织的社会形象。

2. 提供老年残疾人居家养老服务，与政府共同承担责任

民间组织应积极发现并发掘老年残疾人居家养老服务需求，经过不断地实践来开发出与老年人需求相匹配的养老服务。不仅如此，民间组织还应主动与政府部门合作，通过承担一系列的行政委托事业，为老年人提供政府部门无法或者不能提供的为老服务。民间组织为老服务的宗旨就是满足老年人的居家养老服务需求，这也是其存在的基础和应该承担的社会责任，所以民间组织的各项为老服务都是以此展开的。这也就是说，民间组织的服务能力决定了其发展方向。但从目前民间组织在居家养老服务的参与情况来看，其服务能力仍较薄弱，民间组织并不能满足许多老人急需的养老服务，而服务能力提升也应作为今后发展的重点。

3. 加强民间组织自身建设，提升为老服务的专业能力

（1）建立健全自身内部管理制度，规范、公开的财务制度、自律机制和绩效评估机制。民间组织自身能力建设包括健全自身内部管理制度、财务制度及各项绩效评估机制等方面。以香港圣公会为例，该组织就主要通过 ISO 与 SQS 服务质量标准系统来对养老服务的质量进行认证考核，以此保证组织的服务水平和质量。一般说来，社会效益好且具

有较大社会影响力的民间组织，其自身的各项管理制度都相对完善。特别是在民间组织与政府达成契约合作关系时，双方共同进行所要提供的居家养老服务质量标准的指定。例如 1995 年香港社会福利署就与民间组织协商制定了 19 项服务质量标准，以此来统一社会福利服务的标准，而这也的确提高了香港服务机构的服务质量。所以在政府与民间组织商榷养老服务质量标准时，不能单纯照搬 ISO 标准，而应该以科学调研为基础，会同各方专家来制定。

（2）拓宽筹资渠道。我国内地居家养老服务以政府为主导，经费主要来源于地方政府及民政部门。而且存在投资主体单一的问题，从而导致服务资金不足，影响了居家养老服务工作的开展。相比较而言，香港民间组织的资金来源除了政府资助之外，还有各种慈善基金、个人捐款及一定的经营收入。所以多元的筹资渠道和强大的资金支持不仅是保证民间组织基本生存的基础，更重要的是确保服务水平和质量的必要条件。民间组织不能单纯依赖政府的财政支持，特别是将其作为主要的资金来源渠道，这样容易导致民间组织失去独立性。就目前来说，内地政府对于合作的民间组织的资助比重较大，但相对于没有"官方"背景的民间组织则给予资助较少。特别是内地缺少广泛的慈善捐助氛围，规模大、影响大的民间组织还能吸引到一些慈善捐助，但知名度不高的民间组织就很难获得慈善捐助。所以，民间组织要开展多项养老服务以此增加服务收入，只要其不违反所得服务收入、不在内部进行分配以及剩余财产仍用于公益事业，就不影响组织非营利性的实现。同时，民间组织可以通过与国际组织的交流与合作，来有效地利用国际资源。特别是养老问题作为一个普遍性的问题，很多国外民间组织在养老服务方面发展较好，通过积极的联系与学习，能够获得更多的支持。

（3）强化人力资源管理，提升从业人员素质。居家养老服务对人力资源的依赖性很高，而且其包含有医疗康复、心理慰藉等专业性较强的内容，所以对从业人员的专业素质要求也较高。中国香港和许多欧洲国家都有专门的社工培训学校，但我国内地在这方面的发展较为滞后。所以民间组织要联合政府共同加强对从业人员的专业培训，以此促进从业人员队伍的职业化。同时，完善从业人员的各项福利，特别是建立针对专职慈善工作者的一系列福利待遇制度，为建立稳定、专业的从业人员队伍创造有利条件。

（4）完善从业人员的相应保障，确保队伍的稳定。《社会团体登记管理条例》中规定"社会团体的专职工作人员的工资和福利待遇参照国家对事业单位的有关规定执行"，但仅凭此条规定很难对实际执行进行具体的指导。如果不解决从业人员的后顾之忧，缺乏相关保障政策依据，则很难吸引到高素质人才。特别是民间组织的非营利性也决定了从业人员不会拥有高收入，这更难以吸引到优秀的人力资源。所以要针对民间组织的专职从业人员制定相关的人事管理制度、收入分配以及考核奖惩等一系列制度，并通过对其社会保障制度的完善，以此实现服务队伍的稳定和可持续发展。

（5）完善民间组织的相关监督体制。民间组织的监督机制不仅包括自身内部的监督，还包括政府监督、第三方的独立审计以及舆论监督等方式。政府与民间组织在提供居家养老服务中的合作是否成功，取决于民间组织能否提供老年人满意的养老服务，这就需要对从业人员的服务进行监督。不仅如此，内部财务状况、管理状况的监督也是必不可少的。除此之外，政府作为合作的主体，也有责任对民间组织的运行进行监督。国内外民间组织的发展规律也表明，民间组织之间需要通过行业规范与公共道德来实现相互监督，民间组织的发展离不开良好的自律机制和行业互律机制。

四　小结

第一，老年残疾人作为老年人中更为弱势的群体，由于面临着衰老和残疾的双重影响，其晚年生活更需要专业、持续的养老服务，而居家养老服务能够使老人不脱离原有环境就享受到养老服务，所以应积极构建老年残疾人的居家养老服务供给体系。

第二，居家养老服务作为混合型公共物品，不能单纯依靠政府或民间组织某一方来提供，更重要的是通过政府与民间组织的合作，才能为老年人提供更好的居家养老服务。

第三，通过对政府与民间组织合作关系的研究，可以将其分为形式合作、委托合作和契约合作三种方式。形式合作中，民间组织的存在与发展完全依赖于政府的支持；委托合作中，民间组织相对更具独立性，但仍是由政府直接进行指定，缺少了公平、透明的选择程序和良性竞争环境；而契约合作中，政府通过公平的选择程序从众多组织中选择出最合适的民间组织进行合作，民间组织不单纯依赖政府的支持，能够保持自身独立性，双方地位平等。所以本书旨在研究政府与提供居家养老服务的民间组织达成理想的契约合作关系的有效路径。

第四，要想达成政府与民间组织的契约合作关系，离不开政府对民间组织在资金、政策等方面的支持，为其创造良好的发展环境。民间组织也要在保持自身独立性的同时，不断完善各种管理、监督机制，才能更好地为老人提供养老服务。

总之，完善政府与民间组织在老年残疾人居家养老服务供给中的合作关系，不但需要政府与民间组织的相互支持，更离不开社会各方的配合，形成良好的居家养老服务环境，才能让更多的老年残疾人享受到社会发展成果，促进社会和谐。

第四章

西部地区老年残疾人社区居家
养老服务需求的定量研究

本章基于问卷调查针对西部地区老年残疾人社区居家养老服务需求做定量研究。基于本书的特定背景，本章在西部6省区问卷调查的基础上，采用SPSS统计分析方法，通过描述性分析、交互分析、Logistic回归分析等实证分析方法和文献研究方法，重点分析西部地区老年残疾人的社区居家养老服务需求现状，分析个人及群体基本特征、家庭特征和社会经济特征等对其社区居家养老服务需求的关联性。

第一节　研究设计

一　数据来源

研究所使用数据来自于本课题组2011年关于"西部地区老年残疾人社区居家养老服务需求"的问卷抽样调查。调查对象为60岁及以上的老年残疾人，残疾类型包括视力残疾、听力残疾、言语残疾、肢体残疾、智力残疾、精神残疾和多重残疾。调查地域涉及西部的陕西、甘肃、宁夏、内蒙古、西藏和四川6个省、自治区，采用多段随机抽样方法，资料收集采取入户问卷访谈方式，问卷内容涉及调查对象的人口基本特征、残疾状况、经济状况、生活照料现状、生活照料需求与供给等几个方面，共发放问卷900份，回收867份，有效回收率为96.33%。

二　变量选取

根据社区居家养老服务的特点以及老年残疾人的自身特点，研究所选取的变量主要从老年残疾人的个人基本状况、家庭状况、社会经济状况、主观意愿等指标进行度量，最终具体化为 25 个变量（见表 4—1）。

表 4—1　　　　　　　　　　　　本书所选取的变量名称及取值

变量类型	变量名称	变量取值及概率分布（%）
自变量	年龄	1 = 60—64 岁（18.2）；2 = 65—69 岁（28.3）；3 = 70—79 岁（35.3）；4 = 80—89 岁（16.6）；5 = 90 岁及以上（1.6）
	性别	1 = 男（51.3）；2 = 女（48.7）
	居住地	1 = 农村（56.1）；2 = 城镇（43.9）
	文化程度	1 = 文盲、不识字（41.4）；2 = 小学（31.1）；3 = 初中（14.6）；4 = 高中（10.1）；5 = 大专及以上（2.7）
	残障类型	1 = 视力残疾（22.0）；2 = 听力残疾（18.5）；3 = 言语残疾（3.6）；4 = 肢体残疾（包括半身不遂、脑瘫、骨关节病等）（40.0）；5 = 智力残疾（2.2）；6 = 精神残疾（2.5）；7 = 多重残疾（11.2）
	残疾等级	1 = 一级（极重度）（16.4）；2 = 二级（重度）（20.3）；3 = 三级（中度）（33.0）；4 = 四级（轻度）（30.3）
	是否领过残疾证	1 = 领过（30.2）；2 = 没有领过（69.8）
	生活是否能自理	1 = 完全自理（18.8）；2 = 基本自理（40.4）；3 = 半自理（25.1）；4 = 不能自理（15.7）
	婚姻状况	1 = 已婚，有配偶（58.7）；2 = 丧偶（35.5）；3 = 离异（1.7）；4 = 未婚（4.0）
	和谁生活在一起	1 = 老伴及孩子（30.3）；2 = 老伴（27.9）；3 = 儿女（26.2）；4 = 孙子（1.3）；5 = 独居（13.8）；6 = 保姆（0.5）
	经济来源	1 = 靠自己的养老金（退休金）（38.4）；2 = 靠自己或老伴劳动（9.9）；3 = 靠自己的积蓄（7.3）；4 = 靠儿女供养（32.4）；5 = 靠领"低保金"（9.9）；6 = 五保供养（2.1）
	农村居民年均收入	1 = 850 元以下（41.6）；2 = 850—1500 元（27.5）；3 = 1501—3500 元（13.9）；4 = 3501—5212 元（8.9）；5 = 5212 元以上（3.7）；6 = 无任何收入（4.3）

续表

变量类型	变量名称	变量取值及概率分布（%）
	城镇居民月人均收入	1＝200元以下（8.1）；2＝200—399元（7.8）；3＝400—799元（16.4）；4＝800—1199元（30.2）；5＝1200—2000元（23.4）；6＝2000元以上（13.6）；7＝无任何收入（0.5）
	日常生活的照料	1＝自己照顾自己（21.6）；2＝靠老伴照顾（37.9）；3＝靠儿女照顾（34.6）；4＝靠其他亲属照顾（1.4）；5＝雇保姆照顾（2.5）；6＝靠社区的专业服务人员（1.4）；7＝靠老伴和保姆（0.6）
	残障之外是否患有其他疾病	1＝有（57.7）；2＝没有（42.3）
因变量	养老需求	1＝在自己家里养老（87.2）；2＝去养老院养老（12.8）
	养老面临的最大困难	1＝经济困难（57.9）；2＝没有人来照顾自己（21.1）；3＝生病（52.5）；4＝家庭矛盾（11.0）；5＝精神孤独，没人和我说话交流（34.1）；6＝其他困难（8.8）
	最希望谁来照顾自己	1＝自己（9.5）；2＝老伴（31.9）；3＝儿女（47.4）；4＝其他亲属（1.3）；5＝社区的专业服务人员（8.5）；6＝保姆（1.4）
	对社区为老服务的态度	1＝赞同，很有必要（66.3）；2＝不大赞同，意义不大（10.8）；3＝无所谓（22.8）
	是否需要社区提供上门为老服务	1＝需要（56.3）；2＝不需要（23.8）；3＝无所谓（20.0）
	若需要，最迫切需要的服务内容	1＝送餐服务（19.4）；2＝代购服务（19.0）；3＝洗衣、打扫卫生（38.4）；4＝日常陪护（27.1）；5＝陪同就医（24.0）；6＝陪同康复训练（19.6）；7＝医疗护理（57.0）；8＝陪同聊天（25.6）
	养老最大的期望	1＝子女能经常陪护和照料自己（53.29）；2＝能得到国家给的一定的经济补贴（77.97）；3＝居家养老，能有人上门来提供各种服务（37.37）；4＝能进养老机构集中安养（13.84）；5＝社区能派专业人员陪同康复训练和进行医疗护理（31.49）；6＝有人陪同聊天（23.99）；7＝其他（2.65）

续表

变量类型	变量名称	变量取值及概率分布（%）
	所在社区有无为老服务	1＝有（9.6）；2＝没有（78.8）；3＝不清楚（11.6）
	如果政府建立安养院并给予补贴，是否愿意入住	1＝愿意（41.0）；2＝不愿意（43.0）；3＝无所谓（16.0）

三　研究假设

根据已有研究和需要，本书做出以下假设：

假设一：年龄对残障老人居家养老方式的选择影响显著。

假设二：性别对残障老人居家养老方式的选择影响显著。由于老年女性比老年男性更具有依赖性、女性人均预期寿命高于男性、中国独特的婚配年龄、社会分工等原因，女性残障老人居家养老需求比男性更高。

假设三：居住地对残障老人居家养老方式的选择影响显著。

假设四：文化程度对残障老人的居家养老服务需求及方式具有正向作用。一般来说，受教育年限越高，思想意识更开放，养老服务的需求越高、越复杂。

假设五：残障老人的残疾等级与居家养老服务需求及方式呈正相关关系。一般而言，残疾等级越高，或者同时伴有其他疾病，相应的生活自理能力越差，越需要养老服务。残障类型对残障老人的居家养老服务需求及方式影响显著。

假设六：残障老人婚姻状况与居住方式对残障老人的居家养老服务需求具有显著影响。

假设七：经济状况的好坏对残障老人的居家养老服务需求的高低、态度以及服务内容有显著影响。家庭经济状况好的老年人对居家养老服务内容和质量的需求要高于家庭经济状况差的老年人。

第二节 实证分析

一 描述性分析

本次抽样调查数据显示，被调查的残障老人年龄大多在 65—79 岁，男性（51.3%）稍高于女性，农村稍高于城镇，文化程度普遍偏低（文盲和小学程度占到 72.5%），残疾类型以肢体残疾为主，占到 40.0%（见图 4—1），并且以三级、四级残疾为主（占到 63.3%），生活不能达到基本自理的占到 40.8%（见图 4—2）。在所调查的残障老人中，只有 30.2% 的人领过残疾证（见图 4—3）。农村残障老人的年均收入大多数在 1500 元以下（69.1%），城镇残障老人的月均收入多集中在 800—2000 元（53.6%）。

被调查的残障老人独居比例较少（21.6%），大多数和老伴、子女、孙子女或保姆生活在一起，日常生活主要依靠老伴照顾，其次是儿女照顾，再次为自己照顾自己，三者占到 94.1%（见图 4—4）；残障老人在养老方面面临的最大困难是经济问题，占到 57.9%，其次为生病（52.5%），再次是精神孤独（34.1%）（见图 4—5）；87.2% 的人选择在自己家里养老而不是去养老院（见图 4—6），66.3% 的人对社区为老服务持有赞同态度，56.3% 的人需要社区提供上门的为老服务，这些都表现了居家养老服务的需求普遍较高，但是 79.3% 的人最希望老伴或子女来照料自己的晚年生活；在需要提供上门为老服务方面，残障老人最迫切需要的服务内容为医疗护理（57.0%），其次分别为洗衣扫地（38.4%）、日常陪护（27.1%）、陪同聊天（25.6%）、陪同就医（24.0%）、陪同康复训练（19.6%）。同时，在对社区养老服务设施建设方面，认为建立日间照料中心、家政服务中心、社区老年中心和社区老年文化活动中心的必要性较大，但同时 78.8% 的人表示所在社区并没有提供为老服务；残障老人普遍对建立残疾人安养机构集中安养的选择并不积极，43% 的人并不愿意入住政府建立的残障人安养院；在养老经济来源方面，38.4% 的人依靠养老金，32.4% 的人依靠儿女供养，所以对于未来养老期望，77.97% 的人希望国家能够给予一定的经济补贴，

53.29%的人希望子女能经常陪护和照料自己（见表4—2）。

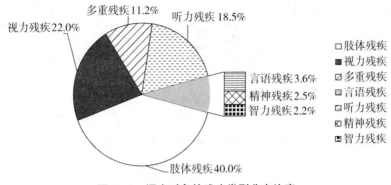

图4—1　调查对象的残疾类型分布比率

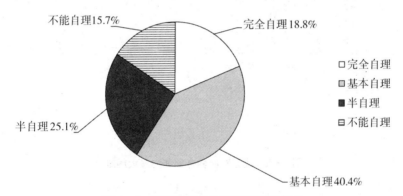

图4—2　调查对象的生活自理程度分布

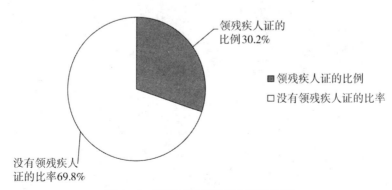

图4—3　调查对象领残疾人证的比率

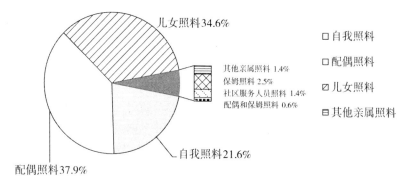

图4—4　调查对象日常生活的照料者

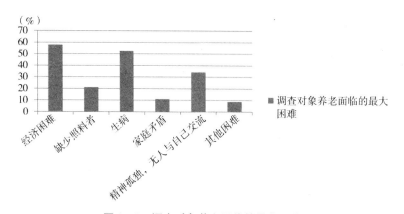

图4—5　调查对象养老面临的最大困难

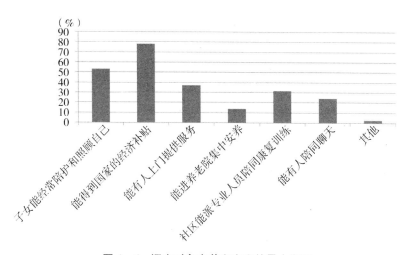

图4—6　调查对象在养老方面的最大期望

表 4—2　　　　残障老人社区居家养老服务需求的描述性分析

变量名称	变量取值	频率	百分比（%）	有效百分比（%）	累计百分比（%）
年龄	60—64 岁	158	18.2	18.2	18.2
	65—69 岁	245	28.3	28.3	46.5
	70—79 岁	306	35.3	35.3	81.8
	80—89 岁	144	16.6	16.6	98.4
	90 岁及以上	14	1.6	1.6	100.0
	合计	867	100.0	100.0	
性别	男	445	51.3	51.3	51.3
	女	422	48.7	48.7	100.0
	合计	867	100.0	100.0	
居住地	农村	486	56.1	56.1	56.1
	城镇	381	43.9	43.9	100.0
	合计	867	100.0	100.0	
文化程度	文盲、不识字	359	41.4	41.4	41.4
	小学	270	31.1	31.1	72.5
	初中	127	14.6	14.6	87.2
	高中	88	10.1	10.1	97.3
	大专及以上	23	2.7	2.7	100.0
	合计	867	100.0	100.0	
残疾类型	视力残疾	191	22.0	22.0	22.0
	听力残疾	160	18.5	18.5	40.5
	言语残疾	31	3.6	3.6	44.1
	肢体残疾	347	40.0	40.0	84.1
	智力残疾	19	2.2	2.2	86.3
	精神残疾	22	2.5	2.5	88.8
	多重残疾	97	11.2	11.2	100.0
	合计	867	100.0	100.0	

变量 名称	变量取值	频率	百分比 （%）	有效百分比 （%）	累计百分比 （%）
残疾 等级	一级	142	16.4	16.4	16.4
	二级	176	20.3	20.3	36.7
	三级	286	33.0	33.0	69.7
	四级	263	30.3	30.3	100.0
	合计	867	100.0	100.0	
是否领过 残疾证	领过	262	30.2	30.2	30.2
	没有领过	605	69.8	69.8	100.0
	合计	867	100.0	100.0	
生活是否 能自理	完全自理	163	18.8	18.8	18.8
	基本自理	350	40.4	40.4	59.2
	半自理	218	25.1	25.1	84.3
	不能自理	136	15.7	15.7	100.0
	合计	867	100.0	100.0	
婚姻 状况	已婚，有配偶	509	58.7	58.7	58.7
	丧偶	308	35.5	35.5	94.2
	离异	15	1.7	1.7	96.0
	未婚	35	4.0	4.0	100.0
	合计	867	100.0	100.0	
现在 和谁 一起 生活	老伴和孩子	263	30.3	30.3	30.3
	老伴	242	27.9	27.9	58.2
	儿女	227	26.2	26.2	84.4
	孙子	11	1.3	1.3	85.7
	独居	120	13.8	13.8	99.5
	保姆	4	0.5	0.5	100.0
	合计	867	100.0	100.0	

续表

变量名称	变量取值	频率	百分比（%）	有效百分比（%）	累计百分比（%）
经济来源	靠自己的养老保险金	333	38.4	38.4	38.4
	靠自己劳动或老伴劳动的收入	86	9.9	9.9	48.3
	靠自己的积蓄	63	7.3	7.3	55.6
	靠儿女供养	281	32.4	32.4	88.0
	靠领低保金	86	9.9	9.9	97.9
	五保供养	18	2.1	2.1	100.0
	合计	867	100.0	100.0	
农村居民年均收入	850 元以下	201	23.2	41.6	41.6
	850—1500 元	133	15.3	27.5	69.2
	1501—3500 元	67	7.7	13.9	83.0
	3501—5212 元	43	5.0	8.9	91.9
	5212 元以上	18	2.1	3.7	95.7
	无任何收入	21	2.4	4.3	100.0
	合计	483	55.7	100.0	
城镇居民月均收入	200 元以下	32	3.7	8.1	8.1
	200—399 元	31	3.6	7.8	15.9
	400—799 元	65	7.5	16.4	32.2
	800—1199 元	120	13.8	30.2	62.5
	1200—2000 元	93	10.7	23.4	85.9
	2000 元以上	54	6.2	13.6	99.5
	无任何收入	2	0.2	0.5	100.0
	合计	397	45.8	100.0	

续表

变量 名称	变量取值	频率	百分比 （%）	有效百分比 （%）	累计百分比 （%）
日常生活 由谁照料	没有人照顾，自 己照顾自己	187	21.6	21.6	21.6
	靠老伴照顾	329	37.9	37.9	59.5
	靠儿女照顾	300	34.6	34.6	94.1
	靠其他亲属照顾	12	1.4	1.4	95.5
	雇保姆照顾	22	2.5	2.5	98.0
	靠社区的专业服 务人员	12	1.4	1.4	99.4
	靠老伴和保姆	5	0.6	0.6	100.0
	合计	867	100.0	100.0	
残疾同时 是否患有 其他疾病	是	500	57.7	57.7	57.7
	否	367	42.3	42.3	100.0
	合计	867	100.0	100.0	
愿意在家 还是去 养老院	在自己家	756	87.2	87.2	87.2
	去养老院	111	12.8	12.8	100.0
	合计	867	100.0	100.0	
养老问题的 最大困难—— 经济困难	否	214	24.7	40.6	40.6
	是	313	36.1	59.4	100.0
	合计	527	60.8	100.0	
养老问题的 最大困难—— 无人照顾自己	否	380	43.8	72.1	72.1
	是	147	17.0	27.9	100.0
	合计	527	60.8	100.0	
养老问题的最大 困难——生病	否	235	27.1	44.6	44.6
	是	292	33.7	55.4	100.0
	合计	527	60.8	100.0	
养老问题的最大 困难——家庭矛盾	否	446	51.4	84.6	84.6
	是	81	9.3	15.4	100.0
	合计	527	60.8	100.0	

续表

变量 名称	变量取值	频率	百分比 （%）	有效百分比 （%）	累计百分比 （%）
养老问题的最大 困难——精神孤独	否	326	37.6	61.9	61.9
	是	201	23.2	38.1	100.0
	合计	527	60.8	100.0	
养老问题的最大 困难——其他	否	477	55.0	90.5	90.5
	是	50	5.8	9.5	100.0
	合计	527	60.8	100.0	
最希望 谁来照顾 日常生活	自己	82	9.5	9.5	9.5
	老伴	277	31.9	31.9	41.4
	儿女	411	47.4	47.4	88.8
	其他亲属	11	1.3	1.3	90.1
	社区的专业服务 人员	74	8.5	8.5	98.6
	保姆	12	1.4	1.4	100.0
	合计	867	100.0	100.0	
对社区 为老服务 的态度	赞同，很有必要	575	66.3	66.3	66.3
	不大赞同，意义 不大	94	10.8	10.8	77.2
	无所谓	198	22.8	22.8	100.0
	合计	867	100.0	100.0	
是否需要 社区提供 上门服务	需要	488	56.3	56.3	56.3
	不需要	206	23.8	23.8	80.0
	无所谓	173	20.0	20.0	100.0
	合计	867	100.0	100.0	
所在社区 有无养老 服务	有	83	9.6	9.6	9.6
	无	683	78.8	78.8	88.4
	不清楚	101	11.6	11.6	100.0
	合计	867	100.0	100.0	

变量 名称	变量取值	频率	百分比 （%）	有效百分比 （%）	累计百分比 （%）
最迫切的 上门服务 内容——送餐	否	415	47.9	78.7	78.7
	是	112	12.9	21.3	100.0
	合计	527	60.8	100.0	
最迫切的 上门服务 内容——代购	否	421	48.6	79.9	79.9
	是	106	12.2	20.1	100.0
	合计	527	60.8	100.0	
最迫切的上门 服务内容—— 洗衣、打扫卫生	否	271	31.3	51.4	51.4
	是	256	29.5	48.6	100.0
	合计	527	60.8	100.0	
最迫切的上门 服务内容—— 日常陪护	否	347	40.0	65.8	65.8
	是	180	20.8	34.2	100.0
	合计	527	60.8	100.0	
最迫切的上门 服务内容—— 陪同就医	否	386	44.5	73.2	73.2
	是	141	16.3	26.8	100.0
	合计	527	60.8	100.0	
最迫切的上门 服务内容—— 陪同康复训练	否	419	48.3	79.5	79.5
	是	108	12.5	20.5	100.0
	合计	527	60.8	100.0	
最迫切的上门 服务内容—— 医疗护理	否	250	28.8	47.4	47.4
	是	277	31.9	52.6	100.0
	合计	527	60.8	100.0	
最迫切的上门 服务内容—— 陪同聊天	否	346	39.9	65.7	65.7
	是	181	20.9	34.3	100.0
	合计	527	60.8	100.0	
对养老最大期望—— 子女能经常陪护 和照料自己	否	182	21.0	34.5	34.5
	是	345	39.8	65.5	100.0
	合计	527	60.8	100.0	

续表

变量 名称	变量取值	频率	百分比 （%）	有效百分比 （%）	累计百分比 （%）
对养老最大期望—— 得到国家的 经济补贴	否	132	15.2	25.0	25.0
	是	395	45.6	75.0	100.0
	合计	527	60.8	100.0	
对养老最大 期望——居家养老	否	314	36.2	59.6	59.6
	是	213	24.6	40.4	100.0
	合计	527	60.8	100.0	
对养老最大 期望——进养老 机构集中安养	否	445	51.3	84.4	84.4
	是	82	9.5	15.6	100.0
	合计	527	60.8	100.0	
对养老最大 期望——社区能派 专人陪同康复医疗	否	357	41.2	67.7	67.7
	是	170	19.6	32.3	100.0
	合计	527	60.8	100.0	
对养老最大期望—— 社区派专人陪同 康复训练和医疗护理	否	347	40.0	65.8	65.8
	是	180	20.8	34.2	100.0
	合计	527	60.8	100.0	
对养老最大 期望——其他	否	505	58.2	95.8	95.8
	是	22	2.5	4.2	100.0
	合计	527	60.8	100.0	

二　交互分析

根据卡方检验结果，本书通过各个自变量与因变量的二维交互分析，进一步探讨行变量与列变量之间的关联性与一致性程度，剔除其他未通过显著性检验的变量关系，选择 Pearson 卡方检验、似然比检验、线性和线性组合检验都显示小于 0.05，结果如下：

（一）社区居家养老意愿交互分析

统计显示，愿意居家养老的残障老人占大多数。表 4—3 显示 87.2% 的被调查者选择愿意居家养老，12.8% 的选择去养老院。个体特征方面通过显著性检验的主要是性别、是否领过残疾证、婚姻状况三个变量，其中婚姻状况为"未婚"的残障老人更愿意去养老院养老，比例达到57.1%。这与研究假设相符，影响深度和程度有待进一步回归分析。但是年龄、居住地等因素对居家养老意愿的影响没有通过显著性检验，推翻原假设一，表明年龄和居住在城镇还是农村对残障老人的居家养老方式的选择影响不显著。

家庭生活状况方面，"现在和谁一起生活"和"是否为空巢家庭"两个变量通过显著性检验。"和孙子生活在一起"、"独居"的残障老人选择居家养老的比例分别为72.7%、66.7%，"和保姆一起生活"的残障老人选择居家与选择养老院的比例持平；从空巢情况来看，空巢残障老人较非空巢老人更愿选择养老院，空巢老人得不到家人的日常照料，残疾与老年双重弱势加剧了日常照料的需求，因此空巢老人选择进养老院养老的比例更高。

从经济状况来看，农村居民经济收入高低对愿意居家养老还是去养老院的选择影响显著，绝大多数老人选择居家养老；城镇居民收入高低对残障老人养老意愿的影响在0.1的水平上影响显著。经济来源"靠自己的养老金（退休金）"、"靠自己或老伴劳动"、"靠儿女供养"的残障老人愿意去养老院的比例不足10%，而"靠自己的积蓄"、"靠领低保金"、"五保供养"的被调查者愿意去养老院养老的比例较高，依次为19.0%、26.7%、61.1%。

表4—3   残障老人居家养老意愿交互分析比较

变量	变量取值	愿意在家还是去养老院（%）		合计（%）	样本量	X^2	P
		在家	养老院				
性别	男性	84.7	15.3	100.0	445		
	女性	89.8	10.2	100.0	422		
	合计	87.2	12.8	100.0	867	5.029	0.025
是否领过残疾证	领过	81.3	18.7	100.0	262		
	没有领过	89.8	10.2	100.0	605		
	合计	87.2	12.8	100.0	867	11.706	0.001

续表

变量	变量取值	愿意在家还是去养老院（%）		合计（%）	样本量	X^2	P
		在家	养老院				
婚姻状况	已婚有配偶	91.4	8.6	100.0	509		
	丧偶	86.4	13.6	100.0	308		
	离异	66.7	33.3	100.0	15		
	未婚	42.9	57.1	100.0	35		
	合计	87.2	12.8	100.0	867	75.378	0.000
现在和谁一起生活	老伴和孩子	94.3	5.7	100.0	263		
	老伴	88.8	11.2	100.0	242		
	儿女	89.4	10.6	100.0	227		
	孙子	72.7	27.3	100.0	11		
	独居	66.7	33.3	100.0	120		
	保姆	50	50	100	4		
	合计	87.2	12.8	100.0	867	65.801	0.000
是否为空巢家庭	是	81.1	18.9	100.0	366		
	否	91.6	8.4	100.0	501		
	合计	87.2	12.8	100.0	867	20.765	0.000
农村居民年均收入	850元以下	81.1	18.9	100.0	201		
	850—1500元	94.0	6.0	100.0	133		
	1501—3500元	85.1	14.9	100.0	67		
	3501—5212元	74.4	25.6	100.0	43		
	5212元以上	100	0	100	18		
	无任何收入	90.5	9.5	100.0	21		
	合计	85.7	14.3	100.0	483	18.825	0.002
城镇居民月均收入	200元以下	75	25	100	32		
	200—399元	90.3	9.7	100.0	31		
	400—799元	89.2	10.8	100.0	65		
	800—1199元	93.3	6.7	100.0	120		

续表

变量	变量取值	愿意在家还是去养老院（%）		合计（%）	样本量	X^2	P
		在家	养老院				
	1200—2000 元	91.4	8.6	100.0	93		
	2000 元以上	83.3	16.7	100.0	54		
	无任何收入	100	0	100	2		
	合计	89.2	10.8	100.0	397	11.475	0.075
经济来源	退休金	90.1	9.9	100.0	333		
	靠自己或老伴劳动	93.0	7.0	100.0	86		
	靠自己的积蓄	81.0	19.0	100.0	63		
	靠儿女供养	90.7	9.3	100.0	281		
	靠领低保金	73.3	26.7	100.0	86		
	五保供养	38.9	61.1	100.0	18		
	合计	87.2	12.8	100.0	867	63.085	0.000

（二）日常生活照顾交互分析

个体基本特征方面，居住地、生活是否能够自理、婚姻状况对残障老人日常生活照顾的选择具有明显的影响关系（见表4—4）。从居住地在农村还是城镇来看，城镇残障老人相对于农村残障老人选择儿女、老伴的比例比较接近，居住在城镇的残障老人较之于居住在农村的残障老人在"自己照顾自己"、"老伴"、"社区专业服务人员"、"保姆"方面的比例要高，农村残障老人超过半数选择儿女照顾日常生活，在其他亲属上的选择上比城镇较高。这说明农村残障老人在老年生活中对儿女的依赖性更强，而城镇的养老观念更加开放，更易接受多元化的养老方式；"生活是否能够自理"变量在选择上的差异主要反映在是"自己照顾自己"还是"社区专业服务人员照顾"，但大多数残障老人还是选择"老伴"和"子女"；已婚有配偶的残障老人选择最希望"老伴"照顾日常生活的最多（49.5%）、丧偶残障老人73.1%选择"儿女"、离异的有40.0%选择"儿女"、未婚的有45.7%选择"社区专业服务人员"，反映了有配偶的基本上会多选择"老伴"照顾日常生活。

　　家庭生活状况方面，"现在和谁一起生活"、"日常生活由谁照顾"和"所在社区有无为老服务"对"最希望谁来照顾日常生活"影响较大。一般来说，和谁生活在一起、目前日常生活由谁照顾会选择最希望相应的人员来照顾，不同之处在于"和孙子生活在一起"、"独居"的残障老人最希望儿女来照顾，可能原因是老人和孙子有较大代沟，独居老人无法自己照顾自己；和保姆生活在一起的选择最希望"儿女"和"社区专业服务人员"照顾的各占 50.0%，表明保姆无法真正满足残障老人的需要，同时也与样本量偏少（4 个）有关。目前日常生活由"老伴和保姆"来照顾的残障老人更多选择最希望儿女照顾（80.0%），可能因为老伴力不从心，也与样本量少（5 个）有关。所在社区有为老服务的残障老人选择自己和社区专业服务人员照顾日常生活的比例比所在社区没有为老服务的要稍高。

　　经济状况方面，"家庭收入"、"经济来源"通过显著性检验。农村居民家庭年均收入的影响主要表现在，绝大多数农村残障老人最希望儿女照顾日常生活，只有收入较高（5212 元以上）的会更多选择老伴照顾；城镇居民月均收入在 0.05 的水平上对最希望谁来照顾日常生活影响不显著；经济来源较大差异表现在"靠领低保金生活"和"五保供养"的残障老人选择"最希望社区专业服务人员"方面，具体影响有待进一步分析。

表 4—4　　　　　　　　　残障老人日常生活照顾选择的交互分析

变量	变量取值	最希望谁来照顾日常生活（%）						合计（%）	样本量（份）	X^2	P
		自己	老伴	儿女	其他亲属	社区专业服务人员	保姆				
居住地	农村	6.8	28.6	53.9	1.9	7.8	1.0	100.0	486		
	城镇	12.9	36.2	39.1	0.5	9.4	1.8	100.0	381		
	合计	9.5	31.9	47.4	1.3	8.5	1.4	100.0	867	26.711	0.000

续表

变量	变量取值	最希望谁来照顾日常生活（%）						合计（%）	样本量（份）	X²	P
		自己	老伴	儿女	其他亲属	社区专业服务人员	保姆				
生活是否能够自理	完全自理	20.9	34.4	38.7	0.6	4.3	1.2	100.0	163		
	基本自理	11.4	29.4	46.9	1.4	8.9	2.0	100.0	350		
	半自理	1.4	35.3	51.4	0.9	10.1	0.9	100.0	218		
	不能自理	3.7	30.1	52.9	2.2	10.3	0.7	100.0	136		
	合计	9.5	31.9	47.4	1.3	8.5	1.4	100.0	867	57.977	0.000
婚姻状况	已婚有配偶	8.4	49.5	34.6	0.2	6.1	1.2	100.0	509		
	丧偶	9.1	7.8	73.1	1.3	7.8	1.0	100.0	308		
	离异	20.0	6.7	40.0	0.0	20.0	13.3	100.0	15		
	未婚	22.9	0.0	11.4	17.1	45.7	2.9	100.0	35		
	合计	9.5	31.9	47.4	1.3	8.5	1.4	100.0	867	352.325	0.000
农村居民年均收入	850元以下	5.0	26.9	55.7	3.0	9.0	0.5		201		
	850—1500元	6.0	27.8	57.9	0.8	4.5	3.0		133		
	1501—3500元	3.0	28.4	59.7	1.5	7.5	0.0		67		
	3501—5212元	11.6	25.6	48.8	0.0	14.0	0.0		43		
	5212元以上	11.1	61.1	22.2	0.0	5.6	0.0		18		
	无任何收入	28.6	28.6	33.3	4.8	4.8	0.0		21		
	合计	6.8	28.6	54.0	1.9	7.7	1.0		483	0.302	0.03
城镇居民月均收入	200元以下	25.0	34.4	25.0	0.0	15.6	0.0		32		
	200—399元	25.8	29.0	41.9	0.0	3.2	0.0		31		
	400—799元	16.9	27.7	43.1	0.0	9.2	3.1		65		
	800—1199元	10.8	41.7	40.8	0.0	4.2	2.5		120		
	1200—2000元	9.7	40.9	36.6	0.0	12.9	0.0		93		
	2000元以上	3.7	31.5	44.4	1.9	14.8	3.7		54		
	无任何收入	0.0	0.0	100.	0.0	0.0	0.0		2		
	合计	12.8	36.0	39.8	0.3	9.3	1.8		397	0.312	0.062

变量	变量取值	最希望谁来照顾日常生活（%）						合计（%）	样本量（份）	X²	P
		自己	老伴	儿女	其他亲属	社区专业服务人员	保姆				
现在和谁一起生活	老伴和孩子	8.7	43.0	44.5	0.4	2.7	0.8	100.0	263		
	老伴	9.1	55.8	23.6	0.0	9.9	1.7	100.0	242		
	儿女	4.4	7.9	78.4	0.4	7.0	1.8	100.0	227		
	孙子	9.1	9.1	72.7	0.0	9.1	0.0	100.0	11		
	独居	21.7	8.3	40.8	7.5	20.0	1.7	100.0	120		
	保姆	0.0	0.0	50.0	0.0	50.0	0.0	100.0	4		
	合计	9.5	31.9	47.4	1.3	8.5	1.4	100.0	867	304.309	0.000
日常生活由谁照顾	自己	20.9	17.6	44.9	3.2	12.8	0.5	100.0	187		
	老伴	7.9	63.8	22.5	0.0	4.9	0.9	100.0	329		
	儿女	4.7	9.0	78.3	0.3	6.3	1.3	100.0	300		
	其他亲属	8.3	8.3	8.3	25.0	41.7	8.3	100.0	12		
	保姆	0.0	22.7	45.5	4.5	13.6	13.6	100.0	22		
	社区专业服务人员	16.7	8.3	25.0	0.0	50.0	0.0	100.0	12		
	老伴和保姆	0.0	0.0	80.0	0.0	20.0	0.0	100.0	5		
	合计	9.5	31.9	47.4	1.3	8.5	1.4	100.0	867	468.547	0.000
所在社区有无为老服务	有	13.3	36.1	33.7	2.4	12.0	2.4	100.0	83		
	无	9.5	33.1	48.5	1.2	6.7	1.0	100.0	683		
	不清楚	5.9	20.8	51.5	1.0	17.8	3.0	100.0	101		
	合计	9.5	31.9	47.4	1.3	8.5	1.4	100.0	867	29.112	0.001
经济来源	退休金	12.3	39.9	37.2	0.6	8.1	1.8	100.0	333		
	自己或老伴劳动	10.5	47.7	36.0	0.0	4.7	1.2	100.0	86		
	自己的积蓄	17.5	28.6	42.9	3.2	6.3	1.6	100.0	63		
	儿女供养	4.6	22.4	65.8	0.0	6.0	1.1	100.0	281		
	领低保金	7.0	22.1	46.5	7.0	17.4	0.0	100.0	86		
	五保供养	11.1	16.7	22.2	5.6	38.9	5.6	100.0	18		
	合计	9.5	31.9	47.4	1.3	85.	1.4	100.0	867	140.515	0.000

（三）对社区养老服务的态度

所有被调查对象中，66.3%的老年残疾人表示赞同社区提供养老服务，10.8%的老年残疾人不赞同，22.8%的老年残疾人表示无所谓。从表4—5中可以看出，个体基础特征中，通过显著性检验的变量有居住地和文化程度，家庭生活状况中只有"所在社区有无养老服务"一项通过显著性检验，经济状况变量没有通过显著性检验，表明残障老人和谁生活在一起以及经济来源等特征对其对社区为老服务的态度影响不显著。从居住地看，相对于农村老年残疾人，城镇老年残疾人对社区为老服务的赞同比例较高，可能是因为城镇人对新事物的适应能力更强，更能打破传统观念接受新的理念；从文化程度来看，除文盲、不识字的老年残疾人外，其他文化程度的老年残疾人选择赞同的比例均在70%以上（文盲、不识字老年残疾人赞同比例为59.1%）。所在社区有养老服务的残障老人享受到了养老服务的实惠，对社区养老服务的赞同态度明显高于所在社区没有或者不清楚有没有养老服务的，根据供给创造需求原理可以解释这一结果。对社区养老服务的不了解，没有切实享受过养老服务，可以看作对社区养老服务需求不高的原因。

表4—5　　　　　　残障老人社区养老服务态度的交互分析

变量	变量取值	对社区为老服务的态度（%）			合计（%）	样本量（份）	X^2	P
		赞同	不大赞同	无所谓				
居住地	农村	62.6	11.1	26.3	100.0	486		
	城镇	71.1	10.5	18.4	100.0	381		
	合计	66.3	10.8	22.8	100.0	867	8.375	0.015
文化程度	文盲、不识字	59.1	10.9	30.1	100.0	359		
	小学	70.0	11.1	18.9	100.0	270		
	初中	74.0	11.0	15.0	100.0	127		
	高中	70.5	9.1	20.5	100.0	88		
	大专及以上	78.3	13.0	8.7	100.0	23		
	合计	66.3	10.8	22.8	100.0	867	21.420	0.006

续表

变量	变量取值	对社区为老服务的态度（%）			合计（%）	样本量（份）	X²	P
		赞同	不大赞同	无所谓				
所在社区有无养老服务	有	83.1	9.6	7.2	100.0	83		
	无	64.4	11.0	24.6	100.0	683		
	不清楚	65.3	10.9	23.8	100.0	101		
	合计	66.3	10.8	22.8	100.0	867	13.865	0.008

（四）是否需要社区提供上门服务

调查对象中，56.3%的老年残疾人需要社区提供上门服务，23.8%不需要，20.0%表示无所谓（见表4—6）。个体基础特征中通过显著性检验的变量较多，包括年龄、居住地、是否领过残疾证、文化程度以及残疾同时是否患有其他疾病。从年龄来看，按对社区服务需求比例由高至低依次为：60—64岁（58.9%）、65—69岁（67.8%）、70—79岁（51.3%）、80—89岁（46.5%）、90岁及以上（35.7%），可能年龄大的残障老人由于自身的弱势加剧了对外界的不信任感，不愿过多依赖外在帮助，加上年龄较大的老年人家庭养老观念更强，觉得自己家人可以照顾自己，不需要社区等"外人"提供服务；同时，随着年龄的增加，"无所谓"所占的比例越来越高，原因可能是已经获得子女或亲友的日常生活照顾。领过残疾证的残障老人对社区上门服务的需求比例高，可能是因为国家相关机构为残障人士提供服务主要根据是否领取过残疾证的缘故。文化程度中除文盲、不识字的残障老人对社区提供上门服务的需求比较小（49.3%）之外，其余均比较高（小学为60.0%，初中为66.9%，高中为56.8%，大专及以上为60.9%）。残疾同时患有其他疾病的对上门服务的需求（61.1%）明显高于单纯残疾的老人（49.6%）。

和老伴、儿女一起生活的残障老人对社区提供上门服务的比例虽然都超过了50%，但是却远远低于和孙子、保姆一起生活或者独居的残障老人（分别为90.9%、100.0%、71.7%），估计孙子、保姆都不能满足自身养老需要，同时独居残障老人自己也不能很好照顾自己。

表 4—6　　　　　　　　残障老人社区提供上门服务的交互分析

变量	变量取值	是否需要社区为您提供上门服务（%）			合计（%）	样本量（份）	X²	P
		需要	不需要	无所谓				
年龄	60—64 岁	58.9	25.9	15.2	100.0	158		
	65—69 岁	67.8	14.7	17.6	100.0	245		
	70—79 岁	51.3	27.5	21.2	100.0	306		
	80—89 岁	46.5	28.5	25.0	100.0	144		
	90 岁及以上	35.7	28.6	35.7	100.0	14		
	合计	56.3	23.8	20.0	100.0	867	29.120	0.000
居住地	农村	51.4	26.3	22.2	100.0	486		
	城镇	62.5	20.5	17.1	100.0	381		
	合计	56.3	23.8	20.0	100.0	867	10.557	0.005
是否领过残疾证	领过	71.0	11.8	17.2	100.0	262		
	没有领过	49.9	28.9	21.2	100.0	605		
	合计	56.3	23.8	20.0	100.0	867	38.362	0.000
文化程度	文盲、不识字	49.3	27.3	23.4	100.0	359		
	小学	60.0	23.0	17.0	100.0	270		
	初中	66.9	15.7	17.3	100.0	127		
	高中	56.8	25.0	18.2	100.0	88		
	大专及以上	60.9	17.4	21.7	100.0	23		
	合计	56.3	23.8	20.0	100.0	867	16.163	0.040
残疾同时是否患有其他疾病	是	61.1	21.8	17.0	100.0	499		
	否	49.6	26.4	24.0	100.0	367		
	合计	56.2	23.8	20.0	100.0	866	11.975	0.003

续表

变量	变量取值	是否需要社区为您提供上门服务（%）			合计（%）	样本量（份）	X²	P
		需要	不需要	无所谓				
现在和谁一起生活	老伴和孩子	51.0	29.7	19.4	100.0	263		
	老伴	56.2	22.3	21.5	100.0	242		
	儿女	52.0	24.7	23.3	100.0	227		
	孙子	90.9	9.1	0.0	100.0	11		
	独居	71.7	14.2	14.2	100.0	120		
	保姆	100.0	0.0	0.0	100.0	4		
	合计	56.3	23.8	20.0	100.0	867	28.203	0.002

三　Logistic 回归分析

在交互分析的基础上，本书构建 Logit 回归模型，进一步分析影响残障老人居家养老的因素。Logit 回归模型具体形式如下：

$$\text{Logit}(P) = \beta_0 + \beta_1 x_1 + \beta_2 \beta x_2 + \cdots + \beta_n x_n$$

相关因变量是二分变量，Logit 回归模型的误差项服从二项分布，因此使用最大似然法。各自变量的回归系数 β_i（$i = 1, 2, \cdots, n$）表示自变量 x_i 每改变一个单位，因变量的发生比的自然对数值的改变量；OR 为发生比率 $[Exp(\beta)$ 值$]$，表示自变量 x_1 每变化一个单位，因变量变化的相应比值的倍数。

（一）关于残障老人居家养老意愿的 Logit 模型回归

表 4—7 为调查问卷 Logit 回归结果，包括模型中 5 个变量（其中是否为空巢家庭变量在回归过程中自动剔除，原因是现在和谁生活在一起变量中有独居选项）的参数估计和显著性检验。结果显示，在 0.1 的显著水平上，残障老人居家养老意愿与性别、是否领过残疾证、现在和谁生活在一起等变量没有显著相关性。个体基础特征中，婚姻状况的统计检验在 0.1 的水平上显著的是已婚有配偶、在 0.05 的水平上显著的是丧偶，这种情况下会选择居家养老，离异和未婚的残障老人会更倾向于选择养老院养老；家庭特征中，现在与老伴和孩子生活在一起在

0.05 的水平上更愿意居家养老，其他则选择养老院；经济特征中，无论农村还是城镇，残障老人的收入高低对于居家养老意愿的影响都不显著；来源依靠退休金、自己或老伴劳动以及靠儿女供养的残障老人对于居家养老具有显著的正向作用，更愿意选择居家养老，而依靠低保金或五保供养的残障老人，由于缺少或根本没有家庭照料资源，所以对机构养老的需求更强烈。

表 4—7　　　影响残障老人居家养老意愿的 Logit 模型回归结果

影响变量		回归系数	Wald	P 值	OR 值〔Exp（β）〕
性别		-0.304	1.733	0.188	0.738
是否领过残疾证		-0.326	1.838	0.175	0.722
婚姻状况（未婚）	已婚有配偶	1.115	3.446	0.063	3.050
	丧偶	1.135	5.808	0.016	3.112
	离异	0.510	0.524	0.469	1.665
现在和谁生活在一起（保姆）	老伴和孩子	2.324	4.107	0.043	10.215
	老伴	1.597	1.977	0.260	4.940
	儿女	1.639	2.385	0.234	5.150
	孙子	0.751	0.353	0.553	2.120
	独居	0.939	0.785	0.375	2.557
农村居民年均收入（无任何收入）	850 元以下	-0.496	0.791	0.374	0.609
	850—1500 元	0.777	1.447	0.229	2.176
	1501—3500 元	-0.222	0.121	0.728	0.801
	3501—5212 元	-0.891	1.901	0.168	0.410
	5212 元以上	19.244	0.000	0.998	2.279E8
城镇居民月均收入（无任何收入）	200 元以下	-0.825	1.620	0.203	0.438
	200—399 元	0.265	0.110	0.740	1.303
	400—799 元	0.193	0.091	0.763	1.212
	800—1199 元	0.667	1.053	0.305	1.947

续表

影响变量		回归系数	Wald	P 值	OR 值 [Exp (β)]
	1200—2000 元	0.405	0.379	0.538	1.499
	2000 元以上	-0.349	0.284	0.594	0.705
经济来源 （五保户）	退休金	1.379	5.938	0.020	3.973
	靠自己或老伴劳动	1.657	5.451	0.020	5.244
	靠自己的积蓄	0.927	2.120	0.145	2.527
	靠儿女供养	1.254	4.156	0.041	3.505
	靠领低保金	0.665	1.222	0.269	1.945
常量		-1.680	1.648	0.199	0.200

（二）日常生活照顾选择意愿的多项 Logit 模型回归分析

表4—8为调查问卷多项 Logit 回归结果，模型中分别引入个体基础特征、家庭社会特征、经济特征变量进行回归，进而得出各自相应的参数估计和显著性检验。由于数据庞杂，仅选取具有显著相关性的量。结果显示，在0.1的显著水平上，残障老人最希望谁来照顾日常生活的意愿受到以下各方面综合变量的影响。其中经济特征的影响比较显著，表现为在其他个体基础特征和家庭社会特征不变的情况下，靠领低保金生活的残障老人最希望自己、老伴、儿女、其他亲属照顾自己日常生活，显著水平都为0.000，原因是微薄的低保金收入无法使得社区专业服务人员提供日常照顾；靠自己或老伴劳动作为经济来源的残障老人最希望老伴照顾日常生活；靠儿女供养的残障老人最希望儿女照顾日常生活。这反映了经济来源决定残障老人的养老意愿。

个体基础特征中，生活能够完全自理的残障老人因为基本日常完全能够自理，加上不愿意麻烦别人，最希望自己照顾自己。婚姻状况对谁来照顾日常生活有显著影响。已婚有配偶和丧偶的残障老人最希望老伴、儿女照顾，前者因为老伴照顾会更方便更贴心，后者可能是因为怀念的成分更多一些；已婚有配偶的残障老人对选择其他亲属照顾具有负向作用。

家庭社会特征中，和老伴、儿女一起生活的残障老人对最希望社区专业服务人员照顾日常生活具有显著性影响，表明家人无法满足残障老人的照顾需求。

表 4—8 影响残障老人最希望谁来照顾日常生活
选择意愿的多项 Logit 模型回归结果

	影响 变量	回归 系数	Wald	P 值	OR 值 [*Exp*（*β*）]
自己	个体基础特征				
	生活是否能够自理（半自理）				
	完全自理	2.640	4.939	0.026	14.015
	经济特征				
	经济来源（五保户）				
	靠领低保金	17.135	335.091	0.000	2.764E7
老伴	家庭社会特征				
	婚姻状况（未婚）				
	已婚有配偶	23.073	310.507	0.000	1.408E10
	丧偶	21.283	232.272	0.000	1.750E9
	经济特征				
	经济来源（五保户）				
	靠自己或老伴劳动	2.615	2.900	0.089	13.667
	靠领低保金	17.882	536.985	0.000	5.836E7
儿女	家庭社会特征				
	婚姻状况（未婚）				
	已婚有配偶	2.377	3.743	0.053	10.773
	丧偶	3.199	6.190	0.013	24.520
	经济特征				
	经济来源（五保户）				
	靠儿女供养	2.735	4.710	0.030	15.417
	靠领低保金	18.339	694.110	0.000	9.214E7

续表

	影响 变量	回归 系数	Wald	P 值	OR 值 [Exp (β)]
其他 亲属	家庭社会特征				
	婚姻状况（未婚）				
	已婚有配偶	-3. 123	3. 971	0. 046	0. 044
	经济特征				
	经济来源（五保户）				
	靠领低保金	17. 828	230. 955	0. 000	5. 528E7
社区 专业 服务 人员	家庭社会特征				
	现在和谁一起生活（保姆）				
	老伴和孩子	-12. 692	92. 929	0. 000	3. 075E-6
	老伴	-12. 031	100. 648	0. 000	5. 956E-6
	儿女	-12. 439	102. 044	0. 000	3. 961E-6

（三）社区养老服务态度的多项 Logit 模型回归分析

表 4—9 为对社区养老服务态度的多项 Logit 回归结果，模型中分别引入个体基础特征和家庭社会特征变量进行回归，进而得出各自相应的参数估计和显著性检验（仅选取具有显著相关性的量）。结果显示，在 0.1 的显著水平上，在其他条件不变的情况下，残障老人对社区养老服务的态度受到文化程度和所在社区有无养老服务的显著影响。通过卡方检验的居住地变量并未通过 Logit 回归模型检验，显著性不明显，并且为负向作用。

表 4—9　　　　　影响残障老人社区养老服务态度的
多项 Logit 模型回归结果

	影响 变量	回归 系数	Wald	P 值	OR 值 [Exp (β)]
赞同， 很有 必要	个体基础特征				
	文化程度（文盲）				
	小学	0. 572	8. 028	0. 005	1. 772

续表

影响 变量	回归 系数	Wald	P 值	OR 值 [Exp (β)]
初中	0.821	8.195	0.004	2.272
大专及以上	1.387	3.325	0.068	4.003
家庭社会特征				
所在社区有无养老服务（不清楚）				
有	1.431	8.602	0.003	4.182

（四）对社区提供上门服务态度的多项 Logit 模型回归分析

表4—10 为对社区提供上门服务态度的 Logit 多项回归结果，模型中分别引入个体基础特征和家庭社会特征变量进行回归，进而得出各自相应的参数估计和显著性检验（仅选取具有显著相关性的量）。结果显示，在0.1 的显著水平上，在其他条件不变的情况下，残障老人中是否领过残疾证以及低龄老人（60—69 岁）对社区提供上门服务的态度影响显著；小学文化程度影响也比较显著，这点出乎研究者的意料；残疾同时是否患有其他疾病也显著影响到残障老人对社区提供上门服务态度。

表4—10　　　　影响残障老人对社区提供上门服务态度的
多项 Logit 模型回归结果

	影响 变量	回归 系数	Wald	P 值	OR 值 [Exp (β)]
需要	个体基础特征				
	年龄（90 岁及以上）				
	60—64 岁	1.266	3.394	0.065	3.546
	65—69 岁	1.269	3.617	0.057	3.558
	是否领过残疾证	0.439	4.467	0.035	1.551
	文化程度（文盲）				
	小学	0.339	3.161	0.075	1.491
	残疾同时是否患有其他疾病	0.620	11.263	0.001	1.858

第三节　研究结论

通过以上 SPSS 统计分析，得出以下实证研究结论：

第一，残障老人在养老方面面临的最大困难是经济问题。这一问题占到 57.9%，其次为生病（52.5%），再次是精神孤独（34.1%）；在家庭收入方面，受调查的农村残障老人年均收入普遍较低，接近 7 成的残障老人的年均收入在 1500 元以下，受调查的城镇超过 8 成的残障老人月均收入在 2000 元以下。近 8 成（77.97%）的调查对象希望国家能够给予一定的经济补贴，这反映出西部省区城乡居民在经济收入上与全国平均水平的差距以及这种差距必然带来的残障老人在养老方面所表现出来的经济困难问题突出，对政府给予残障老人养老方面实施经济补贴的需求迫切。政府在制定残疾人政策和居家养老服务政策时应该充分考虑到这一需求特征。

第二，近 8 成（78.8%）的调查对象表示所在社区并没有为老人提供养老服务。这反映了我国东中西部地区在居家养老服务建设方面存在明显的差距，与京、沪、穗等东部发达地区相比，西部地区在居家养老服务方面存在明显的滞后，尽管西部省区居家养老服务的试点社区在不断扩大，然而与 56.3% 的调查对象需要社区提供养老服务的需求相比，西部地区现有的居家养老服务供给与需求之间缺口巨大，服务供给远远不能满足老年人特别是残障老人的需求。社区服务完善程度对残障老人居家养老意愿有正向作用。残障老人所在社区相应建设越完善，残障老人的助老服务需求也越高，对社区服务的态度也越积极。

第三，低中龄残障老人对社区居家养老服务需求比例较高。年龄对于残障老人的养老意愿的影响主要体现在是否需要社区提供上门服务方面。从年龄段来看，按对社区服务需求比例由高至低依次为：65—69岁（67.8%）、60—64 岁（58.9%）、70—79 岁（51.3%）、80—89 岁（46.5%）、90 岁及以上（35.7%）。统计结果显示，残障老人在 65 岁至 79 岁年龄组对社区居家养老服务需求比例较高。原因可能为：一是残障老人由于体质差、长期照料的条件不佳等原因一般寿命会低于健康老年人，高龄的残障老人所占比例不大。二是高龄的残障老人由于自身的弱势加剧了对外界的不信任感，加之其家庭养老观念更强，认为自己家人可以照顾自己，不需要社区、家政服务员等"外人"提供服务。三是听力、语言、智力残障等类型的残障老人与外人在沟通方面确实存在障碍，这势必会影响他们对社区提供助老服务的态度。同时，随着年龄的增加，"无所谓"所占的比例越来越高，原因可能是已经获得子女或亲友的日常生活照顾。

第四，残障老人医疗护理及康复训练的需求突出。近6成（57.7%）的调查对象除了残疾之外还同时患有其他疾病，这一变量也显著影响到残障老人对社区提供上门助老服务的态度。在调查对象对社区居家养老服务需求的内容方面，受调查的残障老人57.0%表示最迫切需要的服务内容为医疗护理。31.49%的调查对象在回答"养老最大的期望"这一问题时选择"社区能派专业人员陪同康复训练和进行医疗护理"。这反映出残障老人与普通健康老人在养老服务需求上的差异性。医疗护理以及康复训练对提高残障老人晚年生活质量至关重要。政府在制定残疾人服务政策和居家养老服务政策时应该充分考虑到这一差异性，使助老助残服务措施更具针对性。

第五，婚姻状况是影响残障老人养老意愿的重要因素。已婚有配偶的残障老人有91.4%选择居家养老，84.1%选择老伴和儿女照顾日常生活，大多数未婚残障老人选择养老院（57.1%）和社区专业服务以及保姆照顾日常生活（48.6%）。可以看出，晚年婚姻生活存续的残障老人更愿意选择居家养老，感受家庭的温暖，同时希望老伴、儿女照顾日常生活。

第六，家庭居住方式对残障老人居家养老意愿有影响。残障老人独居比例较少，但仍有超过4成的家庭为空巢家庭；居住方式上，大多数残障老人或者和老伴，或者和子女、孙子女、保姆生活在一起，日常生活主要依靠老伴照顾，其次是儿女照顾，再次为自己照顾自己。和老伴、儿女同住的残障老人的居家养老意愿相对更高，和老伴、儿女生活在一起的老人，更多的是选择居家养老，因为能够获得更多的照料和关心，在情感上的交流也比较丰富一些。但同时也最希望社区专业服务人员照顾日常生活，尤其是医疗护理服务，表现了这部分残障老人丰富多样的养老需求。

　　第七，残障老人中接近7成（69.8%）没有申领残疾人证，而是否申领残疾证对残障老人居家养老需求有一定影响，主要表现在对社区提供上门服务的态度方面。申领过残疾证的残障老人需要社区提供上门服务的比例（71.0%）高于没有申领过残疾人证的残障老人（49.9%）。

第五章

西部地区老年残疾人社区居家养老服务需求的质性研究

本章运用质性研究方法，通过对典型个案进行深度访谈，分析所调查的老年残疾人的年龄、残疾类型和残疾等级、生活自理状况、婚姻状况、经济状况、家庭残疾人口数、居住方式、主要照料者等因素及其对养老方式、社区居家养老服务需求和老年生活质量的影响，梳理和掌握老年残疾人在养老服务需求方面的特殊性，剖析其养老所面临的困境，特别分析老年残疾人群体中，夫妻双残、一户多残、两代残疾、家庭贫困、空巢等特征对该群体养老需求方面的影响。

第一节　研究设计

本书运用质性研究方法，采用半结构式的深度访谈和参与观察等方法进行资料搜集，访谈对象为 60 岁以上的老年残疾人或其家属（对沟通存在障碍的智障老人对其家属进行访谈）。访谈对象的地域集中在陕西省西安市内。访谈时间为 2012 年 6 月至 2013 年 5 月。尽管全社会老年残疾人占到老年人口的大约 1/4，但由于其居住分散，还由于老年残疾人大多没有办理或不愿办理残疾人证，公共部门对其信息掌握极少，特别是由于传统观念和心理敏感而怕自尊心受伤害，出于避免外界对其产生偏见和歧视，居民普遍比较忌讳让"外人"知道家中有残疾人，或本人不承认自己是残疾人，尤其是不愿意与陌生人谈论自己的残疾，这使得寻找老年残疾人并使其乐意接受入户访谈成为一件并不容易的事情。本书在研究对象选取上采用了方便原则和主观原则，选择那些与研究者距离较近、较容易找到，同时对调查者产生信任感、愿意接受访谈的老年残疾人为调查对象，访谈对象主要是在调研过程中由当地基层残联、社区、熟人引荐及调查者遇见符合研究对象的人主动上前与之攀谈等渠道抽取，本书中所有个案都是由笔者亲自完成访谈的。通过对调查对象进行深度访谈，对其中典型个案进行深入剖析，分析其年龄、残疾类型和残疾等级、生活自理状况、婚姻状况、经济状况、家庭残疾人口数、居住方式、主要照料者等因素及其对养老方式和老年生活质量的影响，梳理并掌握老年残疾人在居家养老服务需求方面的特殊性，剖析其居家养老所面临的困境。个案的深度访谈是一个资料收集的过程，同时也是一种研究的过程。

第二节　结果与分析

一　本书中典型个案案主的基本情况

在本书涉及的 12 个典型案例中，案主年龄在 64—91 岁，残疾类型涵盖肢体、视力、听力、智力残疾及多重残疾等（见表 5—1）。通过对调查对象个案访谈资料的整理和深入挖掘分析显示，老年残疾人在养老需求方面存在明显的特殊性，而社会对其特殊性的认知和对其养老需求的满足仍很不理想。

表 5—1　　　　　　　　本书中典型个案案主的基本情况

案主编码	文中称谓	年龄	残疾类型	生活自理能力	是否持残疾证	居住地	家庭残疾人口数/家庭人口数	家庭成员中另一残疾人的残疾类型/年龄/与本人关系	居住方式	目前主要照料者	养老面临的主要困难
案例一	W女士	84岁	肢残	完全不能自理	否	雁塔区	2/2	听力残疾/91岁/丈夫	与配偶、保姆同住	保姆、子女	生病后照料缺人手，去医院就医困难

续表

案主编码	文中称谓	年龄	残疾类型	生活自理能力	是否持残疾证	居住地	家庭残疾人口数/家庭人口数	家庭成员中另一残疾人的残疾类型/年龄/与本人关系	居住方式	目前主要照料者	养老面临的主要困难
案例二	H女士	87岁	肢残/视力残疾	半自理	否	高新区	1/3		与女儿一家同住	女儿、女婿、儿子	出行困难，生活单调
案例三	Z女士	73岁	肢残	半自理	否	碑林区	1/2		与配偶同住	配偶	日常生活缺照料的人手
案例四	X先生	81岁	肢残/智残	完全不能自理	否	新城区	1/5		与儿子一家同住	儿子、孙女	日常生活缺照料的人手
案例五	S女士	87岁	肢残/智残	半自理	否	未央区	3/3	肢残/60岁/儿子儿媳	去儿女家轮流居住	子女	儿子儿媳均重度残疾，照料老人非常吃力
案例六	P女士	67岁	视力残疾	半自理	是	灞桥区	2/2	视力残疾、肢残/68岁/丈夫	与配偶同住	保姆	出行和购物困难，精神寂寞
案例七	G先生	64岁	视力残疾	半自理	是	新城区	2/2	视力残疾/62岁/妻子	与配偶同住	夫妻互相照顾	盲道被占，出行困难，精神寂寞，生活单调
案例八	A女士	90岁	肢残	半自理	否	雁塔区	1/3		与女儿一家同住	女儿、女婿	住7层，没电梯，出门下楼困难，生活单调

续表

案主编码	文中称谓	年龄	残疾类型	生活自理能力	是否持残疾证	居住地	家庭残疾人口数/家庭人口数	家庭成员中另一残疾人的残疾类型/年龄/与本人关系	居住方式	目前主要照料者	养老面临的主要困难
案例九	T女士	74岁	视力残疾	半自理	否	雁塔区	1/1		一人独居	女儿	出行困难，购物困难，生活单调
案例十	B女士	68岁	肢残	半自理	是	莲湖区	2/2	智残/44岁/儿子	与智残儿子同住	无人照料	低保户，生活贫困，无力陪智残儿子看病
案例十一	D先生	77岁	肢残	半自理	是	碑林区	2/2	肢残/75岁/妻子	与配偶同住	夫妻互相照顾	出行和购物困难，就医无人陪伴
案例十二	C先生	67岁	肢残/言语/智残	不能自理	否	雁塔区	1/2		与配偶同住	配偶	妻子长期日夜照料，身心疲惫不堪，难以坚持

二　老年残疾人长期照料需求突出，对家庭的依赖性强

生活自理能力可用来衡量老年人在一些最基本的日常生活活动方面自己照料和处理的能力。生活自理能力与残疾等级、残疾类型都存在密切关系。最影响生活自理能力的残疾类型是肢体残疾、视力残疾和智力残疾，这些残疾类型在本书案例中都有涵盖。第二次全国残疾人抽样调查数据显示，老年残疾人中存在生活自理能力障碍及生活活动能力障碍的比例分别为52%和88%。这些障碍的存在，都会导致老年人在日常生活中对他人的严重依赖而需要他人照料。

　　长期照料包括医疗服务、社会服务、居家服务、运送服务或其他支持性的服务。长期照料分家庭照料、机构照料和社区照料三种类型。其中，家庭照料属于非正规照料系统；而机构照料和社区照料属于正规照料系统。

　　大量实证研究表明，目前我国正规照料的比例非常低，在城乡分别不足10%和5%。残疾人家庭事实上是老年残疾人生活照料的主要依靠。就家庭照料而言，由于老年残疾人受教育程度、在业率、经济收入以及社会参与度都较低，导致老年残疾人对家庭依赖性强，其家庭成员负担沉重。尤其是失能老人家庭，长期照料不仅使家庭经济负担沉重，照料者的就业、收入、发展的机会乃至身心健康都深受其影响。

　　案例一中W女士，84岁，患高血压、心脏病（安了心脏起搏器）、帕金森氏综合征等多种疾病，双腿行动不便，常摔跤，以前行走需借助行走器或别人搀扶，生活半自理，一年前摔跤导致骨折，彻底卧床不起，生活完全不能自理，医生诊断W女士不可能再恢复到从前了。家里只有W女士夫妻二人在一起生活，以前请了一个钟点工来做家务3—4小时，主要负责做饭、打扫卫生（其工资1500元/月），现在W女士完全瘫痪了，家里不得已又另外从医院请了一位全天候护工专门照料她的生活起居，包括喂水喂饭喂药、接大小便、翻身、按摩、清洗身体等，护工每日工资150元。家里给护工和钟点工二人每月支付工资共6000元左右。W女士的老伴91岁高龄了，由于年老导致听力残疾，耳背比较严重，甚至连敲门声都听不到，手脚也不灵便了。子女同在一个城市，因老人不习惯与孩子同住，就一直单住。钟点工每周休息一天，工作日有时也会请假，护工农忙时也回家务农，每当这时，W女士的两个已50多岁的子女就回家轮流照料老人，家中有什么事或老人生病了，子女回家的次数就更多了。如果没有请人对老人的日常生活进行照料，两个子女显然就没有精力正常工作了。

　　案例四中X先生，81岁，丧偶，与儿子一家同住。17年前患脑溢血，病了17年，生活半自理，完全瘫痪在床也有4年了，生活完全不能自理了。不仅四肢不能自主活动，而且智力和语言也出现了障碍，老人身边24小时不能离开人。平时需要家人喂水喂饭，病重时则需要插胃管、吸痰、插尿管，老人一直由儿子、女儿、孙女轮流照料。前些年老人由女儿照料，后来随着女儿年龄增大（60 多岁了），患高血压病，健康状况不佳，照料老人已力不从心，就主要由大孙女照料。大孙女也有一个正在上学的孩子需要照顾，既要照顾自己的小家庭，又要照料瘫痪在床的祖父。这些年老人多次住院，到现在瘫痪 4 年多了，白天由大孙女照料，晚上由儿子照料。最近老人又住了大半年院，大孙女照顾不过来，另一个刚大学毕业的孙女不得不放弃找工作，专门在医院与家人轮流照料老人。儿孙交替着照顾老人，全家人都疲惫不堪。

调查中接触到的这些案例具有一个共同特点，就是老年残疾人多为生活完全不能自理或半自理，长期照料需求突出，医疗护理需求大，对家庭的依赖性强。同时，老年残疾人因社会参与度低，所以他们在情感上、心理上对家庭的依赖也更为强烈。长期照料已成为老年残疾人最突出的需求。如果没有家人（或保姆）的长期辛苦照料，其生活将很难想象。

三　机构照料由于种种原因不能满足老年残疾人的养老需求

养老机构依靠其健全的服务设施、专业化的服务和管理服务于失能、半失能的老年人，为其提供生活照料和康复护理。对于老年残疾人而言，入住专业化的养老机构存在以下几个制约因素：

（一）家庭经济收入状况制约了老年残疾人选择入住养老机构

长期以来，残疾人家庭收入与社会平均水平存在较大差距，老年残疾人家庭收入更低，其差距更大。《2012 年度全国残疾人状况及小康进程监测报告》显示，2012 年度残疾人家庭人均可支配收入仅为全国居民家庭人均可支配收入的 56.2%，城乡残疾人家庭人均医疗保健支出分别是全国城镇和农村居民家庭人均医疗保健支出的 1.50 倍和 1.72 倍。城乡残疾人家庭人均医疗保健支出分别占全部消费支出的比重为 18.2% 和 17.0%，比全国城乡居民平均水平分别高出 11.8 个百分点和 8.3 个百分点。[①]《2013 年度全国残疾人状况及小康进程监测报告》显

---

① 中国残联研究室等：《2012 年度全国残疾人状况及小康进程监测报告》，中央政府门户网站（http://www.gov.cn/jrzg/2013-06/26/content_ 2434785. htm）。

示，2013年度残疾人家庭人均可支配收入仅为全国居民家庭人均可支配收入的56.7%，城乡残疾人家庭人均医疗保健支出分别是全国城镇和农村居民家庭人均医疗保健支出的1.6倍和1.7倍。城乡残疾人家庭人均医疗保健支出分别占全部消费支出的比重为18.5%和17.8%，比全国城乡居民平均水平分别高出12.3个百分点和8.5个百分点。[①] 残疾人家庭收入与社会平均水平存在的差距如表5—2所示。与社会平均水平相比，中国残疾人的总体生活与其差距较大，残疾人的低收入和贫困状况亟待改善。

表5—2   残疾人家庭收入与社会平均水平存在的差距

项 目 \ 年 份	2010	2011	2012	2013
残疾人家庭人均可支配收入占全国居民家庭人均可支配收入的比例（%）	59.0	54.5	56.2	56.7
城镇残疾人家庭人均医疗保健支出是全国城镇居民家庭人均医疗保健支出的倍数（倍）	1.56	1.56	1.50	1.6
农村残疾人家庭人均医疗保健支出是全国农村居民家庭人均医疗保健支出的倍数（倍）	2.09	1.77	1.72	1.7

注：表中数据均来源于相关年度官方公布的《全国残疾人状况及小康进程监测报告》。

在残疾人群体中，老年残疾人收入更低，其收入的低层次性影响了他们选择养老机构的长期照料的可能性。有研究显示，如果子女不予老人经济支持，近半数的老年残疾人显然无力支付机构养老的费用。

如案例十二中的C先生，67岁，2008年患脑瘤，虽做了手术，但手术后遗症逐渐显现，人日渐消瘦，四肢不能动，语言和智力也出现障碍，成为肢体、言语和智力多重残疾。病后一直由妻子（60岁）照顾其日常起居。他妻子在接受访谈时告诉笔者："我们夫妻两个人每月的退休金加起来有4000多元，而我老公每月的医药费就要3000多元，一大半的钱都花费在看病上。而现在的钟点工工资特别贵，每月得1800

---

① 中国残联研究室等：《2013年度全国残疾人状况及小康进程监测报告》，中残联网站（http：//www.cdpf.org.cn/ggtz/content/2014-07/30/content_30458722.htm）。

多元，包吃住的全天候家政服务员工资得 3000 元以上。如果请人的费用在 1500 元以下，而且确实能分担我的重担，我们也会考虑。而现在的工资水平，我们实在是请不起。我老公失眠严重，一晚上要起来八九次，折腾得我无法睡觉。由于长期照料他，我现在的身体实在是吃不消。"（他妻子说话间用手支撑着前额，闭着眼睛，满脸的疲惫，她说自己时常会这样头晕，太累了。还说，前段时间体检，她身体多器官都有问题，自己的精神也快崩溃了。）她继续说："所以，我一直在考虑送他去养老院，但他本人不愿意去养老院。公办养老院我们进不去，我考察了几家民办养老院。有一个条件不错，但每月费用要2400 元，太贵了，我们支付不起。如果有每月费用 1500 元以下的，我们会考虑。"

（二）由于机构自身服务设施和服务质量难如人愿，老人不愿入住养老机构

如案例五中的 S 女士，退休工人，87 岁，丧偶，老人每月养老金有 2300 元，她长期患心脏病、高血压、脑血栓等多种疾病，生活半自理，病轻的时候可以手拄拐杖走几步，病重的时候会卧床不起，头脑不清，甚至大小便失禁拉在床上。几年前曾住进一家民办养老院（公办养老院不接收非"三无"老人），刚进去时，生活尚能自理，情况还算可以。但后来随着身体变差，生活自理能力下降成为半自理后，养老院服务人员服务质量差的问题就让家人越来越担忧了，由于老人生活不便，吃饭、如厕各种生活照料都需护理员照顾，护理员担心老人吃饭多，上厕所的次数频繁，事情多，就给老人很少的饭，老人吃不饱，又遭护理员的冷眼和斥责，家人去看望老人发现这种情况，对养老院的服务及管理很是失望，老人自己也坚决要求回家，于是老人又离开了养老院。

（三）老年护理院供给不足，需要医疗护理的残疾老人的需求无法满足，医院和家庭负担沉重

老龄化导致老年人带病生存时间长，养老服务除了提供最基本的生活照料之外，对于医院出院病人，其急性期过后急迫需要接受必要的医疗护理康复服务，普通养老院由于医疗设施及医护人员不足，医疗护理康复服务功能较弱，介于养老院和医院之间的专门为老人提供医疗护理

康复服务的老年护理院恰恰能满足这类老人的特殊需要，在大医院集中治疗之后转入护理院，这对于节省医疗成本、提高老人护理及康复质量、减轻家庭护理负担具有非常积极的意义。但在经济欠发达地区，老年护理院供给不足，生活不能自理而需要长期医疗护理的老年残疾人的需求无法得到满足。案例一中 84 岁的 W 女上，生活完全不能自理，家人多方打听当地哪里有老年护理院，均未找到合适的。缺少老年护理院及专业的护理服务，其后果：一是出院后生活不能自理的老人不得已只能反复住院占用医院床位，既影响优质医疗资源的使用效率，也增加了患者的就医负担，还使其他患者的就医难度增大；二是对于选择居家护理的失能老人家庭而言，由于家人并不具备医疗护理的专业知识和专业技能，这部分老年人往往由于在家无法得到恰当的护理服务，生活质量很低，这类家庭的负担也很沉重。

四 老年残疾人弱势特征叠加现象突出，导致家庭照料资源极其短缺

姚远曾提出，老年残疾人问题是多重问题或多种劣势要素的叠加，由此构成老年残疾人问题的复杂性。[①] 笔者很赞同这一观点。

研究发现，老年残疾人首选的长期照料提供者是配偶，其次是子女，有条件的请保姆代为照料。家庭照料的内容包括经济和物质方面的支持、生活照料方面的支持、心理支持、初级的保健服务支持等。本书发现，老年残疾人弱势特征叠加现象突出，导致家庭照料资源极其短缺，具体表现如下：

（一） 由残疾人婚配特征带来的双残及多残家庭的出现

婚姻对于残疾人而言，不仅涉及其感情生活，更影响到残疾人从家庭获得的生活与服务保障。从 2007—2013 年度全国残疾人状况监测结果看，残疾人的在婚率基本维持在 63% 左右，明显低于全社会 83.1% 的水平。[②] 不仅如此，由于受自身残疾、受教育程度低、经济收入低、

---

① 姚远：《我国老年群体的多标志特征及相关政策构建——基于北京市老年残疾人的视角》，《人口与经济》2009 年第 2 期。

② 中国残联研究室等：《2013 年度全国残疾人状况及小康进程监测报告》，中残联网站（http：//www. cdpf. org. cn/ggtz/content/2014-07/30/content_ 30458722. htm）。

社会地位低、社会生活参与度低以及社会上传统的世俗观念等的影响，残疾人择偶面很狭窄，就形成了生活中很多残—残结合的婚姻模式。这种夫妻双残家庭到了老年阶段，照料资源严重缺乏，老年风险高于一般家庭，遇到的生活困难极大。

如案例六中的 P 女士和案例七中的 G 先生，均为视力残疾，他们的配偶也都同样是视力残疾人。案例六中的 P 女士，67 岁，以前是盲人按摩医生，在访谈中她说，"我们盲人最大的困难是出门难，自己出不去，平时买菜或去商场、超市购物是老年盲人最大的困难。我家离菜市场有一两站路，平时买菜都是我孩子周末买好放进我的冰箱里，或是由保姆或朋友帮我买好。我孩子周末回来做些菜，放到冰箱里，我吃的时候热一热就行。我丈夫也是盲人，现在脑梗瘫痪了，起不了床，生活完全不能自理，吃喝拉撒都在床上，靠保姆照料。家里若没有保姆照料他就只能被送养老院了"。这是一个典型的双残+空巢家庭。

（二）由于老龄化和随之而来的老年疾病的增多、老年带病期的延长，有残疾老人的家庭数增多

一些健康人到了老年之后因病导致残疾，原来的健全人家庭转而成为残疾人家庭，原来的单残家庭成为双残家庭或一户多残家庭，原来的一代残疾人家庭成了两代残疾人家庭。随着人均寿命的延长，两代老人家庭也在增多，形成老人照料老人的局面。

如案例五中的 S 女士，87 岁，丧偶，她年轻时很健康，生有 5 个孩子，唯一的儿子因患小儿麻痹症双下肢重度残疾，肢残一级，行走靠双手拄小板凳，现 60 岁，在一家残疾人福利企业工作，刚退休。儿媳 54 岁，已退休，同样也是因小儿麻痹双下肢重度残疾，肢残一级，行走靠拄双拐或轮椅。S 女士年轻的时候对不幸残疾的儿子非常疼惜和照顾，可现在 87 岁的她也因患多种老年疾病成为残疾人了，日常生活全得靠孩子照顾。自从 S 女士生活不能自理以后，几个子女就轮流照顾母亲，一家轮流一个月。S 女士的儿子、儿媳都是重度肢残人，自己生活都很不便，但出于孝心仍坚持照料自己的母亲，轮到他们照顾老人时，儿媳妇就找来一位原来厂里的工友帮忙，这个工友 40 多岁，智力残疾，下岗了，没有收入，她和 S 女士的儿媳住在一起帮忙照料老人，S 女士的儿媳负责这位工友的吃住生活，这位工友则帮忙跑跑腿、买个菜什么

的，实际上是重度肢残人和智力残疾人之间的一种互助。这是一个典型的一户多残+两代残疾+两代老人家庭。随着人均寿命的延长，两代老人的家庭会越来越多，形成老人照料老人的局面。而子代残疾老人照料父代残疾老人所遇到的困难是健康人家庭所无法想象的。

（三）残疾家庭与空巢家庭、独生子女父母家庭等多重弱势特征的叠加

案例十一中的D先生，77岁，年轻时一条腿截肢，肢残二级，以前其生活一直由身体健康的妻子照料，但随着妻子也进入老年，患了腿部疾病，也成为四级肢残，行动不便，在厨房做饭都站不起来，常要坐在凳子上做饭，很不方便。夫妻俩的伙食非常简单。他们的独生子也50多岁了，在外省工作，家也安在外省，一年中只能回家看望父母两三次。D先生的家庭现在成了典型的双残+独生子女父母+空巢家庭，夫妻俩相依为命，日常生活遇到的最大困难就是出门难、买菜难、看病难，购物没人帮着拎，生病去医院没人搀扶，没人陪伴。D先生说："由于我们下肢残疾，公交车上不去，出门打车又打不到，出门太难了。有时靠朋友开车接送我们，但不能总是麻烦朋友啊。"D先生的妻子痛心地说："假如我在路边摔倒了，我手里捏着手机都不知道该打给谁，我能向谁求助？想想这些就特别心酸……"

目前我国城乡空巢家庭已超过50%，部分大中城市已达70%。农村留守老年人口约4000万人，占农村老年人口的37%。[①] 在家庭照料负担沉重与空巢家庭问题叠加交织的形势下，使家庭照料其支撑力越发显得脆弱。

（四）残疾家庭与贫困家庭多重弱势特征的叠加

据官方调查数据，残疾人家庭恩格尔系数仍高于全国平均水平，2012年度，残疾人家庭恩格尔系数为48.5%，比全国居民家庭恩格尔系数37.7%高出10.8个百分点，[②] 表明残疾人家庭生活质量明显落后。

---

① 《中国家庭空巢率超50% "老有所依"该如何实现？》，《光明日报》2016年2月18日，新华网（http://news.xinhuanet.com/politics/2016-02/18/c_ 128730413. htm）。

② 中国残联研究室等：《2012年度全国残疾人状况及小康进程监测报告》，中央政府门户网站（http://www.gov.cn/jrzg/2013-06/26/content_ 2434785. htm）。

2012 年城乡残疾人领取最低生活保障金的比例分别为 22.6% 和 29.9%,[①] 说明残疾人贫困问题仍然突出。中国残联发布的《2012 年度全国残疾人状况及小康进程监测报告》指出，2012 年度残疾人家庭人均可支配收入仅为全国居民家庭人均可支配收入的 56.2%;[②]《2013 年度全国残疾人状况及小康进程监测报告》指出，2013 年度残疾人家庭人均可支配收入仅为全国居民家庭人均可支配收入的 56.7%,[③] 差距明显。案例十中的 B 女士就生活在这样一个典型的双残+贫困家庭，她 68 岁，因患小儿麻痹症导致下肢残疾，早年丧偶，现在与她唯一的 40 多岁的智残儿子生活在一起，母子二人相依为命，作为遗属继续住在丈夫原来所在公司的家属院里，母子二人都无业，靠每月 560 元低保金生活，她丈夫所在公司的残联每月给其生活救济 100 元，这样每月家庭收入 660 元，吃饭勉强够了，如果生病就无钱就医。智残的儿子平时需要服药治疗，贫困使母子俩的日子过得非常窘迫。B 女士说最困难的是陪智残的儿子去医院看病，下肢残疾的老人拖不动 40 来岁的儿子。全家两代残疾+贫困使这类家庭的生活犹如雪上加霜。

本调查结果显示，夫妻双残、两代残疾、一户多残、两代老人、空巢家庭、独生子女父母以及贫困这些弱势特征往往在老年残疾人家庭叠加交织出现，无论是双残+空巢家庭，还是一户多残+两代残疾家庭，或是双残+独生子女父母+空巢家庭，或是残疾+两代老人家庭，或是全家两代残疾+贫困家庭，这些老年残疾家庭的共同特点是——家庭照料资源极度短缺，日常生活中存在着一般健全人难以想象的困难。由此可见，老年残疾人成为养老最为困难的群体。

五　老年残疾人的特殊需求往往被忽略

现有的很多社区居家养老服务项目单一，缺少为残疾老人、高龄老人提供的日托、代购、配餐、送餐、家政服务等生活照料、精神慰藉服

① 中国残联研究室等:《2012 年度全国残疾人状况及小康进程监测报告》，中央政府门户网站（http://www.gov.cn/jrzg/2013-06/26/content_ 2434785.htm）。

② 同上。

③ 中国残联研究室等:《2013 年度全国残疾人状况及小康进程监测报告》，中残联网站（http://www.cdpf.org.cn/ggtz/content/2014-07/30/content_ 30458722.htm）。

务、医疗护理、康复服务、喘息服务等服务内容。调查发现，有的社区挂着社区养老服务中心的牌子，却只设立一个老年人活动室供老年人打麻将、下棋，再无其他服务项目。有关老年残疾人所需要的家庭及社区无障碍设施改造、康复、精神慰藉等特殊需求往往被忽略。社区及商场、医院、影剧院等公共场所的盲道、坡道、电梯、无障碍公厕等无障碍设施不完备或管理不善，也使许多残疾人无法实现出行自由。① 残疾人的特殊困难还表现在视力残疾和肢体残疾老人出行难、购物难、看病难，言语残疾及听力残疾老人精神寂寞，重度残疾老人日常生活困难、家庭照料不堪重负等问题非常突出。在医疗护理服务方面，多数社区医院仅满足于坐诊，不提供针对老年残疾人、患病老人、失能老人的上门服务、家庭病床、专业护理以及康复等业务。另外，社区助老助残服务投入不足、服务设施和专业人员队伍匮乏，一些社区为老年人提供助老助残服务的主要是社区干部、社区志愿者和大学生志愿者，其志愿服务的持续性、有效性、专业性、规范性明显不足。

六　目前老年残疾人的居家养老服务需求远远得不到满足

老年残疾人居家养老服务的供需矛盾突出，其居家养老服务需求远远得不到满足的原因有三：

第一，在社会认知上，残疾人保障属于家庭责任，残疾人只能依靠家人照料。过分夸大家庭照料功能，这种旧观念已成为一种思维定式，健全人对残疾人的生活了解不多，由于残疾人的边缘化，社会及政府对于有关老年残疾人长期照料需求突出，对家庭的依赖性强，老年残疾人弱势特征叠加现象突出导致家庭照料资源极其短缺，老年残疾人已成为养老最为困难的群体的事实认识不清。

第二，在政策设计上，以往养老服务的对象主要集中于城镇的"三无"老人、贫困老人和农村的"五保"老人，对非"三无"、"低保"、"五保"的残疾老人关注不足，在一定程度上忽略了老年残疾人的特殊困难及特殊需求。据统计，截至 2012 年底，全国社区留宿和日

---

① 赵蓓蓓：《中国社会残疾人渐边缘化　出行障碍更为突显》，中国新闻网（http：//www. chinanews. com/gn/2011/09-27/3355532. shtm）。

间照料床位为 19.8 万张，城市和农村社区居家养老覆盖率分别为 41%和 16%,① 距离国家提出的"十二五"期间要达到的城市 100%、农村50% 的目标相去甚远。残疾人社区服务覆盖率 2011 年为 31.7%,② 2012年为 43.6%。③ 正是由于机构养老和社区居家养老服务供给不足，老年残疾人主要依靠家庭照料，其家庭负担异常沉重。家庭照料者的就业、收入、发展的机会乃至身心健康也都深受其影响。

第三，在对老年残疾的界定上存在的严重误区，阻碍了政府和社会为有需要的老年残疾人提供相应的助老和助残服务。很多老年残疾人及其家属、各级政府领导及公务人员、社区工作者，误认为只有因伤或因先天原因造成身体残障才算是残疾人，而不把因老年疾病导致的失能半失能划归残疾范围，自认为那是衰老或是疾病，而不是残疾。残疾人证是残障人士享受国家提供的相应政策补贴和助残服务的身份凭证和依据，一些城市社区开展助老助残服务（尤其是由政府埋单的服务）均是以持有残疾人证作为服务对象界定的依据。本研究课题组的问卷调查结果也显示，仅有 30.2% 的老年残疾人持有残疾人证，残障老人没有领取残疾人证的比例高达近 70%，这成为阻碍残疾人津贴制度受益面扩大，阻碍政府与社会为有需要的老年残疾人提供相应的助老和助残服务的主要原因之一。而老年残疾人持证率低又与社会对老年残疾界定存在误区及老年残疾人认知上的传统观念密切相关。

第三节　研究结论

一　本调查的代表性

随着人口老龄化程度的不断加深，高龄老人、失能老人、残疾老

---

①　《全国养老服务体系建设工作会议在乌兰察布市召开》，全国老龄工作委员会办公室网站（http://news.hexun.com/2013-08-19/157212419.html）。

②　张磊、吕庆喆、陈新民：《2011 年度全国残疾人状况及小康进程监测报告（下）》，《残疾人研究》2012 年第 4 期。

③　中国残联研究室等：《2012 年度全国残疾人状况及小康进程监测报告》，中央政府门户网站（http://www.gov.cn/jrzg/2013-06/26/content_2434785.htm）。

人、慢性病老人、空巢老人、无子女老人和失独老人将持续增多。其中，特别应该注意的是，未来几十年，伴随着人口老龄化的加速，我国老年残疾人的规模会加速扩大。这些都使得社会养老服务需求不断增加。

养老已不是家庭成员的独立责任已成为社会共识。近年来，我国正在逐步建立以居家为基础、社区为依托、机构为支撑的养老服务体系。但总体上看，城乡间、区域间发展还很不平衡，养老服务和产品供给不足、市场发育不完善、养老服务的扶持政策不健全、体制机制不完善等问题还十分突出。尤其是在西部地区，受家庭经济条件以及我国养老服务体系整体建设滞后等因素的影响，很多老年残疾人面临养老机构进不去、家庭养老资源极度短缺、社区居家养老服务覆盖不上的尴尬境地。完善老年残疾人居家养老服务成为推进我国社会养老服务体系建设的主要议题之一。

基于我国地区间社会经济发展差异大的现实，作为西部最大的中心城市之一和西部典型的省会城市，研究西安市老年残疾人居家养老的典型个案，梳理并掌握老年残疾人在养老服务需求方面的特殊性，剖析其养老所面临的困境，对于整个西部地区乃至全国都具有借鉴意义。

二　健康老人与残疾老人社区居家养老服务需求的比较分析

通过问卷调查与对老年残疾人的个案访谈，我们了解了老年残疾人在社区居家养老服务需求方面与健康老年人的服务需求相比既有共同性，也有特殊性。老年人群体按照不同的区分标志可划分为不同的亚群体，按照年龄可区分为低龄老人、中龄老人和高龄老人；按照收入水平可区分为高收入老人、中等收入老人、低收入老人和贫困老人；按照居住地可区分为农村老人和城市老人；按照生活自理能力可区分为自理老人、基本自理老人、半失能老人和失能老人；按照健康状况可区分为健康老人和残疾老人；等等。本书研究的对象群体是残疾老人，根据我们对调查结果的分析，并把残疾老人与健康老人在居家养老服务方面的需求进行比较，可以明显看出老年残疾人在社区居家养老服务需求上的特殊性（见表5—3）。

表 5—3　　　健康老人与老年残疾人居家养老服务需求比较

居家养老服务需求	服务内容	健康老人	老年残疾人		
			基本自理	半失能	失能
家政服务	清洁、修理、水电、电脑服务、陪购代购、宠物代管等	部分需要	需要	很需要	迫切需要
日常生活照料	洗澡、穿衣、修饰以及做饭、洗衣、理财等	暂不需要	部分需要	很需要	迫切需要
餐饮服务	配餐、送餐	部分需要	需要	很需要	迫切需要
医疗保健服务	提供疾病防治、康复护理、健康教育、心理卫生、建立健康档案、开设家庭病床	需要	需要	很需要	迫切需要
精神慰藉	提供相应的精神慰藉、文化娱乐服务，如学习新知识、阅读、唱歌跳舞、运动、棋牌、社交、聊天、读报、参观、旅游、志愿者慰问、社区关怀、陪伴服务、心理护理、临终关怀等	需要	需要	很需要	迫切需要
康复服务	康复知识普及与康复咨询、康复训练、康复指导、辅助器具服务、心理疏导服务等	暂不需要	需要	很需要	迫切需要
护理服务	对失能半失能老人的生命体征监测、伤口护理、褥疮护理、慢性疾病营养指导、失禁护理、便秘处理、辅助设备使用、肌肉关节的锻炼、老人常见问题的心理疏导、与老人的沟通技巧、鼻饲指导、药物使用知识、慢性病预防指导	暂不需要	需要	很需要	迫切需要
接送服务	外出就医、购物、办事的接送服务	部分需要	部分需要	很需要	迫切需要
日托中心	膳食供应、个人照顾、保健康复、午休休闲娱乐、精神慰藉、紧急援助等日间服务	暂不需要	需要	很需要	迫切需要

续表

居家养老 服务需求	服务 内容	健康 老人	老年残疾人		
			基本自理	半失能	失能
紧急呼叫、 安全援助	独居老人在家有突发事件时可以通过一键呼叫系统获得紧急救援服务	需要	需要	很需要	迫切 需要
无障碍 设施改造	社区无障碍、家庭无障碍改造，如设无障碍浴室、设浴室扶栏和抓栏、无障碍厨房、无障碍卧室、改造室外坡道和室内坡化、配发坐便器、闪光门铃、手写板、盲杖等无障碍用品	需要	需要	迫切 需要	迫切 需要
法律维权	为老年人提供法律咨询、法律援助及维护老年人赡养、财产、婚姻等合法权益活动	需要	需要	需要	需要

通过表 5—3 可以看出，不仅健康老人与残疾老人在居家养老服务需求上存在着差别，而且残疾老人由于残疾程度和生活自理能力不同，导致基本自理的残疾老人（残疾等级多为三级、四级的中轻度残疾人）、半失能的残疾老人和失能的残疾老人（残疾等级多为一级、二级的中重度残疾人）在居家养老服务需求上也存在着差别。

在对包含清洁、修理、水电、电脑服务、陪购代购、宠物代管等内容的家政服务需求方面，所有老年人都表现出有需求，但又存在程度之分，表现为部分需要、需要、很需要、迫切需要的不同层次。比如家庭居室的清洁，健康老人可以基本独立完成扫地、拖地板等家务，擦窗户玻璃、整理高处物品等就不能胜任了，需要他人协助来完成；半失能和失能的老人对家中基本的清洁、修理等家务都无法完成，特别是完全失能的残疾老人迫切需要他人来完成这些工作。

日常生活照料方面，健康老人和基本自理的残疾老人一般可以独立完成，但半失能和失能的残疾老人则无法完成洗澡、洗衣、做饭等，失能老人迫切需要他人来完成。

各类老人对医疗保健服务都有需求，包括疾病防治、康复护理、心理卫生、健康教育、建立健康档案、开设家庭病床在内，其中，残疾老人对康复护理以及开设家庭病床的需求更为突出。

所有老年人都有精神慰藉的需求，这一点是共同的，但在精神慰藉的具体内容方面，健康状况不同的老人又存在需求上的差别。如健康老人由于身体条件允许，他们更多地需要参加唱歌跳舞、旅游、棋牌、学习等文化娱乐活动和社交活动来满足自己在精神层面的需求；而失能半失能的残疾老人由于身体条件受限无法参加这些文化娱乐活动，所以就对聊天、读报、志愿者慰问、社区关怀、陪伴服务、心理护理、临终关怀等更为需要。

而康复服务、护理服务、喘息照料、接送服务、日托中心、无障碍设施改造等都是针对残疾老人设置的居家养老服务项目，尤其是失能和半失能的残疾老人对这些服务项目的需求极为迫切。比如无障碍设施改造，如果没有社区无障碍设施改造，残疾老人进出社区就会存在困难，影响到残疾老人与他人的正常社交活动和参与社区活动；如果没有家庭无障碍设施改造，没有为肢残老人设无障碍浴室，设浴室扶栏和抓栏、无障碍厨房、无障碍卧室，改造室外坡道和室内坡化，为听力残疾老人配发闪光门铃、手写板，为视力残疾老人配发盲杖等无障碍用品，残疾老人的生活质量就会受到严重影响。有些残疾老人正是由于其居住环境缺少无障碍设施，常年出不了家门，甚至常年晒不到太阳、见不到外人，缺少与他人的正常交流，身心都受到不利影响。

康复就是针对残疾人而言的，残疾人康复服务包括康复医疗服务、康复训练指导服务（立足残疾人家庭，充分利用社区康复设施，指导各类残疾人开展康复训练、制订计划、传授方法、制作训练器具、矫形器使用、评估效果等）、心理支持服务、康复知识普及服务、用品用具服务和转介服务。其中，就残疾人用品用具服务而言，第二次全国残疾人抽样调查主要数据手册显示，有辅助器具需求的残疾人占 38.56%。伴随着社会的进步发展，残疾人尤其是老年残疾人对辅助器具康复需求日益强烈，他们期望借助辅助器具，能够补偿生理功能、提升生活自理能力和生活质量，进而借助无障碍环境设施实现融入社会的目的。其中，重度肢体残疾人的主要障碍和辅具需求如表5—4所示。

表 5—4　　　　　　重度肢体残疾人的主要障碍和辅助器具需求

	残疾类型	主要障碍	需求辅具
肢体一级残疾表现	1. 四肢瘫：四肢运动功能重度丧失	日常生活自理、移动、代步	护理床、高靠背轮椅、防压疮床垫、床上餐桌
	2. 截瘫：双下肢运动功能完全丧失	生活自理、移动、二便	高靠背轮椅、防压疮坐垫、坐便椅、洗浴椅
	3. 偏瘫：一侧肢体运动功能完全丧失	移动、翻身、二便、生活自理	高靠背轮椅、坐便椅、洗浴椅
	4. 单全上肢和双小腿缺失	生活自理、二便、移动	高靠背轮椅、坐便椅、洗浴椅
	5. 单全下肢和双前臂缺失	生活自理、进食、二便、移动	高靠背轮椅、坐便椅、洗浴椅
	6. 双上臂和单大腿（或单小腿）缺失	生活自理、进食、二便、移动	高靠背轮椅、坐便椅、洗浴椅
	7. 双全上肢或双全下肢缺失	生活自理、进食、二便、移动	高靠背轮椅、坐便椅、洗浴椅
	8. 四肢在不同部位缺失	生活自理、进食、二便、移动	高靠背轮椅、坐便椅、洗浴椅
	9. 双上肢功能极重度障碍或三肢功能重度障碍	生活自理、进食、二便、移动	高靠背轮椅、坐便椅、洗浴椅
肢体二级残疾表现	1. 偏瘫或截瘫，残肢保留少许功能（不能独立行走）	生活自理、移动、如厕、洗浴、压疮	护理床、高靠背轮椅、防压疮床垫、床上餐桌、起身绳梯
	2. 双上臂或双前臂缺失	生活自理、生活自助	生活自助具
	3. 双大腿缺失	移动、如厕、洗浴	功能轮椅、小便椅、洗浴椅
	4. 单全上肢和单大腿缺失	移动、取物、如厕、洗浴	功能轮椅、防压疮坐垫、取物器、坐便器

续表

残疾类型	主要障碍	需求辅具
5. 单全下肢和单上臂缺失	移动、取物、如厕、洗浴	功能轮椅、防压疮坐垫、取物器
6. 三肢在不同部位缺失（除外一级中的情况）	移动、取物、如厕、洗浴	功能轮椅、防压疮坐垫、小便器
7. 二肢功能重度障碍或三肢功能中度障碍	移动、取物、如厕、洗浴	功能轮椅、防压疮坐垫

　　例如，对于重度肢体类残疾人适配辅助器具，如带坐便的护理床——可以改善重度残疾人坐起、起身、翻身、吃饭、看书、写字、排泄等障碍；适配防褥疮床垫——可以改善重度残疾人背部支撑、预防及减轻压疮；适配高靠背坐便轮椅——可以提高运动功能，减少并发症，提高生活自助能力；适配洗浴椅——可以改善重度残疾人洗浴安全、如厕问题；适配起身绳梯——可以改善重度残疾人独立床上起身活动问题；适配长柄取物器——可以辅助重度残疾人夹取遥控器、眼镜、手机等小件物品；适配轮椅——可以使下肢残疾老人改善出行条件；盲人听书机和智能阅读器——可以使视力残疾的老人更方便地获取外界信息；等等。总之，老年残疾人迫切需要康复知识普及与康复咨询、康复训练、康复指导、辅助器具服务、心理疏导等康复服务。康复服务可以极大地提升老年残疾人的生活自理能力、自助能力和生活质量。

　　喘息服务主要是为了支持家庭照顾者的服务方案，让家庭照顾者得到暂时休息的机会，是对家庭照护资源的一种保护。喘息服务的服务对象是家庭照顾者，当家庭照顾者有事或生病的时候，就可以将家中需要照护的失能老年人托付给专业机构或者专业人员照护。这样不仅可以缓解家庭照护者的压力，也能保证失能老年人受到专业照顾。喘息服务分为居家喘息与机构喘息，机构喘息又可分为护理之家或者其他养护机构；居家喘息有专业的护理人员，也有志愿者。喘息服务是重度残疾的老年人家庭迫切需要的一项服务。

运送服务对残疾老人同样是急迫需要的，因为健康老人或低龄老人可以乘坐公交车或出租车实现出行，甚至自驾轿车出行，但残疾老人却面临公交车上不去、出租车叫不到的困境（现实生活中坐轮椅的老年残疾人常会遇到被出租车拒载的情形），出行成为残疾老人出门就医、购物、办事遇到的一大难题。残疾老人迫切需要有专门接送行动不便的残疾老人和高龄老人的接送服务，以实现方便出行。

紧急呼叫、安全援助对独居老人、失独老人而言更显重要。

综上分析，健康老人与残疾老人在社区居家养老服务需求上存在的差别是显而易见的，只有了解和掌握不同老年人群对社区居家养老服务的需求的异同，了解并掌握老年残疾人在社区居家养老服务需求方面的特殊性，才有可能在老年残疾人社区居家养老服务供给体系的构建中更有针对性地实现服务的人性化、精细化，从而实现老年残疾人社区居家养老服务的可及性和可获得性。

第六章

西部地区老年残疾人社区居家养老服务供给体系分析

　　社区居家养老作为一种养老方式，既与传统的家庭养老和机构养老不同，又具有家庭养老和机构养老的优点，在成本低、覆盖面广、服务方式灵活、能充分利用社会和社区资源、能照顾到老年人不愿离开家和熟悉的生活环境的心理需求、便利性、舒适度、经济性、安全性突出等方面都具有其自身的优势，是适合中国国情的养老方式。自 2008 年全国老龄委联合发改委、民政部等十部委下发《关于全面推进居家养老服务工作的意见》至今，社区居家养老不仅上升成为我国应对老龄化挑战的根本战略，更成为广大老年人养老方式的首选。然而，完善的社区居家养老服务供给体系的建设并不是一蹴而就的，需要一个长期的过程，其必然受到国家政策、政府财力、经济社会发展水平、社会认知度、公众参与度、社会管理水平等多种因素的影响。

　　正如在第一章中所分析的，老年残疾人是老年人中的一部分，老年残疾人社区居家养老服务供给体系也就是全社会社区居家养老服务供给体系。作为服务供给体系而言，二者是同一的。区别只是在于针对老年残疾人的社区居家养老服务供给体系在服务内容上要比全社会社区居家养老服务供给体系更为丰富，更关注到老年残疾人对服务需求的特殊性。本章从政策法律环境分析、东部地区的探索、西部地区的实践等角度，研究支撑我国老年残疾人社区居家养老服务供给体系的法律法规及政府相关政策构成、内容及政策效应，对我国东西部不同地区老年残疾人社区居家养老服务供给体系进行比较研究，吸取有益经验、启示和借鉴，研究西部地区老年残疾人社区居家养老服务供给体系的现状、特点及面临的困境，分析阻碍西部地区老年残疾人社区居家养老服务发展的因素，厘清目前我国西部地区老年残疾人社区居家养老服务供给体系的现状与问题。

第一节　支撑我国老年残疾人社区居家养老服务供给体系的政策环境分析

一　法律为构建老年残疾人社区居家养老服务体系提供了制度支撑

我国老年残疾人社区居家养老服务相关法律体系可以分为宪法，基本法律，行政法规、行政规章、国家规划及政策性文件，以及地方行政规章及政策性文件这四个层次。相关法律有针对老年人群体的，也有针对残疾人群体的（见表6—1）。

表6—1　　　我国老年残疾人社区居家养老服务相关法律体系

层级	形式	法律、法规、规章名称	制定和颁布机关	颁布时间
第一层级	宪法	《中华人民共和国宪法》	全国人民代表大会	1982 年颁布，历经 1993 年、1999 年、2004 年三次修订
第二层级	基本法律	《中华人民共和国老年人权益保障法》	全国人民代表大会常务委员会	1996 年 8 月 29 日八届全国人大常委会第 21 次会议通过；2012 年修订并公布，自 2013 年 7 月 1 日起施行
		《中华人民共和国残疾人保障法》	全国人民代表大会常务委员会	1990 年 12 月 28 日第七届全国人民代表大会常务委员会第十七次会议通过，1991 年施行；2008 年修订，自 2008 年 7 月 1 日起施行

续表

层级	形式	法律、法规、规章名称	制定和颁布机关	颁布时间
第三层级	行政法规、行政规章、国家规划及政策性文件	《国务院办公厅转发全国老龄委办公室和发展改革委等部门〈关于加快发展养老服务业的意见〉的通知》	国务院办公厅转发全国老龄委办公室、发展改革委等制定	2006 年 2 月
		《国务院办公厅关于发展家庭服务业的指导意见》（国办发〔2010〕43 号）	国务院办公厅	2010 年 9 月
		《国务院关于加快发展养老服务业的若干意见》（国发〔2013〕35 号）	国务院	2013 年 9 月
		《关于全面推进居家养老服务工作的意见》	全国老龄委办公室、发展改革委等十部门联合下发	2008 年 1 月
		国务院办公厅《关于政府向社会力量购买服务的指导意见》（国办发〔2013〕96 号）	国务院办公厅	2013 年 9 月
		《民政部关于推进养老服务评估工作的指导意见》	民政部	2013 年 10 月
		民政部、国家标准化管理委员会、商务部、国家质量监督检验检疫总局、全国老龄工作委员会办公室《关于加强养老服务标准化工作的指导意见》	民政部、国家标准化管理委员会、商务部、国家质量监督检验检疫总局、全国老龄工作委员会办公室	2014 年 1 月

层级	形式	法律、法规、规章名称	制定和颁布机关	颁布时间
		九部门《关于加快推进养老服务业人才培养的意见》	教育部、民政部、国家发展改革委、财政部、人力资源和社会保障部、国家卫生计生委、中央文明办、共青团中央、全国老龄办	2014 年 6 月
		《中央专项彩票公益金支持农村幸福院项目管理办法》	民政部	2013 年 4 月
		《民政事业发展第十三个五年规划》	民政部、发展改革委员会	2016 年 6 月
		《关于中央财政支持开展居家和社区养老服务改革试点工作的通知》	民政部、财政部	2016 年 7 月
		《中共中央国务院关于促进残疾人事业发展的意见》	中共中央、国务院	2008 年 4 月
		《国务院办公厅转发中国残联等部门和单位关于加快推进残疾人社会保障体系和服务体系建设指导意见的通知》（国发办〔2010〕19 号）	国务院办公厅	2010 年 3 月
		关于印发《关于加快发展残疾人托养服务的意见》的通知	中国残联、发展改革委、民政部、财政部、人力资源和社会保障部、国土资源部、人民银行、税务总局	2012 年 8 月

续表

层级	形式	法律、法规、规章名称	制定和颁布机关	颁布时间
		《关于做好政府购买残疾人服务试点工作的意见》（财社〔2014〕13号）	民政部	2014年5月
		《关于全面建立困难残疾人生活补贴和重度残疾人护理补贴制度的意见》（国发〔2015〕52号）	国务院	2015年9月
		民政部、中国残联关于贯彻落实《国务院关于全面建立困难残疾人生活补贴和重度残疾人护理补贴制度的意见》的通知（民函〔2015〕274号）	民政部、中国残联	2015年10月
第四层级	地方行政规章及政策性文件	《陕西省实施〈中华人民共和国老年人权益保障法〉办法》	陕西省人大	2012年3月29日陕西省第十一届人民代表大会常务委员会第二十八次会议修订
		《陕西省社会养老服务体系建设规划（2011—2015年）》	陕西省人民政府办公厅	2012年
		《陕西省人民政府办公厅关于鼓励和引导社会资本进入养老服务领域的若干意见》	陕西省人民政府办公厅	2013年
		陕西省《关于开展"社会养老服务体系建设推进年"活动暨启动"敬老爱老助老工程"的实施意见》（陕民发〔2012〕19号）	陕西省民政厅	2012年
		《甘肃省重度残疾人护理补贴资金管理办法》	甘肃省残联	2013年

续表

层级	形式	法律、法规、规章名称	制定和颁布机关	颁布时间
		《陕西省残疾人生活补贴实施意见》	陕西省残联	2011 年
		《陕西省人民政府关于进一步完善困难残疾人生活补贴和重度残疾人护理补贴制度的实施意见》	陕西省人民政府	2016 年
		《陕西省人民政府关于加快推进残疾人小康进程的实施意见》	陕西省人民政府	2015 年

（一）第一层级的法律体系

《中华人民共和国宪法》第十四条规定，国家建立健全同经济发展水平相适应的社会保障制度。第四十五条规定，中华人民共和国公民在年老、疾病或者丧失劳动能力的情况下，有从国家和社会获得物质帮助的权利。国家发展为公民享受这些权利所需要的社会保险、社会救济和医疗卫生事业。国家和社会帮助安排盲、聋、哑和其他有残疾的公民的劳动、生活和教育。

（二）第二层级的法律体系

作为国家基本法律的《中华人民共和国老年人权益保障法》、《中华人民共和国残疾人保障法》分别对维护老年人和残疾人的合法权益做出了明确规定。

《中华人民共和国残疾人保障法》第六章规定"政府和社会采取措施，完善对残疾人的社会保障，保障和改善残疾人的生活"、"政府有关部门和残疾人组织应当建立和完善社会各界为残疾人捐助和服务的渠道，鼓励和支持发展残疾人慈善事业，开展志愿者助残等公益活动"[1]；第七章中则强调"国家和社会应当采取措施，逐步完善无障碍设施，推进信息交流无障碍，为残疾人平等参与社会生活创造无障碍环境。各

---

[1] 《中华人民共和国残疾人保障法》。

级人民政府应当对无障碍环境建设进行统筹规划，综合协调，加强监督管理。无障碍设施的建设和改造，应当符合残疾人的实际需要。新建、改建和扩建建筑物、道路、交通设施等，应当符合国家有关无障碍设施工程建设标"①。

《中华人民共和国老年人权益保障法》第一章第三条"国家保障老年人依法享有的权益"中明确指出，老年人有从国家和社会获得物质帮助的权利，有享受社会服务和社会优待的权利，有参与社会发展和共享发展成果的权利。第四条指出，国家和社会应当采取措施，健全保障老年人权益的各项制度，逐步改善保障老年人生活、健康、安全以及参与社会发展的条件，实现老有所养、老有所医、老有所为、老有所学、老有所乐。第五条指出，国家建立和完善以居家为基础、社区为依托、机构为支撑的社会养老服务体系。第四章对老年人的社会服务有明确的规定："地方各级人民政府和有关部门应当采取措施，发展城乡社区养老服务，鼓励、扶持专业服务机构及其他组织和个人，为居家的老年人提供生活照料、紧急救援、医疗护理、精神慰藉、心理咨询等多种形式的服务。对经济困难的老年人，地方各级人民政府应当逐步给予养老服务补贴"②、"各级人民政府和有关部门在财政、税费、土地、融资等方面采取措施，鼓励、扶持企业事业单位、社会组织或者个人兴办、运营养老、老年人日间照料、老年文化体育活动等设施"。③ 第四十一条指出，政府投资兴办的养老机构，应当优先保障经济困难的孤寡、失能、高龄等老年人的服务需求。

（三）第三层级的法律体系

第三层级的法律体系由与老年残疾人居家养老相关的行政法规、行政规章、政策性文件等组成。从内容上又可分为针对老年人的和针对残疾人的行政法规、行政规章、政策性文件。

1. 以老年人为保障对象的相关的行政法规、行政规章、政策性文件

2006 年全国老龄委办公室、发展改革委等部委制定的，由国务院

---

① 《中华人民共和国残疾人保障法》。

② 《中华人民共和国老年人权益保障法》。

③ 同上。

办公厅转发的《关于加快发展养老服务业的意见》指出，养老服务业是为老年人提供生活照顾和护理服务，满足老年人特殊生活需求的服务行业。随着经济社会的发展，人民生活水平的提高，社会生活方式的转变，老年群体在日常生活照顾、精神慰藉、心理支持、康复、护理、临终关怀、紧急救助等方面呈现出日益增长的需求。妥善处理人口老龄化问题，关心老年人的需求，加快发展养老服务业，是贯彻落实科学发展观、坚持以人为本的具体体现。该《意见》还指出，地方各级人民政府要不断加大投入，建立健全老年福利服务体系，为城乡无劳动能力、无生活来源、无赡养人的老年人和生活困难的老年人提供无偿或低收费服务，保障他们的基本生活。鼓励发展居家老人服务业务。要通过政策引导，鼓励社会资本投资兴办以老年人为对象的老年生活照顾、家政服务、心理咨询、康复服务、紧急救援等业务，向居住在社区（村镇）家庭的老年人提供养老服务，为他们营造良好的生活环境。

2008 年 1 月 29 日全国老龄委办公室、发展改革委、教育部、民政部等十部门联合下发的《关于全面推进居家养老服务工作的意见》（以下简称《意见》）对"居家养老服务"做了明确的界定，居家养老服务是指政府和社会力量依托社区，为居家的老年人提供生活照料、家政服务、康复护理和精神慰藉等方面服务的一种服务形式。它是对传统家庭养老模式的补充与更新，是我国发展社区服务，建立养老服务体系的一项重要内容。《意见》指出，全面推进居家养老服务，是破解我国日趋尖锐的养老服务难题，切实提高广大老年人生命、生活质量的重要出路；是弘扬中华民族尊老敬老优良传统，尊重老年人情感和心理需求的人性化选择；是促进家庭和谐、社区和谐和代际和谐，推动社会主义和谐社会建设的重要举措；也是加快发展服务业，扩大就业渠道和促进经济增长的重要途径。《意见》还提出了八项保障措施：制定居家养老服务发展规划；加大政府投入力度，合理配置资源；贯彻落实支持居家养老服务的优惠政策；整合资源，建立和完善社区居家养老服务网络；加强专业化与志愿者相结合的居家养老服务队伍建设；积极培育和发展居家养老服务组织；建立居家养老服务管理体制；切实加强对居家养老服务工作的领导。这是中央政府首次专门针对居家养老服务出台的政策文件，具有里程碑的意义。该《意见》明确了居家养老服务的重要意义、基本任务和保障措施，为居家养老服务发展指明了方向。以此为标志，中国居家养老服务政策步入发展时期。

2010 年 9 月《国务院办公厅关于发展家庭服务业的指导意见》（国办发〔2010〕43 号）指出，家庭服务业是以家庭为服务对象，向家庭提供各类劳务，满足家庭生活需求的服务行业。大力发展家庭服务业，对于增加就业、改善民生、扩大内需、调整产业结构具有重要作用。提出立足国情，从现阶段实际出发，坚持市场运作与政府引导相结合，大力推进家庭服务业市场化、产业化、社会化；坚持政策扶持与规范管理相结合，积极实施扶持家庭服务业发展的产业政策。坚持满足生活需求与促进经济结构调整相结合，通过发展家庭服务业，为家庭提供多样化、高质量服务，带动相关服务行业发展，扩大服务消费；坚持促进就业与维护权益相结合，努力吸纳更多劳动者尤其是农村富余劳动力转移就业，妥善处理好家庭服务机构、家庭与从业人员之间的关系，维护好从业人员合法权益。发展目标为：到 2015 年，建立完善发展家庭服务业的政策体系和监管措施，形成多层次、多形式共同发展的家庭服务市场和经营机构，家庭服务供给与需求基本平衡；从业人员数量显著增加，职业技能水平不断提高，劳动权益得到维护。到 2020 年，惠及城乡居民的家庭服务体系比较健全，能够基本满足家庭的服务需求，总体发展水平与全面建设小康社会的要求相适应。统筹规划家庭服务业发展，制定实施发展规划；统筹各类业态发展，重点发展家政服务、养老服务、社区照料服务和病患陪护服务等业态，满足家庭的基本需求，加快基本养老服务体系建设，积极发展社区日间照料中心和专业化养老服务机构，支持社会力量参与公办养老服务设施的运营，开展多层次的养老服务，鼓励发展残疾人居家服务；培育家庭服务市场；推进公益性信息服务平台建设；发挥社区的重要作用。

2013 年 9 月《国务院关于加快发展养老服务业的若干意见》（国发〔2013〕35 号）提出，积极应对人口老龄化，加快发展养老服务业，不断满足老年人持续增长的养老服务需求，是全面建成小康社会的一项紧迫任务，有利于保障老年人权益，共享改革发展成果，有利于拉动消费、扩大就业，有利于保障和改善民生，促进社会和谐，推进经济社会持续健康发展。提出的发展目标是——到 2020 年，全面建成以居家为基础、社区为依托、机构为支撑的，功能完善、规模适度、覆盖城乡的养老服务体系。养老服务产品更加丰富，市场机制不断完善，养老服务业持续健康发展。要统筹规划发展城市养老服务设施，大力发展居家养老服务网络，大力加强养老机构建设，切实加强农村养老服务，繁荣养老服务消费市场，积极推进医疗卫生与养老服务相结合。并提出了完善投融资政策、完善土地供应政策、完善税费优惠政策、完善补贴支持政策、完善人才培养和就业政策、鼓励公益慈善组织支持养老服务等政策措施。

2013 年 9 月 26 日，国务院办公厅下发《关于政府向社会力量购买服务的指导意见》，对政府向社会组织，以及企业、机构等社会力量购买服务做出系统安排和全面部署，填补了我国政府购买服务政策领域的空白。这是新一届国务院对进一步转变政府职能、改善公共服务作出的重大部署，明确要求在公共服务领域更多利用社会力量，加大政府购买服务力度。依法在民政部门登记成立或经国务院批准免于登记的社会组织成为购买服务的重要承接主体。实践证明，推行政府向社会力量购买服务是创新公共服务提供方式、加快服务业发展、引导有效需求的重要途径，对于深化社会领域改革，推动政府职能转变，整合利用社会资源，增强公众参与意识，激发经济社会活力，增加公共服务供给，提高公共服务水平和效率，都具有重要意义。

2013 年 10 月民政部为推动建立统一规范的养老服务评估制度，发布了《民政部关于推进养老服务评估工作的指导意见》（民发〔2013〕127 号），指出养老服务评估，是为科学确定老年人服务需求类型、照料护理等级以及明确护理、养老服务等补贴领取资格等，由专业人员依据相关标准，对老年人生理、心理、精神、经济条件和生活状况等进行的综合分析评价工作。从评估时间上可以分为首次评估（准入评估）和持续评估（跟踪式评估）。建立健全养老服务评估制度，是推进社会养老服务体系建设，提升养老服务水平，充分保障经济困难的孤寡、失能、高龄、"失独"等老年人服务需求的迫切需要；是合理配置养老服务资源，充分调动和发挥社会力量参与，全面提升养老机构服务质量和运行效率的客观要求。评估应坚持的原则包括权益优先，平等自愿；政府指导，社会参与；客观公正，科学规范；试点推进，统筹兼顾。目标是到"十二五"末，力争建立起科学合理、运转高效的长效评估机制，基本实现养老服务评估科学化、常态化和专业化。推进养老服务评估工作的主要任务有：探索建立评估组织模式；探索完善评估指标体系；探索完善评估流程；探索评估结果综合利用机制；探索建立养老评估监督机制。对于经评估属于生活长期不能自理、经济困难的老年人，可以根据其失能程度等情况作为给予护理补贴依据；对于经评估属于经济困难的老年人，可以给予养老服务补贴。

农村养老服务一直是我国养老服务的短板。2013 年 4 月民政部颁布的《中央专项彩票公益金支持农村幸福院项目管理办法》为农村养老服务项目专项资金补助做出了规范。该《办法》所称中央专项彩票公益金支持农村幸福院项目是指 2013 年至 2015 年由财政部安排中央专项彩票公益金，支持开展的农村幸福院设施修缮和设备用品配备等工作。农村幸福院，是指由村民委员会进行管理，为农村老年人提供就餐、文化娱乐等照料服务的公益性活动场所。它包括农村老年人日间照料中心、托老所、老年灶、老年人活动中心等。用于项目的中央专项彩票公益金，应当坚持公开透明、规范管理和专款专用的安排使用原则。

2014 年 1 月 26 日民政部、国家标准化管理委员会、商务部、国家质量监督检验检疫总局、全国老龄工作委员会办公室联合发布了《关于加强养老服务标准化工作的指导意见》。该《意见》提出养老服务标准化工作的总体目标是：到 2020 年，基本建成涵盖养老服务基础通用标准，机构、居家、社区养老服务标准，管理标准和支撑保障标准，以及老年人产品用品标准，国家、行业、地方和企业标准相衔接，覆盖全面、重点突出、结构合理的养老服务标准体系；基本形成规范运转的养老服务标准化建设工作格局；标准制定、实施和监管水平明显提升；标准化试点示范工作和专业人才队伍建设逐步完善，行业标准化意识和规范化意识显著增强，安全、便利、诚信的养老服务消费市场环境基本形成。

2014 年 6 月，教育部、民政部、国家发展改革委、财政部、人力资源和社会保障部、国家卫生计生委、中央文明办、共青团中央、全国老龄办等九部门联合出台了《关于加快推进养老服务业人才培养的意见》，进一步明确了关于加快推进养老服务业人才培养的总体思路、工作目标、任务措施和组织保障。该《意见》指出，现阶段我国养老服务业人才培养存在规模小、层次单一、质量参差不齐等问题，一定程度上制约了养老服务业的快速发展。该《意见》明确了加快推进养老服务相关专业教育体系建设、全面提高养老服务相关专业教育教学质量、大力加强养老服务从业人员继续教育、积极引导学生从事养老服务事业等方面的举措，其中包括推行养老服务相关专业"双证书"制度。根据该《意见》，加快推进养老服务业人才培养的工作目标是，力求到2020年基本建立以职业教育为主体，应用型本科和研究生教育层次相互衔接，学历教育和职业培训并重的养老服务人才培养培训体系，培养一支数量充足、结构合理、质量较好的养老服务人才队伍，适应和满足我国养老服务业发展需求。

2016年7月民政部、财政部发布了《关于中央财政支持开展居家和社区养老服务改革试点工作的通知》，提出为全面贯彻党的十八届五中全会决定提出的"建设以居家为基础、社区为依托、机构为补充的多层次养老服务体系"的精神，落实2016年政府工作报告中提出的"开展养老服务业综合改革试点"的要求，中央财政决定安排中央专项彩票公益金，通过以奖代补方式，选择一批地区进行居家和社区养老服务改革试点，促进完善养老服务体系。重点支持试点地区居家和社区养老服务发展，通过政府扶持、社会力量运营、市场化运作，全面提升居家和社区养老综合服务能力，总结推广居家和社区养老服务发展的可推广、可复制、可持续的经验，引领带动全国居家和社区养老服务发展，巩固居家和社区养老服务在养老服务体系中的基础地位，重点支持居家和社区养老服务发展的7个重点领域，满足绝大多数有需求的老年人在家或社区享受养老服务的愿望。

2. 以残疾人为保障对象的相关的行政法规、行政规章、政策性文件

2008年《中共中央　国务院关于促进残疾人事业发展的意见》在第一条"认清残疾人事业发展的形势"中指出，残疾人是一个数量众多、特性突出、特别需要帮助的社会群体。在第三条"明确促进残疾人事业发展的总体要求"中指出，健全残疾人社会保障制度，加强残疾人服务体系建设，营造残疾人平等参与的社会环境，缩小残疾人生活

状况与社会平均水平的差距，实现残疾人事业与经济社会协调发展。在第九条"发展残疾人社会福利和慈善事业"中明确指出，完善残疾人社会福利政策，逐步扩大残疾人社会福利范围，适当提高残疾人社会福利水平。重点做好残疾老人和残疾儿童的福利服务。在第十三条"健全残疾人服务体系"中指出，针对残疾人特殊性、多样性、类别化的服务需求，建立健全以专业机构为骨干、社区为基础、家庭邻里为依托，以生活照料、医疗卫生、康复、社会保障、教育、就业、文化体育、维权为主要内容的残疾人服务体系。公共服务机构要为残疾人提供优先优惠的服务。残疾人专业服务机构要改善条件，完善功能，规范管理，扩大受益面，提高服务水平。研究制定残疾人服务领域的国家和行业标准，完善行业管理政策，加强对残疾人服务的支持引导和监督管理。在第十五条"发展残疾人服务业"中指出，依托社区开展为重度残疾人、智力残疾人、精神残疾人、老年残疾人等提供生活照料、康复养护、技能培养、文化娱乐、体育健身等公益性、综合性服务项目，推广"阳光之家"经验。鼓励发展残疾人居家服务，有条件的地方建立残疾人居家服务补贴制度。积极培育专门面向残疾人服务的社会组织，通过民办公助、政府补贴、政府购买服务等多种方式，鼓励各类组织、企业和个人建设残疾人服务设施，发展残疾人服务业。残疾人综合服务设施及康复、医疗卫生、教育、就业服务、托养、文化体育等服务设施建设要纳入城乡公益性建设项目，给予重点扶持，并适当向中西部地区和农村地区倾斜。

2010 年 3 月《国务院办公厅转发中国残联等部门和单位关于加快推进残疾人社会保障体系和服务体系建设指导意见的通知》（国办发〔2010〕19 号）明确指出加快推进残疾人社会保障体系和服务体系建设的原则是：坚持以人为本，促进残疾人全面发展；坚持残疾人"两个体系"建设与经济社会发展水平相适应，保基本、广覆盖、多层次、可持续；坚持将残疾人"两个体系"纳入国家总体社会保障和公共服务体系，并予以优先发展；坚持政府主导与社会参与相结合，重点保障与特殊扶助相结合，一般性制度安排与专项制度安排相结合；坚持统筹兼顾，把解决当前突出问题与完善制度体系相结合；坚持资源共享，充分依靠现有公共服务体系和保障制度为残疾人服务；坚持分类指导，促进城乡区域均衡发展；加强残疾人社会保障和服务政策理论研究，建立健全法律法规和基本制度，构建残疾人"两个体系"建设的长效机制。并明确任务目标是：到 2015 年，建立起残疾人"两个体系"基本框架，使残疾人基本生活、医疗、康复、教育、就业等需求得到制度性保障，残疾人生活状况进一步改善。到 2020 年，残疾人"两个体系"更加完备，保障水平和服务能力大幅度提高，残疾人都能得到基本公共服务，实现残疾人人人享有基本生活保障，人人享有基本医疗保障和康复服务，残疾儿童和少年全面普及义务教育，残疾人文化教育水平明显提高，就业更加充分，参与社会更加广泛，普遍达到小康水平。提出要着力提高残疾人社会福利水平。逐步提高对低收入残疾人生活救助水平；有条件的地方对重度残疾人适配基本型辅助器具、残疾人家居环境无障碍建设和改造、日间照料、护理、居家服务给予政府补贴。将所有符合条件的残疾人纳入供养范围，改善供养条件，提高供养水平。加强残疾人服务体系建设，提高为残疾人服务的能力和水平。健全残疾人托养服务体系，大力发展居家助残服务。加快推进无障碍建设，方便残疾人生活。

为有效落实国务院办公厅《关于政府向社会力量购买服务的指导意见》（国办发〔2013〕96 号），积极推动政府购买残疾人服务工作的有序发展，民政部社会福利和慈善事业促进司于 2014 年 5 月出台了《关于做好政府购买残疾人服务试点工作的意见》（财社〔2014〕13 号），提出政府购买残疾人服务应按照政府主导、部门负责、社会参与、共同监督为原则，突出残疾人服务公共性和公益性，优先设立受益面广、受益对象直接的政府购买服务项目。切实转变政府职能，促进政事分开、政社分开，创新残疾人服务供给机制和方式，提升残疾人服务的社会化、专业化、市场化水平，提高政府投入残疾人服务资金的使用效益，促进残疾人公共服务资源的优化配置，为广大残疾人提供优质高效的基本公共服务。工作目标是：力争到 2020 年，在全国基本建立比较完善的政府购买残疾人服务机制，形成残疾人公共服务资源高效配置的服务体系和供给体系，显著提高残疾人公共服务水平和质量。明确了试点任务是：明确购买主体；确定承接主体；探索试点项目；制定指导性目录；规范服务标准；提供资金保障；健全监管机制；加强绩效评价。在探索试点项目中还特别提到了"开展残疾人照料服务"以及"残疾人家庭无障碍改造"等服务项目。

为逐步解决残疾人额外生活支出和长期照护支出偏重的问题，2015年9月国务院印发了《关于全面建立困难残疾人生活补贴和重度残疾人护理补贴制度的意见》，对全面建立困难残疾人生活补贴和重度残疾人护理补贴制度进行了顶层设计和统筹指导。该《意见》统一了制度名称、明确了补贴对象、补贴标准，对审核程序和办法、补贴发放做了规范。根据2015年末全国残疾人人口基础数据库中的持证残疾人数据（3145.7万人）[①]推算，该《意见》最终将惠及1000万困难残疾人和1000万重度残疾人。残疾人两项补贴制度是国家层面创建的第一个残疾人专项福利补贴制度，无论是在残疾人事业发展进程中，还是我国社会事业发展历史上，都是一项具有里程碑意义的制度创新。两项补贴制度针对残疾人的特殊生活困难和长期照护困难进行专门的制度安排，并与最低生活保障等制度进行了有效衔接，填补了残疾人福利制度的空白，有助于巩固和提升家庭对残疾人的照顾功能。该制度从2016年起正式实施。2015年末全国已有20个省份建立了困难残疾人生活补贴制度，20个省份建立了重度残疾人护理补贴制度，其中13个省份同时建立了两项补贴制度，27个省份建立了一项或两项补贴制度。

（四）第四层级的法律体系

第四层级的法律体系由地方性行政规章及政策性文件、地方发展规划等组成。在国家的行政法规、行政规章、政策性文件、国家规划的指导下，各地也制定了残疾人保障、老年人权利保障的相关条例，为地方老年残疾人居家养老服务体系的构建奠定了法律基础。

在西部地区，陕西省在1994年6月27日陕西省第八届人民代表大会常务委员会第七次会议上通过了《实施〈中华人民共和国残疾人保障法〉办法》，并于2012年3月29日陕西省第十一届人民代表大会常务委员会第二十八次会议进行了修订，对残障老年人的托养服务、特别救助等给予了具体规定。《陕西省实施〈中华人民共和国老年人权益保

---

① 《2015年中国残疾人事业发展统计公报》（残联发〔2016〕14号），2016年4月，中国残联网站（http://www.cdpf.org.cn/zcwj/zxwj/201604/t20160401_548009.shtml）。

障法〉办法》中则对老年人的家庭赡养进行了相关规定："赡养人应当在生活上照料被赡养的老年人。对患病或者生活不能自理的老年人，应当承担照料和护理的责任，也可以请人照料和护理，其费用由赡养人承担。""赡养人应当在精神上给老年人以慰藉，关心老年人的生活疾苦。对未与赡养人同住的老年人，赡养人应当经常看望和问候。"①

《陕西省社会养老服务体系建设规划（2011—2015 年）》（以下简称《规划》）明确了社会养老服务各组成部分的功能定位：全省社会养老服务体系主要由居家养老、社区养老和机构养老三部分组成。居家养老服务涵盖生活照料、家政服务、康复护理、医疗保健、精神慰藉等，以上门服务为主要形式。对身体状况较好、生活基本能自理的老年人，提供家庭服务、老年食堂、法律咨询等服务；对生活不能自理的高龄、独居、失能等老年人提供家务劳动、家庭保健、辅具配置、送饭上门、无障碍改造、紧急呼叫和安全援助等服务。有条件的市、县可以探索对居家养老的失能老年人给予专项补贴，鼓励他们配置必要的康复辅具，提高生活自理能力和生活质量。社区养老服务是居家养老服务的重要支撑，具有社区日间照料和居家养老支持两类功能，主要为家庭日间无人看护或无力看护的社区老年人提供服务。在城市，结合社区服务设施建设，增加养老设施网点，增强社区养老服务能力，打造居家养老服务平台；倡导多种形式的志愿活动及老年人互助服务，动员各类人群参与社区养老服务。在农村，结合城镇化发展和新农村建设，以乡镇敬老院为基础，建设日间照料和短期托养的养老床位，逐步向区域性养老服务中心转变，向留守老年人及其他有需要的老年人提供日间照料、短期托养、配餐等服务，探索农村互助养老新模式。《规划》指出，全省居家养老服务从无到有，从点到面，以保障高龄、独居、空巢、失能和低收入老人为重点，借助专业化养老服务组织，提供生活照料、家政服务、康复护理、医疗保健等服务的居家养老服务体系基本建立。《规划》明确提出了社会养老服务体系建设的目标："十二五"期间，基本形成制度完善、组织健全、规模适度、运营良好、服务优良、监管到

---

① 《陕西省实施〈中华人民共和国老年人权益保障法〉办法》，2014 年 12 月 29 日，陕西省民政厅网站（http：//shaanxi.mca.gov.cn/article/tzgg/201412/20141200750613.shtml）。

位、可持续发展的社会养老服务体系。到"十二五"末，全省新增养老床位 12.6 万张，老年人床位拥有率达到国家规定的 30‰以上的要求，农村五保集中供养率达到 70%以上。居家养老和社区养老服务网络基本健全。社会养老服务体系建设资金需多方筹措，多渠道解决。同时，明确了建设任务是："十二五"期间，全省将建成一批布局合理、种类齐全、功能多样的养老福利机构，基本形成以居家养老为基础、社区服务为依托、机构养老为支撑，适应我省人口老龄化发展趋势、投资主体多元化、服务内容多样化、资金管理规范化的养老服务体系。①

《规划》指出，要充分发挥市场机制的基础性作用，通过用地保障、信贷支持、补助贴息和政府采购等多种形式，积极引导和鼓励企业、公益慈善组织及其他社会力量加大投入，参与养老服务设施建设管理。各级政府要发挥在社会养老服务体系建设中的主导作用，积极争取将社会养老服务体系建设所需资金纳入财政预算并建立动态保障机制，支持公益性养老服务设施建设。各级福利彩票公益金要加大对养老服务事业的投入，省级福彩公益金每年留存部分按不低于 50%的比例用于社会养老服务体系建设。省级安排专项补助资金，根据各地经济社会发展水平、老龄人口规模等，支持市、县社会养老服务体系发展，重点用于社区日间照料中心和老年养护机构建设。

从 2011 年起，陕西省开始实施残疾人生活补贴制度，对具有陕西省户籍且持有《中华人民共和国残疾人证》（第二代），残疾等级为一级、二级、三级生活困难的各类贫困残疾人以及符合农村五保供养条件的各类残疾人，按人均每月不低于 50 元提供残疾人生活补贴。残疾人发放生活补贴所需资金由各级财政预算安排，由省和市、县（市、区）财政按人均每月 50 元各负担 50%。补贴对象范围和标准随着经济社会发展水平和城乡低保标准的调整适时进行调整。

2016 年《陕西省人民政府关于进一步完善困难残疾人生活补贴和重度残疾人护理补贴制度的实施意见》颁布，2015 年在《陕西省人民政府关于加快推进残疾人小康进程的实施意见》中也强调了不断完善

①　《陕西省社会养老服务体系建设规划（2011—2015 年）》，陕西经济信息网（http：//www. sei. gov. cn/ShowArticle. asp？ ArticleID＝223763/2012-6-21）。

贫困残疾人生活补贴和重度残疾人护理补贴制度。

2014年陕西省西安市残联与市财政局联合出台《西安市残疾人托养服务工作实施方案》（以下简称《方案》），为切实解决本市智力、精神及重度残疾人在抚养或赡养、长期看护、治疗与康复等方面承担的巨大经济压力，该《方案》在托养服务原有各项补贴标准上实现了新突破，市财政2014年投入托养服务的经费将超过1000万元。西安市开展残疾人托养服务的基本方法是针对不同残疾类别和程度，采取多种托养形式，实行分类服务，以满足残疾人的个性化需求。主要包括：以政府购买服务方式依托社会服务机构开展居家安养服务，以发放补贴方式依托家庭使残疾人得到居家安养，依托社会福利机构开展集中托养服务，以及以社区为基础建立阳光家园开展日间照料服务等。《方案》明确的补贴政策分为三部分。一是对集中托养机构按年终实际托养残疾人数以每人每月600元标准给予床位补贴，给予机构每年3万元运行补贴。对贫困家庭符合集中托养条件的智力、精神及重度残疾人，经社区（村）、街办（乡镇）、区（县）三级贫困审核报市残联批准，给予入住托养机构的资金补助，全市范围内资助150名，每人每月以1000元标准由市本级拨付至托养机构。二是对新建日间照料机构（阳光家园）给予建设资金补助20万元，分两年核拨，每年拨付10万元。对已承担智力、精神残疾人日间照料的机构（阳光家园），每年给予2万元机构运行补贴，对接受日间照料的残疾人每人每月补贴300元，用于补贴在机构内托养的残疾人费用。三是对全市3000名符合居家安养条件的残疾人提供补助或服务，其中城镇1300名，农村1700名。城镇残疾人每人每年补助2400元，农村残疾人每人每年补助1200元。[1]

2013年起，甘肃省开始实施了重度残疾人护理补贴制度，重度残疾人护理补贴资金的补贴对象为同时具备以下条件的居家或集中托养（供养）的一级重度残疾人：具有甘肃省户籍，且持有第二代《中华人民共和国残疾人证》，登记为一级的视力、肢体、智力、精神、多重残疾人；日常行为严重障碍，生活不能自理，确需他人长期照料；残疾人

① 《西安市残疾人托养服务工作实施方案出台，残疾人托养补贴实现新标准》，2014年5月9日，陕西传媒网（http://www.xa-dpf.org.cn/ptl/def/def/index_1269_2265_ci_trid_1045604.html）。

本人无业、无固定收入；残疾人家庭经济困难。

相关法律法规、政策性文件的颁布，为老年残疾人居家养老服务体系的构建提供了法律和制度支撑。

二　政府发展规划为构建老年残疾人居家养老服务体系制定了行动纲领

养老服务及残疾人服务方面的国家规划描绘了该领域国家的发展蓝图，阐明了国家的战略意图，明确政府工作重点，作为政府发展和规范养老服务和残疾人服务的基本行动纲领，成为政府履行社会管理和公共服务职责的重要依据，同时也为构建老年残疾人居家养老服务体系制定了行动纲领。

根据《中华人民共和国国民经济和社会发展第十二个五年规划纲要》，为应对人口老龄化的挑战，国务院、民政部、老龄委、中国残联等相继制定了有关老龄事业和残疾人事业的中长期发展规划，如《民政事业发展第十二个五年规划》、《中国老龄事业发展"十二五"规划》、《中国残疾人事业"十二五"发展纲要》、《中国残疾人事业"十三五"发展纲要》、《社会养老服务体系建设规划（2011—2015年）》、《社区服务体系建设规划（2011—2015年）》，等等（见表6—2）。

表6—2　我国老年残疾人居家养老服务相关的部分政府发展规划

政府规划的名称	制定和颁布机关	颁布时间
《国家人权行动计划（2012—2015年）》	中共中央、国务院	2012年6月
《中国老龄事业发展"十二五"规划》	中共中央、国务院	2011年9月
《社会养老服务体系建设规划（2011—2015年）》	国务院办公厅	2011年12月
《社区服务体系建设规划（2011—2015年）》	国务院办公厅	2011年12月
《中国残疾人事业"十一五"发展纲要》	中国残联	2006年6月
《中国残疾人事业"十二五"发展纲要》	中国残联	2011年6月
《中国残疾人事业"十三五"发展纲要》	中国残联	2015年6月

政府发展规划包括中央政府的国家规划和地方政府的发展规划。

《社会养老服务体系建设规划（2011—2015 年）》指出，加强社会养老服务体系建设，是解决失能、半失能老年群体养老问题、促进社会和谐稳定的当务之急。由于现代社会竞争激烈和生活节奏加快，中青年一代正面临着工作和生活的双重压力，照护失能、半失能老年人力不从心，迫切需要通过发展社会养老服务来解决。我国的社会养老服务体系主要由居家养老、社区养老和机构养老三个有机部分组成。在"建设目标"中提出，到 2015 年，基本形成制度完善、组织健全、规模适度、运营良好、服务优良、监管到位、可持续发展的社会养老服务体系。每千名老年人拥有养老床位数达到 30 张。居家养老和社区养老服务网络基本健全。在"建设任务"中提出，改善居家养老环境，健全居家养老服务支持体系。在居家养老层面，支持有需求的老年人实施家庭无障碍设施改造。扶持居家服务机构发展，进一步开发和完善服务内容和项目，为老年人居家养老提供便利服务。在城乡社区养老层面，重点建设老年人日间照料中心、托老所、老年人活动中心、互助式养老服务中心等社区养老设施，推进社区综合服务设施增强养老服务功能，使日间照料服务基本覆盖城市社区和半数以上的农村社区。在机构养老层面，重点推进供养型、养护型、医护型养老设施建设。县级以上城市，至少建有一处以收养失能、半失能老年人为主的老年养护设施。

《中国老龄事业发展"十二五"规划》指出，老龄化进程与家庭小型化、空巢化相伴随，与经济社会转型期的矛盾相交织，社会养老保障和养老服务的需求将急剧增加。未来 20 年，我国人口老龄化日益加重，到 2030 年全国老年人口规模将会翻一番，老龄事业发展任重道远。在快速发展的老龄化进程中，老龄事业和老龄工作相对滞后的矛盾日益突出。主要表现在：社会养老保障制度尚不完善，公益性老龄服务设施、服务网络建设滞后，老龄服务市场发育不全、供给不足，老年社会管理工作相对薄弱。在该《规划》"主要任务"的"老年社会保障"中提出，完善老年社会福利制度。积极探索中国特色社会福利的发展模式，发展适度普惠型的老年社会福利事业，研究制定政府为特殊困难老年人群购买服务的相关政策。进一步完善老年人优待办法，积极为老年人提供各种形式的照顾和优先、优待服务，逐步提高老年人的社会福利水平。有条件的地方可发放高龄老年人生活补贴和家庭经济困难的老年人养老服务补贴。在"主要任务"的"老龄服务"部分提出：（1）重点发展居家养老，建立健全县（市、区）、乡镇（街道）和社区（村）三级网络，城市街道和社区基本实现居家养老服务网络全覆盖；80%以上的乡镇和50%以上的农村社区建立包括老龄服务在内的社区综合服务设施和站点。加快居家养老服务信息系统建设，做好居家养老服务信息平台试点工作，并逐步扩大试点范围。培育发展居家养老服务中介组织，引导和支持社会力量开展居家养老服务。鼓励社会服务企业发挥自身优势，开发居家养老服务项目，创新服务模式。大力发展家庭服务业，并将养老服务特别是居家老年护理服务作为重点发展任务。积极拓展居家养老服务领域，实现从基本生活照料向医疗健康、辅具配置、精神慰藉、法律服务、紧急救援等方面延伸。（2）大力发展社区照料服务。把日间照料中心、托老所、星光老年之家、互助式社区养老服务中心等社区养老设施，纳入小区配套建设规划。本着就近、方便和实用的原则，开展全托、日托、临托等多种形式的老年社区照料服务。在该《规划》"主要任务"的"老年人生活环境"部分提出，加快推进无障碍设施建设，突出高龄和失能老年人居家养老服务设施、环境的无障碍改造，推行无障碍进社区、进家庭。加快对居住小区、园林绿地、道路、建筑物等与老年人日常生活密切相关的设施无障碍改造步伐，方便老年人出行和参与社会生活。

　　《社区服务体系建设规划（2011—2015 年）》在"重点任务"中提出"发展多层次、多样化的社区服务"，具体为：（1）积极推进公共服务覆盖到社区。（2）大力发展便民利民服务。（3）大力发展社区志愿服务。根据社区居民构成，培育不同类型、不同层次的社区志愿服务组织。加强志愿服务管理，建立健全激励保障机制，通过政府购买服务等方式，鼓励和支持社会力量广泛参与志愿服务活动，推动社区志愿服务规范化、制度化、法制化。鼓励和支持驻区单位和社区居民开展邻里互助等群众性自我互助服务活动，为老幼病残等困难群体提供服务。该《规划》指出加强社会养老服务体系建设是当务之急。在居家养老层面，提出支持有需求的老年人实施家庭无障碍设施改造。扶持居家服务机构发展，进一步开发和完善服务内容和项目，为老年人居家养老提供更多便利服务。该《规划》体现了对老年残疾人居家养老的关注。

在 2012 年 6 月由国务院发布的《国家人权行动计划（2012—2015年）》（这是我国第二个以人权为主题的国家规划）"少数民族、妇女、儿童、老年人和残疾人的权利"中，将充分保障老年人和残疾人的合法权益列为实施的目标之一，提出"完善老年人社会保障制度，加快推进老年人服务体系建设；发展残疾人事业，促进残疾人平等参与社会生活"。在老年人权利方面，提出实施老年人权益保障法，逐步完善老年人社会保障制度，推进老年人服务体系建设，保障老年人合法权益。具体提出，健全覆盖城乡居民的社会养老保障体系；完善老年人优待办法，积极为老年人提供各种形式的照顾和优先、优待服务，逐步提高老年人的社会福利水平；健全家庭养老支持政策，健全家庭养老保障和照料服务扶持政策；实施《社会养老服务体系建设规划（2011—2015年）》；完善老年人基本医疗保障体系，基层医疗卫生服务机构为辖区内 65 岁以上老年人开展健康管理服务，建立健康档案；丰富老年人精神文化生活；推动建设老年友好型城市和老年宜居社区，全面推行城乡建设涉老工程技术标准规范，以及无障碍设施改造和新建小区老龄设施配套建设规划标准；拓展老年人法律援助渠道，重点为高龄、独居、失能和行动不便老年人提供维权服务；在残疾人权利方面，提出发展残疾人事业，完善残疾人社会保障和服务体系，保障残疾人的合法权益。另外还提出，实施残疾人权益保障法，健全相关的配套法规；将城乡残疾人普遍按规定纳入基本养老保险和基本医疗保险；建立贫困残疾人生活补助和重度残疾人护理补贴制度，为残疾人的基本生活提供稳定的制度性保障；全面开展社区康复服务；要加快无障碍建设与改造，在全国创建无障碍建设市、县、区，加强铁路等公共交通工具的无障碍设施建设，加强信息无障碍建设，开展残疾人家庭无障碍设施改造，为贫困残疾人家庭提供改造补助。

《中国残疾人事业"十二五"发展纲要》指出，建立起残疾人社会保障体系和服务体系基本框架，保障水平和服务能力明显提高；在"社会保障"中提出，有条件的地方探索建立贫困残疾人生活补助和重度残疾人护理补贴制度；扩大残疾人社会福利范围，适当提高社会福利水平；提高对低收入残疾人的生活救助水平；地方可对符合条件的重度残疾人、一户多残、老残一体等困难残疾人家庭和低收入残疾人家庭给予临时救助；建立贫困残疾人生活补助和重度残疾人护理补贴制度；有条件的地方开展一户多残、老残一体等困难残疾人生活补助试点和重度残疾人护理补贴试点；在"托养"中提出，大力发展居家托养服务，通过政策和资金扶持，动员社会服务组织、志愿服务人员、家庭邻里等力量，依托社区和家庭，为更多居住在家并符合托养条件的残疾人提供生活照料、康复护理、生活和职业能力培训、精神慰藉、安全保护等方面的服务。

《陕西省社会养老服务体系建设规划（2011—2015 年）》提出陕西省社会养老服务体系建设的总体要求是：在居家养老方面，按照自愿的原则，重点帮助有需求的老年人实施家庭无障碍设施改造，为老年人提供洗澡、如厕、做饭、户内活动等一系列日常生活照料方面的便利；在社区养老方面，重点建设老年人日间照料中心、托老所、老年活动中心、康复健身房等，完善各项服务设施；在网络建设方面，依托现代技术手段，重点加强居家、社区及机构养老服务信息平台建设，掌握养老服务的基本底数和发展动态，为政府采集行业信息、公众接受养老服务、行业规范化发展提供信息支持。[①]

三　政策分析

老年残疾人社区居家养老服务体系建设是在政府大力发展老龄事业、养老服务、社区服务体系建设、残疾人社会保障体系与服务体系建设等大的政策背景下发展起来的。

（一）社区居家养老在养老服务体系中的重要基础地位得到国家的确认

早在 2006 年全国老龄委办公室、发展改革委等部委制定的、由国务院办公厅转发的《关于加快发展养老服务业的意见》中就指出，养老服务业是为老年人提供生活照顾和护理服务，满足老年人特殊生活需求的服务行业。提出要通过政策引导，鼓励社会资本投资兴办以老年人为对象的老年生活照顾、家政服务、心理咨询、康复服务、紧急救援等

---

① 《陕西省社会养老服务体系建设规划（2011—2015 年）》，陕西财政网（http：//ss. sf. gov. cn/index. php/2011-08-03-03-00-05/2011-08-03-03-04-53/163-20112015-. ht- ml）。

业务，向居住在社区（村镇）家庭的老年人提供养老服务，为他们营造良好的生活环境。2008 年 1 月 29 日全国老龄委办公室、发展改革委、教育部、民政部等十部门联合下发的《关于全面推进居家养老服务工作的意见》对"居家养老服务"做了明确的界定，指出居家养老服务是指政府和社会力量依托社区，为居家的老年人提供生活照料、家政服务、康复护理和精神慰藉等方面服务的一种服务形式。它是对传统家庭养老模式的补充与更新，是我国发展社区服务，建立养老服务体系的一项重要内容。

2013 年 8 月 16 日，国务院总理李克强主持召开第 20 次国务院常务会议，讨论并通过了《国务院关于加快发展养老服务业的若干意见》（以下简称《意见》），9 月 6 日，国务院办公厅印发了这个文件（国发〔2013〕35 号）。《意见》基于积极应对人口老龄化、推进经济持续健康发展和解决当前养老服务业突出矛盾和问题的需要，明确了新形势下发展养老服务业的指导思想、基本原则、发展目标、主要任务、政策措施和组织领导。这是我国养老服务业发展史上的一个重要里程碑，是指导当前及今后一个时期我国养老服务业发展的纲领性文件，充分反映了党中央、国务院对加快发展养老服务业和保护老年人权益的高度重视。《意见》明确提出"到 2020 年，全面建成以居家为基础、社区为依托、机构为支撑、功能完善、规模适度、覆盖城乡的养老服务体系"。还特别强调了要统筹规划发展城市养老服务设施，大力发展居家养老服务网络。要用发展的眼光、改革的思路和创新的精神推动养老服务业又好又快发展。在保障对象上，要从单纯保障城镇"三无"和农村五保老年人向为全社会老年人提供养老服务转变。《意见》进一步明确了政府的兜底职责，同时，明确提出要充分发挥市场在资源配置中的基础作用，逐步使社会力量成为发展养老服务业的主体。《意见》的出台，释放出了政府要打破"包办"格局，让社会资本在养老服务市场中"唱大戏"的强烈信号。

2013 年 9 月 26 日，国务院办公厅下发《关于政府向社会力量购买服务的指导意见》，对政府向社会组织，以及企业、机构等社会力量购买服务做出系统安排和全面部署，填补了我国政府购买服务政策领域的空白。2013 年 10 月，民政部为推动建立统一规范的养老服务评估制度，发布了《民政部关于推进养老服务评估工作的指导意见》。2014年1月26日，民政部、国家标准化管理委员会、商务部、国家质量监督检验检疫总局、全国老龄工作委员会办公室联合发布了《关于加强养老服务标准化工作的指导意见》。

2014年6月，教育部、民政部等九部门联合印发《关于加快推进养老服务业人才培养的意见》，进一步明确了关于加快推进养老服务业人才培养的总体思路、工作目标、任务措施和组织保障。

2016年7月，民政部、财政部发布了《关于中央财政支持开展居家和社区养老服务改革试点工作的通知》，提出中央财政决定安排中央专项彩票公益金，通过以奖代补方式，选择一批地区进行居家和社区养老服务改革试点，促进完善养老服务体系。

特别是2013年以来相关养老服务政策的密集出台，充分显示了国家对发展老龄事业、养老服务、社区服务体系建设以及保护老年人权益的高度重视。同时，居家养老在养老服务体系中的基础地位也得到了国家的确认。

（二）老年残疾人福利服务成为残疾人社会保障体系和服务体系建设的重心之一

在政府大力促进养老服务的同时，残疾人社会保障体系与服务体系建设的步伐也在以前所未有的速度推进。政府清醒地认识到残疾人民生保障是全面建成小康社会中需要补上的"短板"。在《中华人民共和国残疾人保障法》的支撑下，从2008年《中共中央　国务院关于促进残疾人事业发展的意见》、2010年3月《国务院办公厅转发中国残联等部门和单位关于加快推进残疾人社会保障体系和服务体系建设指导意见的通知》（国办发〔2010〕19号），到民政部社会福利和慈善事业促进司2014年5月出台的《关于做好政府购买残疾人服务试点工作的意见》（财社〔2014〕13号），再到《中国残疾人事业"十二五"发展纲要》、《中国残疾人事业"十三五"发展纲要》，均明确提出要建立起残疾人社会保障体系和服务体系基本框架，特别是把重点做好老年残疾人福利服务提到了营造残疾人平等参与的社会环境，缩小残疾人生活状况与社会平均水平的差距，实现残疾人事业与经济社会协调发展的高度，明确提出依托社区开展为重度残疾人、智力残疾人、精神残疾人、老年残疾人等提供生活照料、康复养护、技能培养、文化娱乐、体育健身、法律服务、无障碍环境改造等公益性、综合性服务项目。2015 年《国务院关于加快推进残疾人小康进程的意见》和《国务院关于全面建立困难残疾人生活补贴和重度残疾人护理补贴制度的意见》更是针对残疾人的特殊生活困难和长期照护困难进行专门的制度安排，填补了残疾人福利制度的空白。政府鼓励发展残疾人居家服务，有条件的地方应建立残疾人居家服务补贴制度，并对重度残疾人适配基本型辅助器具、残疾人家居环境无障碍建设和改造、日间照料、护理、居家服务给予政府补贴。积极培育专门面向残疾人服务的社会组织，通过民办公助、政府补贴、政府购买服务等多种方式促进残疾人服务业发展。这些都显示出在人口老龄化、高龄化程度日益加深、老年人口中残疾老人比重提高的背景下，国家已经将老年残疾人福利服务作为残疾人社会保障体系和服务体系建设的重心之一，同时也是公共服务均等化的主要内容之一。

（三）政策的配套与落实影响政策目标的实现

相关政策的出台使居家养老服务的开展有法可依、有章可循，而居家养老服务体系的真正建立，仅凭政府的大政方针还不够，政策最终落地实施还需要很多具体的配套政策和相关扶持政策以及基层对国家政策的执行。地区间经济社会发展差异也会在很大程度上带来政策落实方面的不平衡。借鉴东部发达地区的成功经验，梳理西部欠发达地区的有益实践，对推进西部地区老年残疾人居家养老服务供给体系的建立和完善具有积极的意义。

第二节　东部地区部分省市的探索

一　北京

面对人口老龄化加剧的态势，从经济社会发展水平和国人传统观念的实际出发，北京市从 2006 年开始尝试推行依托社区的居家养老模式。2010 年 1 月 1 日起施行北京市市民居家养老（助残）服务（"九养"）办法，内容包括：（1）建立万名"孝星"评选表彰制度。（2）建立居家养老（助残）券服务制度和百岁老人补助医疗制度，向符合条件的老年人（残疾人）发放养老（助残）券，以政府购买服务的方式，为老年人（残疾人）提供多种方式的养老（助残）服务，以满足老年人和残疾人在生活照料、家政服务、康复护理等方面的基本生活服务需求。老年人（残疾人）可通过养老（助残）券购买社区和社会各项养老（助残）服务，具体标准是为 60—79 周岁的重度残疾人以及 80 周岁及以上的老年人每人每月发放 100 元养老（助残）券。（3）建立城乡社区（村）养老（助残）餐桌，并为行动不便的老年人（残疾人）提供家庭送餐服务。（4）建立城乡社区（村）托老（残）所，社区托老（残）所的维护运营采取政府适度补贴和个人承担部分费用相结合的方式解决。（5）招聘居家服务养老（助残）员，并优先从"4050"人员和取得社会工作者资质且符合本市就业特困认定标准的人员中招聘，纳入公益性岗位。（6）配备带有全市统一标识的养老（助残）无障碍服务车，用于组织老年人、残疾人参加社会活动等。（7）开展养老（助残）精神关怀服务。（8）按照自愿的原则为有需求的老年残疾人家庭实施无障碍设施改造，给居家生活的老年残疾人提供洗澡、如厕、做饭、户内活动等方面的便利。（9）为老年人（残疾人）配备"小帮手"电子服务器。①

北京市各城区均结合自己的实际情况，开展了对老人居家养老服务的实践探索，并取得了一系列宝贵的经验。

北京市海淀区，失能老人在家里轻轻触动 PAD 屏幕，就能迅速找到离家最近的商家订餐、购物，预约护理服务，在十多分钟内商品和服务即可直接"送货上门"，实现了老年人不出社区、不出家门、网上订购日常服务、特定服务和医疗服务。这种基于物联网技术的技术——社区居家养老服务超市已经在海淀区进行试点推广。海淀区还研发了全新的"居家养老综合服务系统"，此系统将家政、小时工、送餐、日常护理、超市配送、社区医疗等分散的服务资源，统一通过系统整合到一个平台上，不但提高了服务效率和质量，各街道、社区、居委会还可通过

① 《北京市市民居家养老（助残）服务（"九养"）办法发布》，2014 年 6 月 22 日，中央人民政府网站（http://www.gov.cn/gzdt/2009-12/17/content_1489588.htm/）。

该平台，随时掌握社区居民的服务请求及服务商的供货情况。这种"居家养老综合服务系统"在中关村黄庄社区已经完成了试点工作。①

北京市东城区也在探索居家养老新模式，计划通过区内民政和医疗卫生部门联手，让 5 万名 80 岁以上的老年人可以足不出户享受专人信息跟踪、定期医疗护理服务、送餐服务、读书聊天等多种养老服务。覆盖体系建立将优先考虑到失能、失智老人的养老困难，优先安排满足相关需求。②

二　南京

南京市居家养老服务的亮点与特色表现在以下几个方面：

其一，政府主导，民间组织运作。南京市无论是 2003 年鼓楼区的试点，还是 2005 年向面上推开，都明确了政府在居家养老服务中的责任、定位，建立了公共财政投入机制，由市、区两级财政按比例安排资金，纳入老龄事业专项经费并逐年递增。在确保投入的同时，南京市政府将居家养老服务工作列入全市国民经济和社会事业年度奋斗目标及政府为民办十件实事之一，出台了《关于为全市城乡独居老人提供社会化服务的实施意见》。民间组织是承担居家养老服务的一支重要力量。主管部门经过权衡利弊，确立了全市居家养老服务必须依托民间组织运作的指导思想。政府主导，民间组织运作，无疑是南京市居家养老服务成效显著的关键和根本所在。

其二，项目招标，创新工作机制。南京市可承担居家养老服务的民间组织有数十家，为从中选出最适合做好此项服务的养老组织，市、区适时引入竞争机制，建立了由市、区老龄委办公室、区审计局、发改委、财政局、民政局、养老服务评估中心、省社会工作者协会等 8 家单位组成的区评审小组，本着"公开、公平、公正、择优"的原则，进行项目招标，根据评委打分和综合考量选择 1—2 家民间组织为居家养

---

① 《2013 年"养老超市"将覆盖海淀 170 个社区》，2013 年 1 月 18 日，海淀区人民政府门户网站（http://www. beijing. gov. cn/zfzx/qxrd/hdq/t1224670. htm，2013－01－18/2013－04－19）。

② 新华网北京频道（http://www. bj. xinhuanet. com/jzzg/2013－01/11/c_ 114335222. htm，2013－01－11/2013－04－19）。

老的实施单位，签订协议书（一般为1年），明确各自的权利与义务，并对协议的实施情况进行监督与评估。

其三，重视评估，过程与结果并重。评估是项目实施不可缺少的重要组成部分，南京市对此同样极为重视。以南京市玄武区为例，该区居家养老服务评估的主要做法和特点是：制订了评估的具体实施方案；建立区、街道、社区居委会三级评估网；委托第三方——玄武区养老服务评估中心（独立于政府和机构外的民间组织）具体负责评估，并以乙方的身份参加协议的签订。事前评估（拟参加投标的居家养老服务中心的资质、服务人员的素质、各街道报送的拟享受政府免费提供服务的人员名单等评审）、事中评估（中期）、事后评估（终期）环环相扣，既重视结果，又重视过程。

三　苏州

苏州较早创立了虚拟养老院的模式，苏州沧浪区居家乐养老服务中心（苏州市沧浪区虚拟养老院）是一家在民政局注册登记的民非企业社会组织，在以社会化形式服务居家养老方面，艰苦探索多年，形成了"苏州模式"。这种模式介于机构养老和居家养老之间，具有广泛的适用性。居家乐中心源于苏州沧浪区葑门街道的一个尝试。居家乐中心针对80岁以上的空巢老人，提供日常生活照理服务。具体服务内容为：居室整理、买菜做饭、洗晒衣被、看护病人、陪同就医、交领资费、个人卫生护理等。作为民非企业社会组织，居家乐中心的主要运营模式是政府采购服务，即居家乐中心向符合政府救助条件的老人提供服务，由政府统一结算费用。近年来，也有少部分自费用户。数据显示，政府采购部分占据居家乐中心的收入比例逐年降低，从2008年的100%逐步降低到2012年的70%左右。居家乐中心服务价格相对较低，如果一个老人自费采购了居家乐中心的服务，按照每天一小时、每月20天计算，每月花费是300元。为控制服务质量，居家乐中心研发了一个信息化管理平台，所有排班时间、服务评价、服务记录全由平台智能实现，而总的服务量、员工表现、客户评价等，只要加总统计其中数据即可实现。此外，居家乐中心谨慎地尝试了一些附属经营，例如粮油配送、水电维修等。这些配套产业形成利润后，可以反哺基础生活照料这一公益性业务。[1]

虚拟养老院的运作机制可以概括为政府推动、市场化运作、信息化管理、专业化服务。政府在虚拟养老院的创建和发展过程中，始终发挥着推动者、扶持者、协调者和管理者的重要作用。政府将养老服务纳入苏州社会发展总体规划，将虚拟养老纳入养老服务组织，享受政府开办经费补贴和运营经费补贴。虚拟养老院的运作经费主要来自政府的财政支持、服务项目的收费和社会募集。

四　上海

上海地区试点的养老服务主要采用以下三种模式：通过养老机构专业培训一批志愿者组建的专业服务队；为老人提供专业化的日托业务服务，白天对老人采取集体生活照顾和护理，组织老人集体就餐和参与一些简单的有益身心健康的娱乐活动；为老人提供专业化养老服务上门业务。上海的每个社区街道都紧密依靠社会各种积极力量，采取市场化运作和志愿者互助相结合的方式，积极发展建设低偿或无偿的老年养老服务中心。同时培养了大批专业化的养老服务志愿者提供专业化的养老服务，受到全市接受养老服务的老人及家属的高度认同和称赞。上海市为广大居家老人提供助医、助浴、助行、助急、助洁、助餐的"六助"服务。

上海市率先创新推出"居家养老服务券"制度，由政府出资对"五保户"老人、低收入老人、特殊贡献老人和高龄老人所需的养老服务进行全部或部分埋单。

在对社区居家养老的探索过程中，尤为值得肯定的是，上海一开始就非常注意强化社区居家养老的专业化建设，其有益经验主要包括：[2]一是注重专业化的制度保障。从 2004 年开始，上海市社区居家养老就被连续多年列入政府实事项目，养老服务补贴纳入政府公共财政预算，

---

[1]　王培霖：《苏州"虚拟养老院"探路》，2012 年 12 月 25 日（http://finance.east-money.com/news/1350, 20121225265110269.html/）。

[2]　周知秋：《社区居家养老的好》，2013 年 4 月 19 日（http://news.ifeng.com/gundong/detail_2012_11/27/19567174_0.shtml, 2012-11-27）。

明确政府在社区居家养老中的主体地位与核心责任。专家咨询、研究、评估、督导制度的建立同样是非常重要的保证之一。二是立足专业化的组织建设。上海市社区居家养老服务已经逐步形成了市、区、街镇三级服务网络。各区（县）民政局要成立以局主要领导为主的居家养老服务工作领导小组。领导小组由社会福利、社会救助、基层政权和社区建设、老龄工作等相关部门组成。街道（乡镇）一级也要成立以分管领导为主的居家养老服务工作领导小组。三是加强专业服务规范。为了确保社区居家养老服务的专业化开展，上海市先后颁布了多项指导性政策规定，主要包括《养老服务需求评估标准》、《评估信息的通知》、《上海市养老服务需求评估标准》、《机构养老服务基本服务规范》、《老年养护院建设标准》、《社区老年居家养老中心及建设标准》、《社区居家养老服务规范》等文件。其中，《社区居家养老服务规范》适用于上海市行政区域内的社区居家养老服务社（社区助老服务社）、社区老年人日间服务中心、社区老年人助餐服务点等社区居家养老服务组织（机构）。这标志着上海市"社区居家养老服务"获得了统一的技术支持和服务质量控制依据。《社区居家养老服务规范》定义了"社区居家养老服务"、"日常生活照料服务"和"社区居家养老服务社"、"老年人日间服务中心"、"社区老年人助餐服务点"等各类服务机构的概念；《社区居家养老服务规范》还明确了为老年人提供"助餐、助浴、助洁、助急、助行、助医"等基本生活需求的服务要求，重点关照了个性化的乃至心理服务的特殊需求——"代购、代领物品和代缴费"的代办服务、康复辅助以及"读书读报、谈心交流"的相谈服务等。① 《社区居家养老服务规范》标准的制定和实施为规范该行业的服务与管理，引领该行业向规范化、专业化方向发展提供了必要的技术保障。四是提升队伍专业能力。由于老人本身的需求多样性以及问题复杂性，上海市对于从事社区居家养老服务的人员特别强调首先要经过公开招聘择优录用，其次要通过指定单位的上岗培训，再次需要取得上海市护理员职业资格证，然后才能持证上岗。五是引入专业服务机构。上海市还进一步

---

① 上海市《社区居家养老服务规范》地方标准发布，新浪网（http://finance.sina.com.cn/roll/20100203/11143209335.shtml）。

开放养老服务领域，鼓励更多具有专门资质的专业机构尤其是社会工作机构进入社区居家养老服务。公益招投标平台的建立就是其中非常重要的一个创新，其中专门设立了为老服务专项，每年都会有专业的社会工作机构在为老服务中创设出专业性和社会性非常出色的项目。

五 杭州

杭州市经过几年的摸索，初步形成了"西湖模式"，对全市各社区内失能和半失能老人提供政府全额免费养老服务，同时积极鼓励社区内各机构培训大批专业化的懂养老护理知识的员工，从而保证其居家养老服务质量，缓解了当前该区养老院床位严重供给不足的现状。在各社区的养老服务中又以"灵隐街道"最为突出，该区以家庭养老为基础，依托社区进行养老，辅以机构养老为支撑，构成富有成效的三位一体的综合养老模式。积极做好社区居家养老实践工作中的"一个中心"、"两个模式"和"三个保障"，即一切服务为老年人服务和需求满足为目标；做到"以家庭养老模式"和"街道日间养老服务模式"相结合；不断落实制度基础、经费保障基础和专业服务人员保障，从而构建专业系统的一系列服务，为老人提供舒适便捷和经济实惠的养老服务。

杭州市把失能老人作为居家养老服务的重点，完善社区居家养老服务设施适老化建设。创建"星光老年之家"，在全国率先实现城乡社区（村）全面覆盖；为解决高龄、空巢、独居老年人的就餐问题，建设老年食堂，惠及 3 万余老年人；为做好社区（村）困难老年人的集中养老服务，创建托老所；建设改造居家服务照料中心，初步形成城市养老服务 15 分钟服务圈全覆盖，农村养老服务基本惠及。同时，优先为失能老人提供政府购买居家养老服务，确保经济困难家庭的失能、半失能老人优先享受政府购买居家养老服务。对纳入政府购买服务对象范围的老年人，根据具体情况，每月可享受 2—60 个小时的免费居家养老服务，养老服务补贴还可带入养老机构使用。

在全市享受政府购买居家养老服务的城乡老年人中，80%以上的服务对象为失能和半失能老人。杭州市探索开展失能老人家庭照顾新模式。西湖区对照顾卧病在床失能老人一年以上的家属，开展"喘息服务"，提供临时性替代照护服务，让长期处于照护压力而产生身心疲惫或精神压抑状态的家属得到"喘息"机会，每年安排 200 万元资金，对符合条件的失能老人家庭每年提供 5 天至 28 天的"喘息服务"，目前全区已有 100 余户失能老人家庭享受过此项服务。江干区开展针对失能老人家庭的"助护行动"，为失能老人开展每户两小时的家庭护理知识上门培训，受到老年人及其家庭的好评。①

杭州市还积极发展养医结合的护理型养老机构，建设医养结合的社区照护体系，加强为失能老人服务的专业队伍建设。

面对人口老龄化、高龄化、空巢化以及失能、半失能老人不断增加的严峻形势，经济社会较为发达的东部几个大城市按照政府主导、部门协同、社会参与、市场运作的机制，推进以居家养老为基础、社区为依托、机构养老为骨干，统筹城乡，适度普惠的养老服务体系建设，在老年残疾人居家养老服务方面为全国提供了学习的典范。

表 6—3 汇总了东部几个主要大城市居家养老服务的特点。

表 6—3　　　　　　东部几个主要大城市居家养老服务的特点

城市	居家养老服务的主要特点
北京	北京市尤为注重助老服务和助残服务的协同发展。"九养"办法中包含有完善的服务内容：（1）居家养老（助残）服务券；（2）家庭无障碍设施改造；（3）低保家庭生活不能完全自理老年人入住定点社会福利机构补助；（4）配备"小帮手"电子服务器；（5）每月 100 元居家养老（助残）服务券。有数万家服务商进行为老服务
南京	政府主导，民间组织运作；项目招标，创新工作机制；重视评估，过程与结果并重
苏州	建立"虚拟养老院"，提供的服务项目主要有家政便民、医疗保健、物业维修、人文关怀、娱乐学习、应急救助等六大类 53 项服务，几乎涵盖日常生活照料的所有内容
上海	上海一开始就非常注意强化社区居家养老的专业化建设，主要有以下几点经验：第一，注重专业化的制度保障。第二，立足专业化的组织建设。第三，加强专业服务规范。第四，提升队伍专业能力。第五，引入专业服务机构。上海市为广大居家老人提供助医、助浴、助行、助急、助洁、助餐的"六助"服务

---

①　潘海生、姚升厚、吕一民、郭志刚：《杭州六项举措撑起失能老人服务网》，浙江新闻网（http://zjnews.zjol.com.cn/system/2014/05/05/020005689.shtml）。

续表

城市	居家养老服务的主要特点
杭州	初步形成"西湖模式",对全市各社区内失能和半失能老人提供政府全额免费养老服务,同时积极鼓励社区内各机构培训大批专业化的懂养老护理知识的员工,从而保证其居家养老服务质量。西湖区对照顾卧病在床失能老人一年以上的家属,开展"喘息服务"

第三节　西部地区 12 省区的实践

如何构建老年残疾人居家养老服务供给体系,特别是在经济欠发达的西部地区,已成为我国老龄事业、社会保障事业、社区建设事业、残疾人事业发展的一个新课题。西部地区老年残疾人居家养老服务供给体系的构建,面临着与东部发达地区所不同的经济社会发展基础以及人文环境。西部各省根据当地的具体条件,在老年残疾人居家养老服务供给体系建设上进行了积极的探索。

一　陕西

2015 年末,陕西全省常住人口 3792 万 8700 人,65 岁及以上人口占 10.11%。[①]"十二五"期间,陕西 80%以上的乡镇和 50%以上的农村社区建立起包括养老服务在内的综合设施及站点,推进"助餐、助浴、助洁、助行、助医、助急"等社区居家养老服务项目向标准化、规范化、集约化发展。陕西省为了保障居家养老的顺利推行,采取了相关的政策保障措施。一是认真落实省政府办公厅转发省老龄办等部门《关于加快发展养老服务业的意见》、《陕西省社会养老服务体系建设规划(2011—2015 年)》和陕西省《关于开展"社会养老服务体系建设推进年"活动暨启动"敬老爱老助老工程"的实施意见》,将养老服务机构建设纳入社会发展和总体建设规划,认真落实养老服务在立项、用

---

① 陕西统计局:《2015 年陕西省国民经济和社会发展统计公报》,2016 年 3 月 18 日,陕西省人民政府网(http://www.shaanxi.gov.cn/0/1/65/365/369/210097.htm)。

地、规划、水、电、气、数字电视等各个方面的优惠政策，建立养老服务机构建设目标责任考评制度，严格落实各级政府的责任。二是建立稳定的资金投入机制。对新建床位的资助、对原有床位的资助、对运营床位的补贴、建立高龄老人津补贴制度。三是健全完善养老服务机构内部管理制度。通过明确养老服务机构管理人员职责，建立相应的财务、卫生、民主管理等各项制度，进一步推进养老服务机构的规范管理。四是切实加强项目建设的组织领导工作。按照"9073"的目标，保证养老服务工作"全覆盖"，即90%的老年人居家养老，7%的老年人社区养老，3%的老年人机构养老。2014年陕西省建有1000多个社区养老服务站，每个服务站能覆盖100个以上老人，主要为老人提供用餐、家政、购物等多项服务。[1]

　　按照陕西省社会养老服务体系建设的总体要求，"十二五"期间，在居家养老方面，采取政府、社会、个人共担机制，推动和扶持老年人家庭无障碍改造，提供日常生活照料。在社区养老方面，重点建设老年人日间照料中心、托老所等，完善各项服务设施。在机构养老方面，建设一所省级养老机构，并在每个市建立一所市级示范性养老服务机构。在网络建设方面，重点加强居家、社会和机构养老服务信息平台建设。由省卫生厅牵头推进老年医疗卫生服务网点和队伍建设，将老年医疗卫生服务纳入各地卫生事业发展规划，扩大老年医疗服务网点覆盖范围，加强老年病医院、护理院、老年康复医院和综合医院老年病科建设。由省民政厅牵头发展居家养老服务，构建县（市、区）、乡（镇、街道）和社区（村）三级服务网络；发展社区照料服务，重点扶持为高龄、纯老家庭和失智、失能老年人提供生活照料和康复护理服务的老年社区托管机构；优先发展护理康复服务，积极推进公办养老服务机构体制改革，充分发挥保障功能，满足"三无"老年人、失能老年人、贫困老年人、空巢老年人、高龄老年人等特殊人群的专业照料服务需求。

　　2015年末陕西省城乡社区居家养老服务设施达5697个，高龄老人

---

① 《今年陕将建100社区养老示范站　提供多样化服务》，华商网（http：//news.xiancity. cn/readnews. php？ id＝152039/2014－04－12）。

补贴发放范围从 80 周岁以上下延到 70 周岁以上，使全省 240 万老年人受益。① "十三五" 期间全面建成覆盖城乡的社会养老服务体系，加快推动医疗卫生与养老服务融合发展，医养结合服务网络基本形成。全省改扩建部分医养结合机构，城市社区居家养老服务和日间照料中心100%覆盖，农村幸福院覆盖 70%农村社区，养老床位达到每千名老年人 40 张。推动社会福利服务体系健全完善。完善高龄老人补贴制度，建立生活困难老年人养老服务补贴制度。

2012 年 12 月，西安市政府公布了《关于加快推进社会养老服务体系建设的实施意见》，提出到 2015 年居家养老服务基本覆盖 100%城市社区和 50%以上的农村社区。城市所有社区全部建立居家养老服务中心（站）；80%左右的乡镇拥有一处融院舍住养和社区照料、居家养老等多种功能为一体的综合型老年福利服务中心；1/3 左右的村委会和自然村拥有一所老年人文化活动和服务站点，将重点建设社区养老设施，推进社区综合服务设施，增强养老服务功能。同时，推进供养型、养护型、医护型养老设施建设。西安市级新建一个示范性养老服务中心，各区县新建、改扩建一个以养老服务为主，兼顾为残疾人、孤残儿童等特殊群体提供服务的综合型社会福利中心。西安市将扶持居家服务机构发展，进一步开发和完善服务内容和项目；市政府支持有需求的老年人实施家庭无障碍设施改造，为老年人居家养老提供便利服务。②

2015 年末西安市共有城镇社区 760 个，已建立社区居家养老服务中心达到 445 个，社区居家养老服务中心覆盖率达到 58.6%。③ 社区日间照料、老年餐桌、文化娱乐、医疗保健等老年社区照料模式被广泛推广。西安市全力推动政府埋单，购买公益岗位，为高龄老人、空巢老人、特困老人提供无偿和低偿服务，为社区老人提供低偿或有偿服务。

---

① 陕西省民政厅：《陕西省 "十三五" 城市社区居家养老服务将 100%覆盖》，2015 年12 月 14 日，陕西新闻网（http://news.ishaanxi.com/2015/1214/464572.shtml）。

② 西安市公布《加快推进社会养老服务体系建设实施意见》，陕西省人民政府网（http://www.shaanxi.gov.cn/0/1/9/42/135633.htm/2012-12-12）。

③ 《西安市城镇居家养老服务状况调研报告》，2016 年 3 月 21 日（http://www.yanglocn.com/shtaml/20160321/145854589666286.html）。

2013 年 9 月西安市出台《西安市特困失能老人生活护理补贴管理办法》，规定：城乡低保对象、城镇"三无"对象、优抚对象中的失能老人和高龄特困失能老人每月可享受 100 元生活护理补贴；农村五保对象中的失能老人每月可享受 300 元生活护理补贴。补贴所需资金由市、区（县）两级财政按比例分担。各区（县）要将特困失能老人生活护理补贴所需资金列入当年财政预算，足额安排落实，实行专项管理，专款专用。① 当年末该制度惠及老年人约 3600 人。

2016 年，西安市将完成 60 周岁以上老年人信息录入工作，逐步建立和完善老年人信息化养老服务平台，加快推进居家养老服务社会化，注重发挥家政公司、物业公司等社会组织在居家养老中的作用，通过政府购买服务的形式，解决服务供给和需求的有效对接，推进"互联网+社区居家养老"，提升服务消费。2016 年在城市社区新建 122 个居家养老服务站点，把更多精力投放在对农村养老、留守老人问题的关注上，科学制定农村幸福院建设规划，在农村新建 189 个幸福院。继续开展社区和老年人家庭无障碍改造，确保完成 50 个老旧社区（或居家服务站点）和 1000 户低收入、空巢、失能困难老年人家庭改造任务；开展"老年希望工程"，为生活困难失能老人配置护理、助行器械，为高龄、空巢老人家中安装家庭式消防报警器等。②

莲湖模式。西安市莲湖区委、区政府把推进社会化养老服务作为保障和改善民生为重点的社会建设的重要抓手，重点破解区内居家养老服务的难题。经过努力和探索，形成了"三级管理、两级服务"的社会化居家养老管理服务模式，做到了居家养老"政府投入主导化、投资主体多元化、服务对象公众化、运行机制市场化、服务方式多样化、服务队伍专业化"。莲湖区政府本着"政府建设、社会参与、市场运作"的原则，打造出居家养老服务三个方面的典型特点，即市场化、信息化及福利化。

---

① 《西安市民政财政密集出台五个养老配套文件推动社会养老服务体系建设更好更快发展》，民政部网站（http：//www. mca. gov. cn/article/mxht/mtgz/201309/20130900515731. shtml）。

② 《西安今年将建 122 个居家养老服务站》，2016 年 3 月 18 日，华商网（http：//news. hsw. cn/system/2016/0318/365123. shtml）。

　　市场化是从居家养老服务的供给参与主体方面来体现的，即充分调动市场资源和社会力量来提供居家养老的公共服务，通过政府购买养老服务而非政府直接提供服务，政府制定养老服务标准和相关政策，来引导和鼓励企业进行大量优质的养老服务供给，以满足区内的养老服务需求。莲湖区从居家养老服务工作起步之初，就把市场化运作作为推进这项工作的方向，积极引进陕西省巾帼依诺家政有限责任公司，成立了莲湖区如亲居家养老服务中心，通过市场化运作为有需要的老人提供居家养老服务。

　　信息化主要是指区居家养老服务中心通过进行充分和翔实的老人信息档案建设，应用相对先进的网络信息服务平台与居家养老服务体系结合起来，为老年人居家养老服务提供信息的前提支撑，实现养老服务供给与需求及时有效的对接。莲湖区居家养老服务信息中心通过整合区内各部门和区域加盟企业的资源，利用 965668 热线平台和 www.965668.cn 网站形式，搭建了"便利之桥"，让老年人足不出户就可以通过固定电话、移动、网站三种形式，得到政策咨询、家政服务、精神慰藉、医疗保健、紧急救助、配送递送、温馨提示、助餐服务等 20 大类 130 多项简便、快捷、优质的一体化服务。为"高龄、孤寡、特困、重残、重点优抚"老年人提供无偿服务，对有条件、有需求的老年人提供有偿服务。区居家养老服务中心还与西工大计算机学院签订网络化智能养老辅助技术产学研合作协议，在利用物联网和普适计算技术、实现智能化养老辅助方面，建立中长期的产学研合作关系。

　　福利化是指区居家养老服务中心对"三无、特困、伤残、高龄、孤寡"等老人提供无偿的居家养老服务，体现了居家养老服务对部分特殊人群的（补缺型）福利性质，同时区政府对社区内的养老服务设施和活动予以财政支持和补贴，来体现（普惠型）福利性质。区居家养老服务中心承担了区老年残疾人的居家养老服务，特别是对特困、重残的老年人提供无偿服务。2012 年政府累计提供无偿服务 13.2 万小时，发放高龄补贴 3400 万元。[①]

---

　　①　陈琛：《莲湖创新社会管理模式　提升为民服务本领》（http://news.163.com/13/0220/05/8O4R284I00014AED.html/ 2013-02-20）。

户籍在莲湖区并在其范围内居住的，年满 60 岁的老人，符合以下条件之一的，可分类享受无偿居家养老服务，其人员类别及服务标准如表6—4 所示。

表6—4 西安市莲湖区可享受无偿居家养老服务的人员类别及服务标准

类别	人员类别及条件	服务标准
第一类	无劳动能力、无生活来源、无法定抚养人或赡养人的"三无"老人；1—4 级伤残军人	30 小时/月/户
第二类	低保户中不能自理或半自理的独居老人、与儿女同住但儿女无劳动能力或残疾的老人	25 小时/月/户
第三类	家庭人均收入在 500 元以下，且不能自理或半自理的独居老人、与儿女同住但儿女无劳动能力或残疾的老人；5—6 级伤残军人等	20 小时/月/户
第四类	家庭人均月收入在 600 元以下的二级以上残疾老人及无子女且抚养第三代未成年在读的孤寡老人；家庭人均月收入在 800 元以下年龄在 70 岁以上当地无子女照顾（子女在西安市以外）或子女残疾的老人	15 小时/月/户
第五类	70 岁以上的市级及以上劳模、四级以上伤残军人、归国华侨；100 岁以上老人等	10 小时/月/户
第六类	70 岁以上的 5—6 级伤残军人；80—100 岁的优抚对象；80—100 岁独居或夫妻自居儿女不在身边的老人（儿女在西安市城六区以外）	4 小时/月/户

近年来，碑林区不断加大投入、强化阵地，完善居家养老服务网络，对于新建居家养老服务站用房的，该区按照 1000 元/平方米的标准予以补助；对于改建、装修服务用房的，按照 350 元/平方米予以补助。已建成的 35 个居家养老服务站全部具备了就餐、娱乐、休息、医疗应急功能。在此基础上，该区还对每个项目每年平均拨款 20000 元，用于

居家养老服务站的后期运行，该区先后累计投入 450 余万元资金，用于居家养老服务项目的新建、改建和内部设施配套。①

"家里无人做饭，自己无力做饭"，是部分选择在家养老、空巢和独居老人普遍面临的现实难题。2013 年 10 月，全省首个街道老年就餐配餐中心——碑林区太乙路街道老年就餐配餐服务中心正式运营，为社区养老探索新的模式。该配餐中心经营面积 300 余平方米，划出老年人就餐专区供老年人就餐，并统一配备相关设施、服务人员、门头制度、就餐饭菜、服务管理。该配餐中心根据老年人在社区居委会的预订确定配送套餐，每餐 8—10 元，两荤一素一主食。该配餐服务中心将通过陆续开设的其他几个社区老年人就餐点，解决地区老年人中午用餐难的问题。力求通过社会化服务、市场化运营方式，打造十分钟社区老年人配餐就餐服务圈。② 2012 年陕西省列支 3000 万元，资助西安 300 个社区老年餐桌项目建设，以方便一些有需要的老年人就餐，各市、区（县）还要建立经济困难老年人就餐补贴制度，为社区不同的老年人提供就餐服务。③ 2013 年西安市建设 100 个老年餐桌示范点，市财政安排 400 万元专项资金，计划为每个示范点补助 3 万—5 万元。确定为示范点的老年餐桌，要在运营形式的探索上有示范作用，在服务水平和管理方式上有示范作用，在服务老年人群的数量上有辐射带动作用。农村老年餐桌主要分布在幸福互助院和农村养老服务试点村。试点村要开展包含就餐等 3 项养老服务活动内容。④ 截至 2013 年 10 月，西安已累计投入近 5000 万元发展以社区为依托的居家养老综合服务，城区居家养老服务已覆盖到 43% 的老人。⑤ 2013 年西安市建成了 40 个农村养老互助院和

---

① 《让老人老有所养老有所依——碑林区关心居民开展"居家养老"侧记》，陕西西安民政网（http://xian.mca.gov.cn/article/gzdt/201310/20131000536993.shtml）。

② 《我省首个街道老年就餐配餐中心运营》，陕西西安民政网（http://xian.mca.gov.cn/article/gzdt/201310/20131000530206.shtml）。

③ 《陕西年内投资建成 300 个社区老年餐桌》，商务部网站（http://www.mofcom.gov.cn/aarticle/resume/n/201208/20120808308081.html）。

④ 《我市将建百个老年餐桌示范点　下拨 400 万元专项资金　每个示范点拟补助 3 万—5 万元》，陕西西安民政网（http://xian.mca.gov.cn/article/gzdt/201310/20131000529688.shtml）。

⑤ 《居家养老　让老人老有所养》，陕西传媒网（http://www.sxdaily.com.cn/n/2013/1010/c362-5243395.html）。

100 个老年餐桌示范点，完成了 100 个村和 100 个社区养老服务试点任务。①

从 2011 年起，陕西省开始实施残疾人生活补贴制度，对具有陕西省户籍且持有《中华人民共和国残疾人证》（第二代），残疾等级为一级、二级、三级生活困难的各类贫困残疾人以及符合农村五保供养条件的各类残疾人，按人均每月不低于 50 元提供残疾人生活补贴。2014 年西安市对 3000 名符合居家安养条件的残疾人提供补助或服务，其中城镇 1300 名符合居家安养条件的残疾人每人每年补助由 1200 元提高至 2400 元；农村 1700 名符合居家安养条件的残疾人每人每年补助由 600 元提高至 1200 元。② 残疾人生活补贴在经济条件上为老年残疾人享受居家养老服务发挥了部分作用。

二　甘肃

"虚拟养老院"是甘肃居家养老的特色之一。位于兰州市城关区的虚拟养老院成立于 2009 年 12 月，是城关区委、区政府建设的一座"没有围墙的养老院"。它以网络通信平台和服务系统为支撑，采用政府引导、企业运作、专业服务人员服务和社会志愿者、义工服务、社区服务相结合的方式，为全区老年人提供服务。③ 2011 年 4 月在全国社区为老服务建设经验交流会上，兰州城关区虚拟养老院的经验得到了全国老龄委的肯定和推广。城关区虚拟养老院的运作模式成为我国社区居家养老服务信息系统建设试点项目，运作模式作为范本，在我国为老服务的 12 个试点省市全面推广。④ 城关区虚拟养老院有效地整合了辖区医疗、文化、体育、餐饮、家政、司法等资源，建成虚拟养老餐厅、养老医疗

---

① 《西安市政府工作报告》，中国经济网（http：//district. ce. cn/zt/zlk/bg/201402/10/t20140210_ 2268479. shtml）。

② 西安日报：《西安市将提高残疾人托养服务补贴标准》（http：//news. cnwest. com/content/2014-06/10/content_ 11236873. htm）。

③ 国际在线（北京）：《兰州城关区虚拟养老院：银发浪潮下的养老创新模式》，2013 年 4 月 19 日（http：//news. 163. com/12/0821/15/89EMLMEB00014JB5_ all. html，2012-08-21）。

④ 兰州晚报：《城关区虚拟养老院成全国范本》，2013 年 4 月 19 日（http：//www. lzbs. com. cn/ttnews/2011-04/15/content_ 2153545. htm，2011-04-15）。

站等为老服务网点；联手主流媒体组建专业义工联盟和志愿者队伍，联合大专院校，积极开展社工培训，带动形成了"政府搭台、社会参与，机构监管、企业唱戏，市场运作、老人受益"的大养老服务体系，也是这一模式具有可持续性发展的基础。如今，兰州市虚拟养老院服务人数达到 22 万人。目前兰州市城乡日间中心有 171 家，床位 500 多张。兰州市的日间照料数量占到全省的 1/3，日间照料中心含有精神慰藉、文化娱乐、健康指导、配餐服务等 11 大类 230 多项服务内容。根据老人实际情况，实行有偿、无偿和免费 3 种服务方式，满足了不同阶层老年人的需求。[①]

兰州市通过协调指导县区试办街镇居家养老，开展养老服务专业培训、选派指导为老服务人员开展上门居家服务、日托集中照料服务、送餐、送医、洗衣等预约服务。兰州市城关区居家养老服务工作由试点阶段向全区 152 个社区全面展开，并成立了城关区老年福利机构协会。兰州市七里河区政府通过购买服务，推进"居家养老"工作，建成以街道服务中心为依托，以上门服务、建立托老中心、互助养老为补充的养老服务体系，并逐步扩大为老服务范围。

白银市 2011 年开展居家养老服务工作的城市社区比例达到 70% 以上，30% 以上的村级组织开展留守老年人日间照料帮扶工作，全市按照老人分布确定开展居家养老服务的社区有 63 个，开展农村空巢老人救助帮扶照料的村有 211 个。居家养老服务对象为 60 岁以上日常照料存在困难的特困老人、重点优抚对象、"三无"老人、革命伤残军人、老红军、老八路、老劳模、空巢老人等。并根据白银的实际，把政府购买服务的对象分为无偿服务和低偿服务两类。[②]

金昌市为保证服务的质量和水平，制定完善了本人申请、社区服务中心初审、社区复审、县区民政局批准的办理程序；服务人员招聘签约、上门服务、费用结算、工作追踪的工作程序；反馈、回访、考评、

---

① 王志俭：《日间照料中心：现代养老新方式》，每日甘肃网（http：//gansu. gansudaily. com. cn/system/2014/03/17/014927867. shtml）。

② 甘肃省老龄办：《白银市居家养老工作总结》，2013 年 4 月 19 日（http：//gansullb. mca. gov. cn/article/jcxx/201206/20120600316695. shtml，2012-05-16）。

督察的监督程序；筹措、拨付、管理、发放的资金管理程序。[①]

2013 年探索山区农村居家养老服务模式，全省已在农村地区建成近 2000 所村级日间照料中心，未来将逐步发展至 5000 所，以应对农村空巢老人的晚年之困。[②] 日间照料中心白天可以为老年人提供一些集中活动的场地，条件好的地方还会提供午餐，到了晚上再将其送回家。而对于行动不便的空巢老人，民政部门会组织社工和志愿者定时定点入户照料老人生活。甘肃省华池县以互助老人幸福院为基础，还组建了"敬老从心开始，助老从我做起"为主题的华池县居家养老志愿者服务队，把农村居家养老服务与建设互助老人幸福院有机结合起来，组建服务站，按便捷实用原则，建立县、乡镇、村社、村民小组四级养老工作网络。全县现有乡镇农村居家养老服务中心 15 个，村居家养老服务点 35 个，组建生活照料、医疗保健、法律维权、文化教育、体育健身、精神慰藉志愿者服务队 108 个，招募为老服务志愿者 2646 名，安排公益岗位 5 个。

三　青海

青海省居家养老服务正在逐步拓展。在西宁市、格尔木市、德令哈市等主要城市社区兴办了"星光老年之家"，在此基础上开展了居家养老服务试点工作，陆续建成一批街道（社区）老年人日间照料中心（站），社区居家养老服务逐步向生活照料、康复护理、医疗保健等方面延伸，养老服务惠及范围日益扩大，城乡"三无"老人基本实现了自愿条件下的集中供养。在重点保障"三无"老人、孤老优抚对象以及低收入高龄、空巢、独居、失能等特殊困难老年人服务需求的同时，逐步为其他老年人提供多样化、多层次的养老服务。

2010 年青海省民政厅发布了《关于在西宁市开展社区老年人日间照料中心试点建设指导意见》，对日间照料的服务对象、服务内容、服务形式做了具体规定。服务对象包括：居家养老服务对象为社区 60 周

---

① 甘肃省老龄办：《甘肃省发展养老服务业工作情况汇报》，2013 年 4 月 19 日（http：//gansullb. mca. gov. cn/article/gzdt/201103/20110300142691. shtml，2011-03-29）。

② 《甘肃山区农村空巢老人面临晚年之困》，中国新闻网（http：//www. chinanews. com/sh/2013/12-17/5631200. shtml）。

岁以上的老年人；居家养老服务的重点是高龄、空巢、独居、特困且生活自理有困难的老年人。服务内容包括：生活照料服务、医疗保健服务、法律维权服务、文化体育服务、其他志愿服务等。服务形式包括上门照料服务和日托服务。① 自 2010 年青海省民政厅在青海省会西宁启动社区老年日间照料中心项目试点以来，通过投入青海省本级福利彩票公益金 6410 万元，在西宁市区内新建了 93 个社区老年日间照料中心，2012 年实现了西宁地区老年日间照料中心的全覆盖。②

在无障碍设施改造方面，2009 年《青海省无障碍设施建设使用管理规定》经省政府审议通过开始实行，由此加快了西宁、格尔木、德令哈三个城市创建全国无障碍城市进程。《规定》明确了全省无障碍设施适用范围及相关建设经费和有关行政部门的建设、使用、监督、管理职责等，要求建设单位在新建、改建、扩建建设项目时应配套建设无障碍设施，并按标准设置国际通用的无障碍标志。③ 青海省在进行城市无障碍设施建设的同时，另一项专门为残疾人服务的项目——无障碍改造也在进行着。从 2009 年至 2012 年底，青海省在贫困残疾人家庭无障碍改造项目上已投入 600 余万元，为 1200 多户残疾人家庭提供了不同形式的改造服务和指导服务。④

四　宁夏

按照国家和自治区老龄事业发展的"十二五"规划的总体部署，宁夏回族自治区规划到 2015 年城镇社区居家养老服务站基本能实现全覆盖，农村 20% 以上的社区建立居家养老服务站。着力构建符合自治区实际的"9073"养老服务模式，加快农村敬老院建设步伐，新建和

---

① 民政部：《青海省民政厅关于在西宁市开展社区老年人日间照料中心试点建设指导意见》，2013 年 4 月 19 日（http://mzzt.mca.gov.cn/article/nzfxh2010/fgzcylcx/shfl/201007/20100700086585.shtml，2010-07-05）。

② 青海日报：《6410 万福彩公益金资助青海西宁新建 93 个社区老年日间照料中心》，2013 年 4 月 19 日（http://fczx.mca.gov.cn/article/mtbd/201209/20120900359762.shtml，2012-09-25）。

③ 青海日报：《青海：我省出台无障碍设施建设使用管理规定》，2013 年 4 月 19 日（http://www.mohurd.gov.cn/dfxx/201002/t20100209_199642.html，2010-02-06）。

④ 新华社：《青海为 1200 余户残疾人家庭提供无障碍设施改造服务》，2013 年 4 月 19 日（http://sdleshan.e23.cn/2012/1214/1401.html，2012-12-14）。

改扩建 45 所农村敬老院，力争五保供养对象集中供养率达到 70% 以上。"十二五"末，全区各级各类机构养老床位数达到 2.4 万张，每千名老人拥有机构养老床位 30 张。[①]

银川市兴庆区通过完善制度、加强服务、志愿活动等多项措施，有力推进居家养老服务工作。具体内容包括：（1）完善居家养老服务体系。规范已建立的居家养老服务站管理，建立健全居家养老服务工作制度和服务项目，加强养老服务机构（站）工作人员的职业技能培训。（2）建立居家养老服务站。在每个街道办事处建立 1—2 个标准化示范居家养老服务站，建立以家庭为核心、以社区为依托、以专业服务组织为载体的居家养老服务站。完善以上门、日托等为服务形式的老年人居家养老服务。（3）政府购买居家养老服务。通过政府购买服务，有偿、低偿、无偿服务方式，为老年人提供就近便捷的服务。（4）开展居家养老志愿服务。把"居家养老"志愿活动作为常规志愿服务项目，全面开展志愿服务活动，培育"居家养老"志愿服务项目。[②]

在信息技术的利用方面，宁夏银川市实施"一个呼叫器开启居家养老新生活"，即只需一个电话就有相应的服务，只要有老人按呼叫器，屏幕卫星地图就第一时间定位老人所在区域。"宁居通"的话机及呼叫信息费均由政府埋单，对符合年龄条件的老人（兴庆区 80 岁以上，金凤区 70 岁以上）、困难老人和重度残疾人免费安装，每月无须缴纳呼叫信息费。信息平台已吸收了保洁、家政、维修、配送、医疗、应急、咨询等 1008 家有资质的服务商，遍布银川各社区。加上志愿者、中心工作人员等，"电子保姆"3 个服务按键的另一端，每天都有超过 2000 名人员"随时待岗服务"。[③]

2011 年银川市投入 35 万元为贫困残疾人家庭实施无障碍设施改造，改造项目包括入室门口坡道、电子闪光门铃、卫生间浴缸扶手、面

---

① 宁夏广播电视总台：《宁夏 2015 年城镇社区居家养老服务站基本覆盖》，2013 年 4 月 19 日（http://www.nxtv.com.cn/article/nxnews/20120504262814.html，2012-05-04）。

② 宁夏文明办：《银川市居家养老服务措施多效果好》，2013 年 4 月 19 日（http://wmw.hkwb.net/content/2011-11/30/content_536925.htm？node＝378，2011-11-30）。

③ 《一个呼叫器开启居家养老新生活》，2013 年 4 月 19 日，宁夏新闻网（http://www.nxnews.net/zt/system/2012/09/13/010423429.shtml，2012-09-13）。

盆扶手、坐便器扶手、地面防滑垫、厨房低位灶台等 11 项，同时还发放手杖、肘杖、升降床桌、升降衣架、双轮助行器、盲人报时器、滑轮吊环训练器等辅助器具 12 项。[①]

五　新疆

2013 年新疆实施养老敬老爱老"金秋"工程，重点推进居家养老和社区养老，以实现老人老有所养、老有所依的目标。金秋工程将着力培养养老方面的护理人才，建立养老护理员培训基地，开展养老护理员的职业资格培训，推进养老工作职业化发展。[②] 针对人口老龄化加快的形势，2013 年自治区政府提出，要大力推进居家养老服务，建立县（市）养老服务指导中心（依托社会福利机构建立）、街道居家养老服务中心、社区居家养老服务站（点）三级网络；在农村依托乡镇社会福利服务中心、互助幸福院，提供居家养老服务。同时，新疆采取政府购买服务、资金补助、提供场所等扶持措施，引导和鼓励社会组织、家政服务企业参与居家养老服务；鼓励有条件的地区积极探索为独生子女父母、无子女和失能老人提供必要的养老服务补贴和老年护理补贴；采取社会力量投资，建立社区养老服务信息平台，为居家老年人提供服务。新疆还将加大建设力度，并打破行业界限，开放社会养老服务市场，采取公建民营、民办公助、政府购买服务、补助贴息等多种模式，引导和支持社会力量兴办各类养老服务设施。[③]

早在 2006 年，新疆乌鲁木齐市便开始推行"居家养老"的理念，以家庭为核心、以社区为依托、以专业化服务为依靠，为居家老年人提供以解决日常生活困难为主要内容的社会化服务。其主要形式有两种：由经过专业培训的服务人员上门为老年人开展照料服务；在社区创办老年人日间服务中心，为其提供日托服务。到 2013 年全疆有社区托老所、

---

① 《银川改造残疾人家庭无障碍设施》，2013 年 4 月 19 日，新华网（http://www.people.com.cn/h/2011/1021/c25408-3262894101.html，2011-10-21）。

② 《新疆今年重点推进居家养老和社区养老》，2013 年 4 月 19 日，新疆新闻在线网（http://www.xjxnw.gov.cn/zx/snkx/jnkx/03/992395.shtml，2013-03-04）。

③ 《新疆构建"9073"养老服务模式 居家养老成为主流》，2013 年 4 月 19 日，新华网（http://pension.hexun.com/2012-10-21/147032840.html，2012-10-21）。

日间照料中心 66 个，其中乌鲁木齐有 48 家，民营托老站占近 2/3。①
2009 年底，乌鲁木齐市政府出台了《乌鲁木齐市关于开展居家养老服务工作的实施意见》。从 2010 年 5 月 1 日起，乌鲁木齐居家养老服务工作正式开始执行。2013 年乌鲁木齐试点建设面向老年人以及有服务需求的其他居民的社区居家养老服务信息平台。居家养老服务信息平台项目实行政府主导、社会参与、市场运作、公益服务的运行模式，整合与居民生活相关的社会服务资源，向居家老人提供养老服务、信息服务、救助服务、医疗服务、家政服务、社区导购服务等项目。②

克拉玛依市克拉玛依区还建成了居家养老信息一体化平台项目，利用老年人专业信息库对老年人开展服务资格审查、老年优待证办理、居家养老服务评估、高龄补贴管理发放以及老年人健康体检动态服务管理。该项目强化了居家养老服务评估信息、医疗救助信息以及老年人医疗就诊信息的采集和分析功能，构建了完善的老年人健康信息档案，为老年人就医提供参考依据，进一步放大了专家团队为老年人提供健康指导、医疗咨询和定期回访的服务优势。该居家养老信息一体化平台项目全面开始运行以来，已对全区所有 60 岁以上的老年人共计 27608 人提供了跟进服务。2013 年在全区老年人中，40004 人次享受了日托服务，6557 人次享受了助餐、送餐服务，271 名重度依赖老人享受了上门护理服务，350 名高龄、失能、半失能老人享受了 24 小时智能化贴心服务。③ 智能化居家养老服务项目，为 2750 名 80 岁以上及特殊群体老人购买服务 88.95 万元。④

六　四川

四川省提出到"十二五"末初步形成"9073"养老格局，计划

---

① 《乌鲁木齐居家养老现状调查 推行 6 年仍处起步阶段》，2013 年 4 月 19 日，人民网（http://xj.people.com.cn/n/2013/0225/c345984-18204978.html，2013-02-25）。

② 《乌鲁木齐年内将试点居家养老服务信息平台》，2013 年 4 月 19 日，新疆网（http://www.hongshannet.cn/News/2013-03/14/content_2107336.htm，2013-03-14）。

③ 《克拉玛依区：居家养老服务信息一体化》，2014 年 4 月 13 日（http://www.jujiayanglao.net/wzjgy.jsp?urltype=news.NewsContentUrl&wbnewsid=42444&wbtreeid=10812）。

④ 《新疆克拉玛依区养老工作情况简介》，腾讯新闻网（http://news.qq.com/a/20130722/004645.htm）。

"十二五"期间初步实现城市社区居家养老服务信息管理系统、老年人居家呼叫服务系统和应急救援服务网络全覆盖。创建以日间生活照料、医疗康复、文化娱乐、精神慰藉、权益维护、应急救助等服务功能为一体的养老服务示范社区300个。培训各类专业养老服务人员，持证上岗率达到60%以上。①

成都模式：社区建立"居家养老日间照料室"，专为高龄、独居和空巢老年人提供集生活照顾、护理照顾、医疗保健、康复治疗、饮食营养于一体的全方位服务。老人们白天在照料室里享受服务，晚上回家。照料室的设立使敬老院和社区融为一体，为老年人居家养老提供了新选择。

成都市青羊区2012年被评为第四批全国养老服务示范单位。青羊区将养老事业纳入重要的民生工程项目，整合利用医疗卫生、文化教育、司法援助、体育健身、信息咨询、设施设备、人力资源等各类资源，大力打造以区级的养老服务中心为引领、以街道老年服务中心为支撑、以社区（院落）助老服务站（点）为触角的10分钟助老服务圈，实现全区域、多功能的助老服务全覆盖。青羊区利用闲置场地、房产或采取租赁民房等多种方式解决街道（社区）托老服务用房问题，大力搭建院落助老服务平台，为辖区老年人提供短期托养、助餐、助洁、助浴、助医、助行、助购等生活服务，兼顾老年人文化娱乐、学习教育、体育健身、精神关爱、社会参与、权益维护等多方面的需求。②

截至2013年末，成都市共有城乡居家养老服务中心219所，床位数4255张。③

2014年3月成都市首个农村居家养老服务中心在金堂县官仓镇建设完成并投入试运营。它是由双新村委办公室改建而成，设有综合服务室、娱乐活动室、文化活动室、理发室、洗浴室、洗衣房、康复室、日

---

① 四川日报：《四川力争"十二五"末初步形成"9073"养老格局》，2013年4月19日（http：//sichuan. scol. com. cn/dwzw/content/2012－05－24/content_ 3744099. htm？node＝968，2012－05－24）。

② 成都日报：《全市首个特色养老品牌 青羊区打造"10分钟助老服务圈"》，2013年4月19日（http：//www. cdrb. com. cn/html/2012-09/20/content_ 1689270. htm，2012-09-20）。

③ 《成都市2013年老年人口信息和老龄事业发展状况报告》，中国老龄产业协会网（http：//www. zgllcy. org/chanye/news_ in. php？f＝yanjiu&nohao＝318）。

间照料室、厨房等功能室，并配备了相应的设施设备，由社会组织——金堂县馨园公益服务中心营运，服务项目包含了文化活动、娱乐活动、健康、生活照料及其他五大类 29 个小项服务，为辖区内老人提供无偿、低偿或有偿服务。2014 年在全市开展 50 个农村居家养老服务中心建设的试点工作，市民政局对每个试点点位给予 50 万元的资金补助，用于服务场所改建、设施设备购置和购买服务。50 个试点农村居家养老服务中心于 2014 年 8 月全部投入运营。①

在农村居家养老方面，2010 年四川省首个农村新型社区老年助残关爱站开放，成都市锦江区三圣街道大安桥社区老年助残关爱站作为四川省在农村新型社区设立的首个老年助残关爱站，着手探索建立符合农村养老助残特点的新模式。关爱站采取政府购买服务，引进社会组织管理，免费服务由民政残联给予定额补贴，低偿服务按实际完成量由民政残联给予专项补贴。关爱站不仅是提供服务的场所，更是整合各种社会服务的平台。②

在养老助残方面，2011 年攀枝花市首次开展残疾人家庭无障碍改造，共惠及残疾人家庭 301 户。2012 年，该市继续开展残疾人家庭无障碍改造工作，对 200 户残疾人家庭进行相应改造，根据受助残疾人的残疾程度、类别的不同，以及残疾人家庭的实际需求，对其家庭进行不同内容的改造。③ 2012 年绵阳市 7 项残疾人项目纳入民生工程，如资助智力、精神等重度残疾人居家安养，为残疾人家庭实施无障碍改造等。④

七　重庆

重庆市社区居家养老服务工作起步于 2006 年。2011 年以来，探索

---

① 《成都市首个农村居家养老服务中心投入试运营》，四川省人民政府网（http：//www.sc. gov. cn/10462/10464/10465/10595/2014/3/31/10297256. shtml）。

② 四川日报：《全省首个农村新型社区老年助残关爱站开放》，2013 年 4 月 19 日（http：//www. sc. gov. cn/jrsc/201012/t20101220_ 1102113. shtml，2010-12-20）。

③ 攀枝花市人民政府：《攀枝花 200 户残疾人家庭将进行无障碍改造》，2013 年 4 月 19 日（http：//www. sc. gov. cn/10462/10464/10465/10595/2012/2/22/10199865. shtml，2012-02-22）。

④ 《绵阳市 7 项残疾人项目纳入民生工程》，2013 年 4 月 19 日，绵阳市政务网（http：//www. sc. gov. cn/10462/10464/10465/10595/2012/2/23/10200107. shtml，2012-02-23）。

通过日托服务、上门服务、小型社区养老院等多种方式，为社区老人尤其是城镇"三无"对象、空巢老人提供生活照料、日常陪护、送餐助餐、家政服务、医疗康复和精神慰藉等多元化的服务，基本构建了以家庭为核心，以社会化服务为支撑，无偿、低偿和有偿三种服务方式并存的全市居家养老服务工作雏形。①

重庆市渝中区加大居家养老力度，努力实现"老有所养"。通过试点等方式，积极引入社会中介组织参与养老服务和管理，推动居家养老走社会化、产业化之路。重庆市渝中区南纪门街道通过"服务四拓展"推进居家养老建设。一是拓展服务机构。建立了居家养老服务中心，各社区建立了居家养老服务站，并配备专职工作人员，全街上下形成了联动工作网络。二是拓展服务队伍。为充分满足不同阶层老年人多样化的个体需求，街道组建了三支养老服务队伍，把专业化、职能化服务队伍与志愿者服务队伍结合起来。三是拓展服务方式。目前，社区养老服务方式主要包括寄宿托养、日间照料和上门服务，重点发展日间照料和上门服务，服务项目包括配餐、家政服务、理发、熨烫、家电修理、陪护等。四是拓展服务活动载体。街道千方百计丰富老年人的文化生活。②

天星桥街道天正街社区"幸福里"居家养老服务中心于2011年3月成立，该中心实行"六位一体"的居家养老模式，即居家健康养老、心理养老、维权养老、理财养老、孝心养老、文体养老六大方面有机结合起来，构成一个完善的、全方位的养老服务体系。同时还聘请了专门的管理人员为老年人提供午餐和晚餐服务，解决了老年人吃饭难的问题。对于空巢老人还有专门的护工为其提供买菜、打扫等家政服务。③

重庆武隆用"3+1"模式关爱"空巢老人"，也就是乡、村、组三级干部加上党员中心户，每个村由乡党委班子成员挂帅，每个组由乡、村干部联系，每个空巢老人户由组干部和党员负责。梁平县民政局、县

---

① 《重庆全市城镇社区居家养老服务情况调查（摘编）》。

② 南纪门街道党工办：《渝中区南纪门街道"服务四拓展"　创新推进居家养老建设》，2013年4月19日（http://www. 12371. gov. cn/html/zqdj/jcdj/dxz/2013/02/05/143524241894. html，2013-02-05）。

③ 《武隆：用"3+1"模式关爱"空巢老人"》，2013年4月19日，新华网重庆频道（http://www. cq. xinhuanet. com/2012-05-14/c_ 111945447. htm，2012-05-14）。

老龄办制定出台了《高龄老人生活保健补贴及节日慰问金发放管理办法》，规定对该县90周岁以上的高龄老人发放生活保健补贴（简称高龄补贴），并实行重阳节、春节重点慰问制、"六大节日"慰问制、死亡抚慰制等长效慰问机制。[①] 江北区全市试点了困难残疾人家庭无障碍改造项目，对辖区内急需改造的困难残疾人家庭及残疾人居家康复托养点开展了相关需求调查。

八　云南

云南省在加强养老机构建设的同时，以高龄、独居、空巢、失能和低收入老人为重点，积极开展居家养老服务示范点建设。2010年和2011年，云南省被国家发改委和民政部列为全国基本养老服务体系建设试点省份，启动了28个养老试点项目建设。昆明市西山区、昆明市盘龙区、玉溪市红塔区、曲靖市麒麟区、红河州个旧市先后被列为全国养老服务活动示范单位。[②] 根据《云南省老龄事业发展"十二五"规划》，"十二五"期间云南省加大对社区为老服务设施、场所建设的投资力度，有效解决社区为老服务供给不足的问题。省政府提出在"十二五"末，全省70%的城市社区建立居家养老服务中心（日间照料站点），10%的农村社区（村委会）建立综合为老服务设施或站点。把孤老、独居、高龄、失能或半失能、贫困老人作为居家养老服务的重点，做好生活照料、家政服务、精神慰藉、医疗保障、应急救助等服务工作。[③]

社区居家养老服务的"昆明模式"。2009年10月，昆明市盘龙区和西山区相继成立了云南省首批"社区居家养老服务中心"，改变以前纯粹由保姆、家属或者自我照料的传统家庭养老模式，创立了"1+1+1"的新型居家养老模式，即一个专业护理人员、一套专业护理设备和

---

① 重庆市民政局：《梁平县给高龄老人发放高龄补贴》，2013年4月19日（http：//jmz. cq. gov. cn/zh/news/qxmz/show. aspx？msort=&sort=74&id=6826，2011-09-26）。

② 《云南积极应对人口老龄化 大力发展老龄服务事业》，2013年4月19日，云南网（http：//cp. cctv. com/20130117/106002. shtml，2013-01-17）。

③ 《云南今年将新建500个居家养老服务中心》，2013年4月19日，云南网（http：//www. yn. xinhuanet. com/newscenter/2013-01-23/c_ 132121366. htm，2013-01-23）。

一个家政助理。这种新型居家养老服务主要有两种形式：一是由专业的服务人员走进老人家庭，为老人开展陪护服务；二是让老人进入养老服务中心，接受日托服务。在信息技术应用方面，昆明市 GPS 卫星定位助老信息服务系统是在原来盘龙区助老呼叫服务中心基础上升级改造的，其标准化、系统化、规范化、一流化的建设，是昆明市在云南省的首创。为鼓励民营企业兴办养老服务机构，昆明市财政实行一奖一补，即按投资额的 10‰给予奖励，按床位实行运营补贴，每年每床补贴 360 元。① 昆明市社区居家养老服务示范中心自开业以来每年服务 8000 多名老人，为老人提供了多达 20 项以上的服务，举办了近百场文体娱乐活动。② 服务中心创办人徐丽萍在服务中发现，仅靠日间照料和上门服务仍然解决不了部分高龄瘫残老人的养老问题。针对这样的现状，徐丽萍又整合了一个社区医院，把医疗资源整合到养老服务机构中来，合作开设了滇池旅游度假区金河社区养老服务中心，形成"立体养老服务模式"。目前，金河社区养老服务中心入住的老人，平均年龄在 80 岁以上，最大的达 103 岁。80%以上为不能自理状态，护理难度较大。但是，徐丽萍要求她的团队，一定要给老人尊严与体面，最基本的表现形式就是干净整洁、被尊重、与人群有交流、不孤单恐惧；其次是要身心愉悦，病有所医、苦有所诉、乐能分享。这些措施也大大地感动了家属，金河社区养老服务中心的满意率达 100%。③

2013 年昆明市首个"温馨家庭服务中心居家养老项目"在高新区康宏社区启动。社区内年满 60 周岁的孤寡、贫困老人可免费享受每月 8—16 小时的生活照料、精神慰藉等养老服务。④ 近年来，昆明市官渡区金马街道东华路社区充分利用社区资源，建立起面向社区老年人的居家养老服务中心，受到广大老年人的广泛赞誉。该社区开展的居家养老服务中心面向辖区内的老年群体，尤其是优抚对象、"三无"老人、中

---

① 2011 年中国城市管理进步奖推荐案例：《社区居家养老服务的"昆明模式"》，《领导决策信息》2011 年第 28 期。

② 许孟婕、徐丽萍：《坚守 10 余年　开创居家养老"昆明模式"》，法制网（http://www. legaldaily. com. cn/locality/content/2014-04/29/content_ 5487846. htm？ node=30530）。

③ 同上。

④ 云南日报：《昆明市首个温馨家庭服务中心居家养老项目启动》，2013 年 4 月 19 日（http：//newhouse. km. soufun. com/2013-01-06/9313569. htm，2013-01-06）。

低收入的失能半失能老人和 80 周岁以上的高龄老人，提供免费或低偿的日间生活照料、护理康复、情感关怀、医疗保健、心理咨询、法律援助、文体娱乐等多功能为一体的为老服务项目，满足社区老年人多样化的养老需求，使社区内的老人能安享晚年，实现"老有所养、老有所医、老有所教、老有所学、老有所为、老有所乐"。[①]

九　贵州

贵州省 2013 年正式发布的《社会养老服务体系建设规划》提出，到 2015 年，贵州建立健全县（市、区）、乡镇（街道）、社区（村）三级服务网络，基本实现城市社区居家养老全覆盖，并在 80% 以上的乡镇和 50% 以上的农村社区建立包括老龄服务在内的社区综合服务设施和站点。贵州省明确表示，将把日间照料中心、托老所、星光老年之家、互助式社区养老服务中心等社区养老设施纳入小区建设规划，采取就近、方便和实用原则，开展全托、日托、临托等多种形式的老年社区照料服务。[②] 2010 年以来，省级投入养老服务设施建设补助资金规模达到 20 亿元，建成了一批乡（镇、街道）居家养老服务中心和社区日间照料中心、居家养老服务站，基本实现了居家养老服务在城市社区全覆盖，并将 80 岁以上老年人高龄补贴制度推行范围扩大到 16 个县（市、区）。[③]

贵阳市各辖区纷纷结合自身实际开展各具特色的为老服务。南明区总结花果园办事处红丝带为老服务的基础上，广泛开展"晚霞彩带"活动，老人需要帮助时，只要在窗户上或者醒目的地方挂上鲜艳的、表示不同情况的"彩带"，社区居民委员或服务人员就会第一时间上门为老人解决困难，做到了家政服务上门、心理慰藉到位、社区医疗及时，给老人提供了便利。固云岩区宅吉办事处实行针对 80 岁以上的老人的"爱心电话"，在老人有需要的时候拨通爱心电话，居家服务人员就会

① 邹艳芳：《昆明官渡区东华路社区居家养老模式受群众称赞》，云南网（http://society. yunnan. cn/html/2014-03/13/content_ 3122466. htm）。

② 《贵州 3 年内将建 2400 个社区居家养老服务中心》，2013 年 4 月 19 日，新华网（http://news. xinhuanet. com/2013-01/03/c_ 114229998. htm，2013-01-03）。

③ 《贵州：基本实现了居家养老服务在城市社区全覆盖》，新华网（http://www. gz. xinhuanet. com/2013-11/28/c_ 118326478_ 2. htm）。

在第一时间为老人提供相应的服务。同时云岩区中北办事处为缺乏生活自理能力和行动不便的老人提供上门服务。白云区红山办事处的《亲情交流协议书》通过协议的方式，为老年人提供多种形式的社区养老服务。老年人综合服务中心和养老服务站根据不同的服务对象提供无偿或低偿服务：一是对社区内半自理、不能自理的特困老人，提供由政府付费的上门照料服务。二是开展多种形式的有偿服务。对于有经济来源且需要服务的老人，根据老人需要和支付能力，按照服务标准和收费标准，建立协议服务关系，提供各类低偿服务。协助街道办事处组织以青少年为主体的志愿助老服务队伍，开展有实质内容的"关爱老人　青春行动"。充分发动辖区内机关、企事业单位、学校等各方面力量，组建志愿助老服务队伍。[①]

贵州遵义赤水着力推进社区居家养老服务，居家养老服务站的服务内容和形式包括：以社区特困老年人为重点对象，开展政府埋单的特别帮扶服务；根据普通老年人年龄、困难程度、家庭状况等不同情况开展无偿、低偿和有偿服务；以娱乐活动室为龙头，开展适合老年人特点、有益老年人身心健康的文化、体育、保健服务；以书报阅览室为阵地，开展有益老年人身心健康的讲座、咨询、阅读等学习、文化服务，以社区医疗卫生机构为基础，开展医治、义诊、健康教育等医疗保健服务；以家庭成员为主、服务站职工为辅，开展日常照料、精神慰藉等服务。[②]

十　西藏

2012 年，拉萨的俄杰塘社区成立了自治区首个居家养老服务站，做到了让老人不再担忧自己的晚年生活。目前，居家养老服务站内的基础设施已经配齐，如果老人行动不便，服务站还会根据老人的需要，到

---

① 臧秀娟、赵亮：《贵阳市城市居家养老问题研究》，《贵州商业高等专科学校学报》2011 年第 1 期。

② 贵州遵义赤水文明办：《遵义赤水着力推进社区居家养老服务》，2013 年 4 月 19 日（http://www. wenming. cn/syjj/dfcz/gz/201111/t20111111_ 384606. shtml, 2011-11-11）。

老人家里帮忙打扫卫生、配送饭菜、送煤气、洗衣服等。① 2012 年拉萨市残联认真实施阳光家园计划——智力、精神残疾人和重度肢体残疾人居家托养补贴、残疾人机动轮椅车燃油补贴、贫困残疾人危房改造补贴、重度残疾人家庭无障碍设施改造补贴等惠及残疾人的民生项目。②

对建设桑耶寺僧人养老院的提案,自治区党委统战部等部门深入调研,提出了在全区百人以上寺庙修建养老院的建议。针对全区寺庙僧尼中 60 岁以上占 10%、40 岁到 50 岁占 60% 的年龄结构和老年僧尼养老难的实际,自治区决定在 45 座百人以上寺庙统一修建养老院,力争在 3 年内全面建成并投入使用。③

十一　内蒙古

为加快社会养老服务体系建设步伐,解决老年人老有所养的问题,内蒙古将全面实施"9073"养老服务体系建设,实现养老服务由救助型向福利型、由补缺型向普惠型的转变,形成与内蒙古经济社会发展水平相协调、与人口老龄化进程相适应,城乡统筹发展的社会养老服务体系。④

早在 2007 年,包头市就在昆都仑区开始探索社区居家养老服务模式。2008 年,昆都仑区率先在全市开展了居家养老服务工作,按照居家养老服务就近、便利、经济的原则,在老年人相对比较集中的地方建有星光老年之家社区,并建立了一批带有综合服务功能的居家养老服务站,以此作为实施居家养老服务的主体。⑤ 从 2010 年 10 月开始,当地政府实行居家养老服务补助政策,每月为 70 岁以上"三无"、高龄和

---

① 龙俊霖:《拉萨俄杰塘社区成立全区首个居家养老服务站》,2013 年 4 月 19 日（http://www. chinatibetnews. com/shehui/2012-11/30/content_ 1120904. htm,2012-11-30）。

② 拉萨晚报:《拉萨将实施重度残疾人家庭无障碍设施改造项目》,2013 年 4 月 19 日,拉萨市政府网（http://www. lasa. gov. cn/Item/38422. aspx,2012-04-23）。

③ 《寺庙建养老院列入西藏十二五规划》,2014 年 1 月 9 日,网易新闻（http://news. 163. com/14/0109/06/9I4L2AB200014AED. html）。

④ 《内蒙古将全面实施"9073"社会养老服务体系建设》,2013 年 4 月 19 日,新华网（http://www. nmg. xinhuanet. com/xwzx/2013-03/21/c_ 115102051. htm,2013-03-21）。

⑤ 内蒙古包头市文明办:《包头社区居家养老给空巢老人建温暖的家》,2013 年 4 月 19 日（http://www. wenming. cn/syjj/dfcz/201112t20111219_ 430411. shtml,2011-12-19）。

特殊群体老人，按人均 60 元的标准发放养老服务券，持券老人可随时电话呼叫社区服务中心，进行医疗康复护理、陪医配药、洗衣做饭等各种"消费"。① 经过几年的努力，2011 年昆都仑区已建立了 83 个社区居家养老服务工作站，有 130 名助老服务员，为 600 余名低收入空巢老人提供无偿服务。2012 年包头市在推进社区居家养老方面，制定了《包头市社区老年日间照料管理（暂行）办法》，满足"三无"老人、失能老人、贫困老人、空巢老人、高龄老人等特殊人群服务需求，开展全托、日托、临托等多种形式的老年社区照料服务。同时加大老龄工作力度，制定出台《包头市 80 周岁以上低收入老年人高龄津贴发放实施方案》，对 80 周岁以上符合条件的高龄老人实施生活补贴政策。②

2011 年呼和浩特市首个"居家养老社区便民服务平台"项目在赛罕区社区成功搭建完成，选取桥华社区、电力家园社区、东郊社区三个社区为试点，并对提出申请的 60 周岁以上居民免费安装社区便民呼叫系统。便民呼叫系统安装完成后，重点为老年人提供紧急求救、求助、家政、餐饮、医疗保健、法律维权、文化教育、体育健身、精神慰藉、生活照料等多项优质服务。③

2012 年以来赤峰市红山区西屯街道扎实开展居家养老工作，居家养老工作在红山区西屯街道七个社区全面展开。居家养老主要的服务内容有代购配送、陪医送药、精神慰藉、家政服务、代缴水电费等。同时，在一西街成立日间照料服务中心，从老人的看管、饮食、吃药等方面全方位为老年人提供日托服务。④

如何解决农村牧区老人，特别是留守和独居老人的养老问题，乌兰察布市化德县从本地区实际出发，积极探索新形势下农村牧区社会养老新模式，大力实施农村互助养老幸福院建设工程，探索出一条在欠发达

---

① 经济参考报：《"居家养老"是重要出路》，2013 年 4 月 19 日（http：//jjckb. xinhua-net. com/2012-07/27/content_ 390388. htm，2012-07-27）。

② 包头日报：《内蒙古包头市 2012 年将建 25 个"托老所"》，2013 年 4 月 19 日（ht-tp：//www. chinaacc. com/new/184_ 900_ 201202/21ba172894813. shtml，2012-02-21）。

③ 《呼市搭建居家养老便民平台》，2013 年 4 月 19 日，内蒙古新闻网（http：//inews. nmgnews. com. cn/system/2011/08/16/010638366. shtml，2011-08-16）。

④ 赤峰日报：《红山区西屯街道扎实开展居家养老工作》，2013 年 4 月 19 日（http：//roll. sohu. com/20121228/n361921453. shtml，2012-12-28）。

地区解决农村牧区老龄人口集中供养、推进村镇布局调整、加快建设新农村新牧区的有效途径。互助养老幸福院养老模式，既有农村牧区敬老院的特征，又符合农村牧区老年人的居家养老习惯。其基本模式是：以村为单位，充分利用敬老院，闲置的校舍、厂房，旧乡镇政府办公场所等资源，配套建设文化、卫生等公共服务设施，按照自治、自愿、自理、自助的原则，探索符合当地实际的"集中居住，分户生活，统一管理，互帮互助"的农村养老新路子。[①]

十二　广西

广西柳州市针对7%在社区养老的半失能老人，市民政局积极建设日间照料中心，已开工的有设在柳化厂内的"宏力"日间照料中心，它是康复设施功能齐全的综合养老服务点，半失能老人可在此享受"日托"服务。[②]

南宁市于2010年出台了《南宁市居家养老服务工作实施方案》，并在6个城区22个街道办事处各建立一所以上的居家养老服务中心，覆盖197个社区的居家养老服务站（点）。在广西人口老龄化特征明显及居家养老服务在全国各地全面推进的背景下，南宁市"居家养老服务"大学生联合组织于2009年3月正式成立。大学生联合组织，发动大学生志愿者利用课余时间，关怀城市中日益增多的空巢老人。服务的方式是3—4名大学生志愿者照料一位老人，每周末与老人会面一次。服务内容包括与生活不能自理的空巢老人、远离子女的老人聊天、陪读（为有眼疾或文化低的老人读书等），为其买菜做饭、打扫卫生，偶尔还陪老人一起吃饭过节，老人生病时陪其到附近的医院看病。[③]

桂林市居家养老的主要特点有：一是搭建服务平台，建立"爱心一键通"求助热线，为老年人提供紧急呼叫服务，并为接受服务的老

①　《内蒙古自治区人民政府关于推进农村牧区互助养老幸福院建设的意见》，《蒙古自治区人民政府公报》2012年第18期。

②　广西柳州民政局：《柳州创建"9073"养老模式》，广西柳州民政网（http://liuzhou. mca. gov. cn/article/gzdt/201209/20120900353339. shtml）。

③　王顺著、林欢：《大学生志愿服务居家养老存在的问题及其对策——以广西南宁为例》，《广西青年干部学院学报》2010年第4期。

年人建立电子档案。二是为居家养老服务工作的开展提供政策支持。三是多样化的居家养老服务形式。一方面是逐人建档、细致服务；另一方面是借助市场化模式经营，与一些家政公司、服务单位进行签约，政府为老年人的居家生活精挑细选、购买服务。全市居家养老服务中心（站）为老年人提供的服务内容包括：生活照料、家政服务、康复抚慰、日托服务、心理咨询、精神慰藉、临终关怀等。其中，"三无"老人可享受无偿服务；失智失能老人、百岁以上高龄老人、低保老人和重点优抚老人可享受低偿服务；其他社区居民则可享受有偿服务。①

据统计，截至 2013 年底，广西全区共建成居家养老服务设施 771 个、日间照料中心 43 个，城市社区居家养老服务覆盖率达 45%。2014 年建设 1000 个农村幸福院、1000 个五保村、80 个社区日间照料中心，打造 25 个示范敬老院。②

自治区从 2013 年 9 月起启动实施的农村幸福院建设是一个帮助农村老人在社区里实现老有所养、老有所乐的良好平台。幸福院设有日间休息室、娱乐活动室、厨房、餐厅、室外活动场所，还成立理事会和配备服务人员，为老人提供休闲娱乐、日间休息、就餐服务。

广西将通过项目委托、以奖代补、居家养老补贴等多种形式，鼓励和引导社会资本开展居家养老服务，积极扶持发展专业从事居家养老服务的企业和民办非企业单位，培育一批专业的居家养老服务机构。引导鼓励民办养老机构走连锁化运营模式，实现资源的整合共享，培育一批知名养老服务集团。重点在南宁、桂林、柳州三市探索尝试。2014 年试行部分福彩公益金购买服务项目和政府购买服务项目，2015 年推进政府购买养老服务工作提质扩面。③

综合而言，结合以上对西部 12 省区居家养老服务的发展情况，对西部几个主要城市居家养老服务特点的归纳如表 6—5 所示。

---

① 廖洪：《桂林市社会化居家养老模式的探索与思考》，《中共桂林市委党校学报》2012 年第 4 期。

② 蒋秋、黄光曦：《广西养老服务改革新走向　推行政府购买服务》，2014 年 6 月 17 日，中国经济网（http://gx. ce. cn/sy/gd/201406/17/t20140617_ 1581870. shtml）。

③ 同上。

表6—5　　　　　　　　　西部几个主要城市居家养老服务的特点

城市	居家养老服务的主要特点
西安市	莲湖模式：区政府本着"政府建设、社会参与、市场运作"的原则，打造出居家养老服务三个方面的典型特点：（1）市场化。这是从居家养老服务的供给参与主体方面来体现的，即充分调动市场资源和社会力量来提供居家养老的公共服务，通过政府购买养老服务，而非政府直接提供服务。（2）信息化。区居家养老服务中心通过进行充分和翔实的老人信息档案建设，应用相对先进的网络信息服务平台与居家养老服务体系结合起来，为老年人居家养老服务提供信息的前提支撑，实现养老服务供给与需求及时有效的对接。让老年人足不出户就可以通过固定电话、移动、网站三种形式，得到20大类130多项服务。还可利用物联网和普适计算技术，实现智能化养老。（3）福利化。区居家养老服务中心对"三无、特困、伤残、高龄、孤寡"等老人提供无偿的居家养老服务
兰州市	兰州模式：城关区"虚拟养老院"的运作模式成为我国社区居家养老服务信息系统建设试点项目，它以网络通信平台和服务系统为支撑，采用政府引导、企业运作、专业服务人员服务和社会志愿者、义工服务、社区服务相结合的方式，有效地整合了辖区医疗、文化、体育、餐饮、家政、司法等资源，建成虚拟养老餐厅、养老医疗站等为老服务网点
克拉玛依市	克拉玛依区模式：一是建立健全养老服务机构设置，初步构筑了为老服务社会化运营模式，探索建立街道居家养老理事会制度，规范了公共服务项目化管理、社会化运行条件下的法人治理结构。二是建立健全养老服务评审网络。三是建立健全养老服务三支队伍（专业队伍、志愿者队伍、居民互助服务队伍）。四是加大补贴力度
成都市	成都模式：社区建立"居家养老日间照料室"，专为高龄、独居和空巢老年人提供集生活照顾、护理照顾、医疗保健、康复治疗、饮食营养于一身的全方位服务。老人们白天在照料室里享受服务，晚上回家。照料室的设立使敬老院和社区融为一体，为老年人居家养老提供了新选择。青羊区打造以区级的养老服务中心为引领、以街道老年服务中心为支撑、以社区（院落）助老服务站（点）为触角的10分钟助老服务圈
昆明市	昆明模式：创立了"1+1+1"的新型居家养老模式，即一个专业护理人员、一套专业护理设备和一个家政助理。这种新型居家养老服务主要有两种形式，一是由专业的服务人员走进老人家庭，为老人开展陪护服务；二是让老人进入养老服务中心，接受日托服务

第四节　东西部地区老年残疾人社区居家养老服务供给体系的比较分析

2013 年 9 月《国务院关于加快发展养老服务业的若干意见》（国发〔2013〕35 号）提出，发展养老服务业的目标是——到 2020 年，全面建成以居家为基础、社区为依托、机构为支撑，功能完善、规模适度、覆盖城乡的养老服务体系。早在 2008 年 1 月 29 日全国老龄委办公室、发展改革委、教育部、民政部等十部门联合下发的《关于全面推进居家养老服务工作的意见》中就对"居家养老服务"做了明确的界定，居家养老服务是指政府和社会力量依托社区，为居家的老年人提供生活照料、家政服务、康复护理和精神慰藉等方面的一种服务形式。

中国居家养老服务政策的发展体现出政府主导、试点先行、逐步推进和先城镇后农村的特点。目前，居家养老服务基本政策框架已经初步建立，配套制度在逐步完善，居家养老服务步入了规范化全面发展阶段。

福利多元主义为当前我国社区居家养老服务的健康可持续发展提供了一个可借鉴的理论模式：家庭、市场、政府部门、非营利组织（志愿组织）共同构成养老服务供给体系中的服务提供主体。

家庭：长久以来，家庭是老年服务供给的主体和基础，配偶和子女是老人生活最主要的服务提供者，他们为家中的老年人提供基础的生活照料、护理服务、精神和情感慰藉以及心理支持。家庭提供养老服务还有助于巩固传统反哺模式的文化价值。尽管家庭规模小型化、核心化、女性劳动参与率提高、劳动力流动性增强等因素大大弱化了家庭养老功能，但家庭仍然是养老服务供给的最主要来源。但随着老龄化、高龄化、空巢化、失能老人增多，家庭提供养老服务遇到的挑战也是前所未有的和严峻的。

与家庭养老服务供给对应的是多元主体参与社会化的养老服务供给体系。在福利多元主义理念下，养老服务社会化成为趋势，可以在很大程度上弥补家庭养老服务的不足。需要注意的是，在大力发展社会化养老服务的情形下并非就可以不要或忽略家庭养老服务，家庭养老服务的基础地位仍然是需要的，家庭养老服务与社会化的养老服务是相辅相成的。

市场：在市场经济充分发展的条件下，对于有一定支付能力的老年人而言，通过市场购买自己所需要的养老服务是一个不错的选择，在养老产业逐步发展的社会环境下，由市场为有需要的老年人提供各类养老服务既刺激了相关产业的发展，又为社会提供了更多的就业岗位，还助推了养老服务的专业化水平的提升，是一举多得的好事。市场提供各类养老服务，遵循市场规则和市场发展规律，通过竞争机制实行优胜劣汰，可以使老年人获得专业性更强、质量更高的养老服务。但对于没有支付能力的低收入甚至是贫困老年人来说，通过市场获得养老服务是不可能的，也是不现实的。

非营利组织：居家养老服务具有一定的公共物品的属性，完全通过市场来提供会存在先天缺陷。但如果完全由政府来承担，不仅会产生资源浪费，也不利于效率的提高，而且重要的是政府也没有这个精力来提供服务。非营利组织与市场竞争中的企业不同，其目标不是追求盈利，而在于实现其社会价值和公益目标，其公益性、非营利性、民间性、志愿性、自治性等特征能够有效解决其他养老方式的各种弊端，弥补"政府失灵"和"市场失灵"。非营利组织在提供居家养老服务方面的独特优势表现为：一是资源优势。非营利组织拥有人、财、物等各个方面的资源，这样一种汇集和调动社会资源的有效机制，可以大大拓展养老服务供给的来源，弥补政府资源和市场资源的不足。二是效率优势。非营利组织对养老服务的参与，承接了政府的某些服务职能，在一定程度上使得政府规模缩小了，政府支出降低了，作为一种取代传统政府科层制管理模式的准市场替代方案，将显著促进效率的提升。三是创新性、灵活性与有效性优势。相比于政府组织而言，非营利组织往往拥有的规模较小，反应也更加灵活，同时也更具有创新理念和服务意识，进而能够更好地发现公民的福利需求并给予及时的回应，更好地满足其需求。在某些福利服务的提供上也更具有个性化，更细致入微，而多样化的专业性社会团体的参与也将显著提高其所提供服务的有效性。以中国香港为例，全港 90%的社会福利都是由民间非营利组织提供的，全港社区民间组织多达 17000 多个，服务范围包括安老服务、社区服务、康复服务在内的多项服务，在社区服务中发挥了主要的作用。非营利组织提供居家养老服务的资金，除了来自提供有偿或低偿服务所得，就是来自政府的资助。政府购买是目前我国非营利组织参与社会福利服务的主要方式，即按照提供者与生产者分离的原则，政府是出资部门，非营利组织是具体的福利生产部门。政府用公共财政资金向非营利组织购买专业化的居家养老服务，从而实现多方共赢。

政府：西方在前工业化时期，福利的主要提供者是宗教组织、自愿互助的社会团体和慈善组织以及家庭，而进入工业化和市场经济之后，政府通过再分配成为福利的主要提供主体。就养老服务而言，它早已不再是家庭内部的私人领域的问题，而是越来越多地溢出家庭范畴，对公共领域、对社会发展产生重大影响的社会问题。出于市场失灵、政府失灵、再分配的需要，政府责无旁贷地在养老服务领域担当起应该担负的责任。

作为居家养老服务供给主体，政府的角色与其他供给主体有所不同，政府需要做的，一是对提供居家养老服务的组织给予财政补贴。二是组织实施购买居家养老服务，即政府从财政预算中拿出经费通过招标或直接购买社会组织的居家养老服务，包括向特困老年人发放居家养老服务券；服务提供主体不一定是服务生产主体。在居家养老服务方面，政府扮演的更多是服务提供主体而非服务生产主体的角色。政府向居家养老服务的生产主体——市场和非营利组织购买居家养老服务是符合效率原则和政府职能转变要求的。三是对居家养老服务的生产者（市场、非营利组织）实施有效的监督、规范和管理。四是对提供服务的社会组织进行必要的培育和支持（见图 6—1）。

从居家养老服务的经费来源看，存在政府购买服务、居民自费购买服务与志愿捐赠服务及其结合形式。

福利多元主义理念下完善的社区居家养老服务供给体系如图 6—2 所示。

老年残疾人是老年人中很不幸的一部分，也是老年人群中养老面临特殊困难、对养老服务需求更为迫切且需求更具特殊性的一部分人群。老年残疾人社区居家养老服务供给体系与全社会社区居家养老服务供给体系是同一体系，同时其服务供给又存在着特殊性。按照上述社区居家养老服务供给体系的框架，我们对东西部地区老年残疾人社区居家养老服务供给体系的现状做以比较。

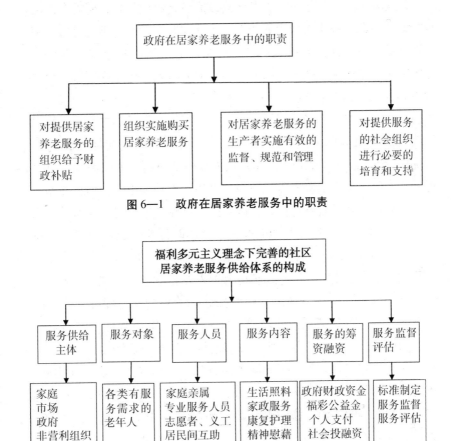

图6—1　政府在居家养老服务中的职责

图6—2　福利多元主义理念下完善的社区居家养老服务供给体系的构成

一　服务供给主体及服务人员的比较

如前所述，在福利多元主义理念下，家庭、政府、市场、非营利组织共同构成完整的养老服务供给体系中的服务提供主体。在居家养老服务供给中，东部地区更好地体现了服务主体的多元化，而服务主体的多元化大大增强了居家养老服务的供给能力，同时也为提升居家养老服务的质量创造了良好的社会环境。

例如北京市，早在 2009 年就由市政府颁发了 104 号文件，转发了民政局、市残联制定的《北京市市民居家养老（助残）服务（"九养"）办法》，该《办法》由各区县政府负责组织实施，所需资金由福利彩票公益金、残疾人就业保障金、失业保险金承担，不足部分由财政予以补足。鼓励社会力量积极参与居家养老（助残）事业。在居家养老服务多元主体中，政府在财政支持方面的主体责任体现在采取补贴、购买服务等方式为特殊困难老年人提供服务——建立居家养老（助残）券服务制度，向符合条件的老年人（残疾人）发放养老（助残）券，以政府购买服务的方式，为老年人（残疾人）提供多种方式的养老（助残）服务，以满足老年人和残疾人在生活照料、家政服务、康复护理等方面的基本生活服务需求；政府采用适度补助租金、项目补贴等方式支持社区助老助残餐桌项目；政府适度补贴社区托老所项目；居家服务养老（助残）员优先从"4050"人员和取得社会工作者资质且符合本市就业特困认定标准的人员中招聘，纳入公益性岗位；配备养老（助残）无障碍服务车；实施家庭无障碍设施改造；为老人（残疾人）配备"小帮手"电子服务器，政府按前端价格给予适度补贴。政府除了财政支持之外，还在制定政策、完善规划、服务监督等方面发挥作用。除此之外，把大部分社区居家养老服务任务交给社会、企业、家庭和个人，引导家政服务公司等服务商进社区，为老年人提供保姆服务、小时工上门服务、家庭房屋门窗和上下水修理、电器维修、上门做饭、代理购物、协助洗澡、修理指甲及修脚、理发、护理等服务；调动驻地单位、辖区服务网点和"4050"人员为老年人提供低偿优惠服务或志愿服务；培育社会组织，鼓励和吸引更多的民间组织参与到社区居家养老服务中来。

又如上海市，社区居家养老服务自 2000 年起探索，2004 年首次被列为该市政府实事项目，纳入政府财政预算，进入全面推进阶段。着手建立与社区就业相联系、政府购买服务的养老服务补贴制度，配套养老服务需求评估制度和服务标准。截至 2014 年 4 月底，上海市共有助老服务社 230 家，为 28.4 万名需要生活照料的老人提供社区居家养老服务。① 居家养老服务的"政府主导、中介组织、实体服务"的特征突出，政府主导，调动了社会各方面参与居家养老服务的积极性。

再如杭州市，截至 2013 年底，全市共有 5.97 万名城乡老年人享受政府购买居家养老服务，其中 80% 以上的服务对象为失能和半失能老人。

相比之下，西部地区居家养老服务多元主体的实现就存在一定差距。例如西安市，尽管政府也明确提出要实现居家养老服务"政府投入主导化、投资主体多元化、服务对象公众化、运行机制市场化、服务方式多样化、服务队伍专业化"，截至 2013 年 10 月，西安已累计投入近 5000 万元发展以社区为依托的居家养老综合服务，但居家养老服务供给主体多元化的目标实现效果依然不够理想。家庭、政府、市场、非营利组织共同提供居家养老服务的格局尚未真正形成，服务供给主体的单一化特征明显。社会化的居家养老服务客观上要求其服务人员具有专业化的服务水平，人员来源应包括企业和非营利组织的专业服务人员、志愿者、义工以及居民间互助服务。由专业服务人员提供日常性的主体的服务，由志愿者、义工提供临时性的服务，由居民间的互助提供辅助性的服务。

就残疾老年人的居家养老服务而言，其服务人员不仅需要受过专业训练的护理人员、家政服务人员，还需要专业的康复训练指导人员、专业的心理咨询人员、专业的社会工作者，等等。老年残疾人居家养老服务所需要的各类专业服务人员的构成如图 6—3 所示。

然而，一方面，居家养老供给服务主体供给的单一化制约了服务人员来源的多样化和服务水平的专业化。例如，2013 年末西安市对社会力量开展居家养老服务的 65 个社会组织进行运营奖励，我们对这 65 个开展居家养老服务的社会组织的构成分布进行了分析，从中可以看出，志愿者服务队 38 个，占比 58.46%；老年协会、健身活动站、老年大学、书画社、合唱团共 17 个，占比 26.15%；慈善协会 3 个，占比 4.62%；而专业化养老服务组织寥寥无几，仅 4 家，占比 6.15%（见图 6—4）。

---

① 2014 年上海市政府实事项目：《为 29 万名需要生活照料的老人提供社区居家养老服务》，上海民政网（http://www.shmzj.gov.cn/gb/shmzj/node9/node1780/node1782/index.html）。

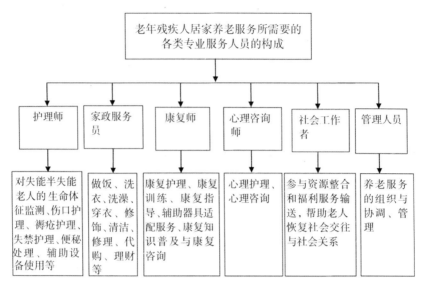

图6—3　老年残疾人居家养老服务所需要的各类专业服务人员的构成

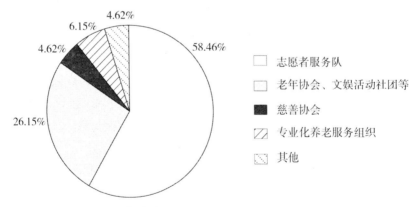

图6—4　2013年末获得市政府运营奖励的西安市社会力量开展
居家养老服务的65个社会组织的构成分布

　　社会力量开展居家养老服务的社会组织不仅数量有限，而且分布以志愿者服务队为主，志愿者虽然有服务热情，但是助老服务时间不固定，大都是业余时间，且缺乏专业培训，服务项目单一。志愿者服务的确是居家养老服务的人力资源之一，但如果过分依赖志愿者的服务或志愿者在居家养老服务的人力资源中占比过大，显然会影响到居家养老服务的专业化水平以及持续性。课题组在西安市社区调研时也发现，老年残疾人家属反映说，"一到寒暑假大学生志愿者都回家了，就没有志愿者来服务了，平时志愿者来家里也就是陪着老人下棋、聊天或天气好时推着老人出去晒晒太阳，其他活不会让志愿者做的"。

在居家养老体系中，养老服务人员扮演了重要角色。目前我国需要的养老服务人员达 1000 万人，各地养老机构中的养老服务人员只有 22 万人，有相关资质的只有 2 万人！供需缺口巨大。大多数接受过培训、长期从事养老服务的专业人员，还服务于养老机构，而居家养老所需的专业服务人员存在更大缺口。专业服务人员缺乏的情况从陕西省的现状可见一斑。目前，陕西省养老护理人才主要由以下几个方面构成：一是农村中老年妇女和城镇下岗工人，几乎占到 80% 左右。一般就近招聘，年龄偏大，平均年龄 45 岁，文化层次较低，几乎没有接受过养老护理方面的专业培训。二是家政公司短期培训人员，在社区居家养老中心居多。这些人员受过家政公司的短期培训，具备简单的护理知识，主要是生活照料。三是部分医学护理人员转换而来，在养老院中占据很小的比例。这部分人员具有专业的医学护理知识和基本的心理咨询知识，与专业的养老护理有所差异。四是大中专老年服务与管理专业毕业的实习学生。综合素养高，具备专业的老年护理知识，但数量有限。目前他们主要集中在养老机构里面从事护理工作，从事社区居家养老服务的很少。目前陕西省养老护理人才供给存在的问题是：（1）缺口大。如果按照失能老人 3∶1、自理老人 10∶1 的护理要求，陕西省潜在需求护理员 20 万人左右，但目前仅有 3000 余人从业。（2）综合素养不高。由于绝大部分是农村中老年妇女和下岗职工，未受过专业的培训，职业道德缺乏，专业素养缺失，直接导致了服务项目单一和服务质量不高。（3）由于待遇较低及工作强度大，导致养老护理人员流失严重。特殊的工作环境和要求，养老护理人员工作量大，月工资在 1000 元到 3000 元，大部分都在 2000 元左右，待遇较低。养老护理员休假制度不规范，全护理的有时需要 24 小时上班，工作强度很大。（4）高素质养老护理人才缺乏。目前除了家政公司培训的一部分家政护理员之外，只有陕西工运学院开设了老年服务与管理专业，目前培养毕业并取得养老护理员资格证的学生仅 200 余名。

调查中还发现，不少社区虽然开展了居家养老服务，但缺乏专职的养老护理服务人员，甚至由社区行政工作人员临时充当。西安市莲湖区西关街道某社区主任接受我们课题组调研访谈时说：

> 我们这个社区是老社区，没有物业，没有保洁，没有专人负责清理社区垃圾和维修水电，我们社区行政工作人员需要每天早上扫院子，每天轮流值日负责我们社区的垃圾清理，每月上门收水电费、垃圾费，每天轮流做老年餐桌，至于对社区内的"三无"老人、孤寡老人服务，我们社区这几个行政人员谁有空就去入户看一下这些老人，有时也帮他们捎点菜到家。民政局每年给我们每个社区养老服务站 2 万元补贴，基本都用于服务站的房租了，我们这个服务站的房租每月 1600 元。我们社区总人口有 1.26 万人，其中有 60 岁以上老人 1682 人，80 岁以上的 106 人，60 岁以上持有残疾人证的老年人 10 人，其中有 3 户享受了政府无偿提供的每月几小时的居家养老服务。整个社区享受政府无偿提供的居家养老服务的老人共 10 人，由 1 名养老护理员（区上培训过）负责提供服务。有偿的居家养老服务我们还没有开展，主要是因为缺专职服务人员，我们也无能为力。

兰州市城关区焦家湾街道焦家湾社区的情况同样具有代表性。这个社区的居家养老服务主要针对空巢老人、独居老人和残疾老人。这里有 60 岁以上的老人将近 900 人，而服务人员不过十几人。在这种比例之下，能够提供重点帮扶的老人只有 20 多个。对于空巢老人、残疾老人和独居老人，他们采取"一帮一"的形式，社区专职干部和领导班子进行帮扶，定期上门走访。另外，社区与区内的中医附属学院学生签订帮扶协议，学生们每周五下午对这三类重点人群上门服务，帮助打扫卫生、买菜做饭。每年有一次老年人趣味运动会，每月办一次知识讲座。另外还有一些相关文化服务活动，比如每年重要节假日都会开展关爱老人的主题活动——重阳节主题周、中秋节社区百家宴等；过节时，社区工作人员也要与独居老人一起包饺子。这些在外人看起来似乎已经非常简单的服务清单，几乎耗尽了焦家湾社区工作人员的全部精力。这个社区管理 15 个院子，享受服务的老人只占到应享受服务老人的 1/3，重点帮扶的更少。符合条件的 A 类老人低保户可以享受民政部门埋单的免费服务，包括洗衣服、买菜等。该社区享受 A 类的老人必须是"重残"老人、"三无"老人、低收入老人。其他人无法申请，也享受不到免费的家政服务。社区养老服务工作只有 1 名专职人员，需要服务的老年人太多。受制于人力不足，焦家湾社区采取了网格化管理。可以自理的普通老人如果有问题，向网格员反映，能解决的就解决，解决不了的由后者把需求带回街道解决。[①]

在我国的社区细分工作达 100 多项的前提下，缺乏专职的居家养老服务人员，或靠几个社区行政人员在繁忙的工作之余"代劳"社区居家养老服务，这显然是行不通的。

缺乏专业化养老服务组织所提供的专业化服务，极大地制约了居家养老服务开展的规模和服务质量。我国民间组织的发展先天不足，尤其是在西部地区，发展更是很不充分，这成为西部地区居家养老服务主体多元化发展的一个重要制约因素。

另一方面，服务主体供给的单一化，也制约了社区居家养老服务平台的作用发挥，如西安市 2009 年建立的 15 个居家养老服务试点，2010年又再建了 50 个居家养老服务工作站。65 个居家养老服务工作站仅占当年全市 642 个社区总量的 10% 左右。2012 年西安市居家养老服务站达到 265 家，[②]占社区总量的 40% 左右，在 100 个村开展农村养老服务试点。2013 年末开展居家养老服务的社区有 365 个，也仅占全市 747个社区总量的 48.86%。2013 年全市建成了 40 个农村养老互助院和 100个老年餐桌示范点，完成了 100 个村和 100 个社区养老服务试点任务。[③]但距离市政府提出的"十二五"期末每个街道、社区、乡镇都建成一

①　中国居家养老调查：《专业服务人才少资金不足》（http：//shaanxi. mca. gov. cn/ar-ticle/llyj/201405/20140500643140. shtml）。

②　《2013 年西安市政府工作报告》，2013 年 2 月 20 日，陕西省人民政府网（http：//www. shaanxi. gov. cn/0/1/75/528/139470. htm）。

③　《2014 年西安市政府工作报告》，中国经济网（http：//district. ce. cn/zt/zlk/bg/201402/10/t20140210_ 2268479. shtml）。

个综合型社区服务中心的任务仍存在差距。

　　西部地区居家养老服务主体的单一化大大制约了居家养老服务供给能力的提升，同时也不利于竞争机制作用的发挥，进而制约了居家养老服务质量的提高。

二　服务对象的比较

　　居家养老服务对象的情况可以从服务人群及服务覆盖面等指标得以体现（见表6—6）。

表6—6　　东西部几个主要地区老龄化水平及其社区居家养老
服务发展状况比较

地区	老龄化水平 （60+人口占比）	社区居家养老服务发展状况（截至2013年末）
上海市	27.1% （2013年末）	截至2013年末，全市老年人日间服务机构共计340家，服务人数比上年增加9.1%。社区助老服务社共计230个，服务人数共计28.20万人，比上年增加3.7%；其中享受养老服务补贴的人数为13.03万人，比上年增加3.2%。社区老年人助餐服务点共计533个，比上年增加41个，受益人数比上年增加11.1%。全市老年医疗机构（独立老年护理院、老年医院）共计25所；独立老年护理院床位共计4471张，比上年增加10.8%。全市共建家庭病床4.97万张。全市共有老年活动室6227家，使用面积达176.34万平方米，其中标准化老年活动室5216家。① 截至2014年4月底，上海市共有助老服务社230家，为28.4万名需要生活照料的老人提供社区居家养老服务②

---

　　① 《上海市发布2013年上海市老年人口和老龄事业监测统计信息》，上海民政网（http://www.shmzj.gov.cn/gb/shmzj/node4/node10/node1775/u1ai37519.html）。
　　② 2014年上海市政府实事项目：《为29万名需要生活照料的老人提供社区居家养老服务》，上海民政网（http://www.shmzj.gov.cn/gb/shmzj/node9/node1780/node1782/index.html）。

续表

地区	老龄化水平 (60+人口占比)	社区居家养老服务发展状况
北京市	20.3% (2012 年末)	截至 2012 年末，全市向 40 余万名 60—79 岁重度残疾人及 80 岁及以上老年人每人每月发放 100 元养老（助残）券，全年发放总额 4.9 亿元。投入以奖代补资金 5920 万元奖励了 3800 多家养老（助残）餐桌和托老（残）所，促进了居家养老（助残）服务规范化建设。为城六区符合条件的空巢老年人安装 5000 余个紧急医疗救援呼叫器（"一按灵"）。开通"北京市养老（助残）96156 精神关怀服务热线"，定期举办大型展览。推进"心灵家园"工程活动，为因执行计划生育政策导致伤残、孤寡的特殊老年人家庭提供专项生活补助、免费体检、心理慰藉等服务。全市已建立养老（助残）餐桌 3729 个，托老（残）所 3997 个；签约 35 家市级养老（助残）精神关怀服务定点单位；发展 1.5 万家养老（助残）服务单位，开展生活照料、家政服务、康复护理、精神慰藉、老年教育、其他服务等六大类 110 项服务；全年为老年人提供精神关怀服务达 10 万小时；招聘 4400 名居家服务养老（助残）员；为约 4 万户有需求的老年残疾人家庭实施了无障碍设施改造；为有需求且符合条件的老年人（残疾人）累计配备"小帮手"电子服务器近 20 万台①
宁波市	20.5% (2013 年末)	宁波市已经进入中度老龄化社会，目前已经出台了关于加快发展养老服务业的指导性文件，2014 年将深化和完善居家养老服务，加大居家养老服务站点建设，将新建区域性居家养老服务中心 10 个以上，新（扩）建居家养老服务站点 150 个，居家养老服务站在社区覆盖率达到 75%，在建制村覆盖率达到 65%②

---

① 《北京市 2012 年老年人口信息和老龄事业发展状况报告》，2013 年 9 月 26 日，中国社会报网（http：//www. shehuiwang. cn/2013/zonghe_ 0926/18004. html）。

② 《居家养老服务站社区覆盖率 75%》，2014 年 2 月 22 日，东方热线网（http：//news. cnool. net/0-1-22/2047. html）。

续表

地区	老龄化水平 （60+人口占比）	社区居家养老服务发展状况
陕西省	65+人口占比 9.43% （2013 年末）①	2013 年重点扶持建设了 34 个社区日间照料中心、130 个社区养老服务中心（站）和 1281 个农村幸福院；2013 年，城市社区居家养老服务覆盖率为 60.8%，农村社区居家养老服务覆盖率为 40.6%②
西安市	14.11% （2012 年末）	截至 2013 年 10 月，西安已累计投入近 5000 万元发展以社区为依托的居家养老综合服务，城区居家养老服务已覆盖到 43%的老人。③ 2013 年末全市开展居家养老服务示范活动的社区总数达 365 个。④ 高龄老人生活保健补贴制度惠及老人 52.6 万人。生活特别困难的失能老人生活护理服务补贴制度惠及老年人约 3600 人
兰州市	16% （2013 年末）	截至 2013 年末，兰州市虚拟养老院服务人数达到 22 万人。目前兰州市城乡日间中心有 171 家，床位 500 多张。兰州市的日间照料数量占到全省的 1/3，日间照料中心含有精神慰藉、文化娱乐、健康指导、配餐服务等 11 大类 230 多项服务内容⑤

---

① 《陕西省 2013 年人口发展报告》，全国老龄委办网站（http：//www.cncaprc.gov.cn/tongji/50557.jhtml）。

② 《陕西省民政厅兑现十项惠民承诺助推民生保障》，陕西传媒网（http：//www.sxdaily.com.cn/n/2013/1223/c145-5309860-1.html）。

③ 《居家养老　让老人老有所养》，陕西传媒网（http：//www.sxdaily.com.cn/n/2013/1010/c362-5243395.html）。

④ 《社区居家养老托起"夕阳红"》，2013 年 12 月 18 日，新浪网（http：//news.sina.com.cn/o/2013-12-18/061029013237.shtml）。

⑤ 王志俭：《日间照料中心：现代养老新方式》，每日甘肃网（http：//gansu.gansudaily.com.cn/system/2014/03/17/014927867.shtml）。

续表

地区	老龄化水平 （60+人口占比）	社区居家养老服务发展状况
四川省	18.69% （2013 年末）	2013 年末四川省居家养老服务覆盖率达到 55.4%。① 全省统筹城乡社区开展养老服务社会化示范社区创建工作，加大社区老年人日间照料中心、托老所、农村幸福院（农村互助养老幸福院、老年灶、老年人活动中心）等养老服务设施建设。2013 年末全省创建养老服务社会化示范社区 261 个，建有区域性养老服务中心 2273 个、社区老年人日间照料中心 479 个、托老所 89 个、农村幸福院 64 个，提供日间照料床位近 5000 张
成都市	19.83% （2013 年末）	2013 年末，成都共有城乡居家养老服务中心 219 所，床位数 4255 张。全市共有 155888 名 80 岁及以上的高龄老年人享受到各级政府和部门发放的高龄补贴。② "幸福 1+N" 残障人居家安养服务项目："幸福 1+N" 的前身，"幸福 1+2" 助残服务项目自 2011 年起已持续为近 5000 名重度残疾人士提供了居家生活服务③
广西壮族自治区		截至 2013 年底，广西全区共建成居家养老服务设施 771 个、日间照料中心 43 个，城市社区居家养老服务覆盖率达 45%。2014 年将建设 1000 个农村幸福院、1000 个五保村、80 个社区日间照料中心，打造 25 个示范敬老院④

---

① 《四川居家养老服务覆盖率超过一半》，四川日报网（http://politics. scdaily. cn/szyw/content/2013-11/13/content_ 6396591. htm? node = 3605）。

② 《成都市 2013 年老年人口信息和老龄事业发展状况报告》，四川省人民政府网（http://www. sc. gov. cn/10462/10464/10465/10595/2014/5/6/10300863. shtml）。

③ 《成都探索残障人居家安养服务新模式》，新民网（http://news. xinmin. cn/domestic/2013/12/03/22836510. html）。

④ 蒋秋、黄光曦：《广西养老服务改革新走向　推行政府购买服务》，2014 年 6 月 17 日，中国经济网（http://gx. ce. cn/sy/gd/201406/17/t20140617_ 1581870. shtml）。

表6—6中的数据反映了相对东部城市而言，西部城市居家养老服务覆盖率偏低，如2013年末西安市和广西壮族自治区城市居家养老服务覆盖率分别为43%和45%，没有过半；四川省为55.4%，刚过半。而东部城市宁波市居家养老服务站在社区的覆盖率达到75%，在建制村覆盖率达到65%，北京市和上海市的覆盖率更高。本课题组在西部6省区的调查结果也显示，近8成（78.8%）的调查对象表示所在社区并没有为老人提供养老服务，这反映了我国东中西部地区在居家养老服务建设方面存在明显的差距，与京、沪、穗等东部发达地区相比，西部地区在居家养老服务方面存在明显的滞后，尽管西部省区居家养老服务的试点社区在不断扩大，然而与56.3%的调查对象需要社区提供养老服务的需求相比，西部地区现有的居家养老服务供给与需求之间缺口巨大，服务供给远远不能满足老年人特别是残障老人的需求。

在服务人群方面，北京、上海等东部城市更注重助老助残的结合，在发展居家养老服务时将包括老年残疾人在内的特殊困难老年人群列为重点服务对象，给予他们更多的基本公共服务供给。比如，截至2013年底，杭州市共有5.97万名城乡老年人享受政府购买居家养老服务，其中80%以上的服务对象为失能和半失能老人。上海市社区助老服务社共计230个，服务人数共计28.20万人。①

课题组在西部6省区的调查显示，在对老年残疾的界定上存在的严重误区，阻碍了政府和社会为有需要的老年残疾人提供相应的助老和助残服务。很多老年残疾人及家属、各级政府领导及公务人员、社区工作者，误认为只有因伤或因先天原因造成身体残障才算是残疾人，而未把因老年疾病导致的失能半失能划归残疾范围，自认为那是衰老或是疾病，而不是残疾。残疾人证是残障人士享受国家提供的相应政策补贴和助残服务的身份凭证和依据，一些城市社区开展助老助残服务（尤其是由政府埋单的服务）均是以持有残疾人证作为服务对象界定的依据。本研究课题组的问卷调查结果显示，仅有30.2%的老年残疾人持有残疾人证，残障老人没有领取残疾人证的比例高达近70%，这成为阻碍

---

① 《上海市发布2013年上海市老年人口和老龄事业监测统计信息》，上海民政网（http://www.shmzj.gov.cn/gb/shmzj/node4/node10/node1775/u1ai37519.html）。

残疾人津贴制度受益面扩大，阻碍政府与社会为有需要的老年残疾人提供相应的助老和助残服务的主要原因之一。而老年残疾人持证率低又与社会对老年残疾界定存在误区及老年残疾人认知上的传统观念密切相关。

一些学者的研究也印证了养老公共服务供给能力方面的东西部差距的存在。陈英姿、满海霞对我国养老公共服务供给的量化研究结果显示，我国养老公共服务供给水平的省际差异显著，西部落后省份的供给能力严重不足。养老公共服务供给综合指数值高于全国平均水平的省直辖市和自治区有 10 个，大部分都集中在东部较发达地区，两倍于全国平均水平的有上海、北京、天津和浙江；而低于全国平均水平的有 21 个，主要分布在中西部地区。养老公共服务供给能力较差的省份主要集中于中西部地区，尤其是中西部经济发展较落后的省份。[①]

此外，值得注意的是，城乡居家养老服务的差距明显。2014 年，全国城市社区建立养老设施比例占到社区的 72.5%，农村社区养老服务覆盖率仅仅只有 6.5%，不及城市的 1/10。[②]

三　服务内容的比较

老年人是一个异质性非常强的群体，体现在居家养老服务的内容上就是服务内容的多样性和丰富性，居家养老服务包括生活照料、家政服务、康复护理、精神慰藉、紧急救助、托老服务等多项服务内容。西部地区在居家养老服务的内容上，普遍存在内容单一的问题，服务内容主要集中在生活照料及家政服务方面，更为专业的医疗护理、心理咨询、康复保健、托老服务等服务占比很低。服务缺少精细化，缺少针对不同残疾类型老人的专业化居家养老服务。如在东部地区的苏州、杭州实行的针对失能老人家庭照料者提供的"喘息服务"在西部地区几乎没有。失能老人的家庭照料者不堪重负，又无人"替班"，社会对此无所作为。比如，本课题组在西安市雁塔区一社区走访老年残疾人家庭时，一位失能老人的妻子对我们说：

---

① 陈英姿、满海霞：《中国养老公共服务供给研究》，《人口学刊》2013 年第 1 期。

② 《农村社区养老服务覆盖率仅 6.5%》，新浪网（http：//news. sina. com. cn/o/2014-05-04/191530058589. shtml）。

我目前遇到的最大的困难是人手不够。我每天不仅要 24 小时照顾老伴，还要照看 2 岁半的孙子，我实在是快撑不住了，特别需要一个人来帮我分担。前段时间体检，我身体的多个器官都有问题，我精神也快崩溃了。没有人能来帮助我、替换我。若把老伴送养老院，我们的收入又太低，支付不起。我现在是在硬撑着。

至于老年残疾人需要的家庭无障碍设施改造项目，也是需要老年残疾人本人主动提出申请，由政府及当地残联给予一定补贴来完成的，由于相关宣传不力，不少老年残疾人信息闭塞，对相关政策并不知晓，自然也就无从享受该补贴。

四　服务的筹资融资的比较

从居家养老服务供给的筹资融资来看，其资金来源主要包括政府财政资金、福利彩票公益金、居民个人支付以及其他社会投融资。如果换个角度来看的话，居家养老服务的资金来源问题实际上涉及了养老服务供给的模式问题。不同的养老服务类型，针对不同的服务对象，采用不同的服务方式，体现为不同的服务模式。居家养老服务的供给模式含以下几种（见表6—7）。

表6—7　　　　　　　　　居家养老服务的不同供给模式

服务类型		服务对象	服务方式	服务内容
福利服务	无偿服务	特殊困难老人（如"三无"老人、低保老人、优抚对象、贫困的重度残疾老人等）	政府购买服务	生活照料、家政服务、康复护理、喘息服务、老年餐桌等
	低偿服务	一般老人	政府资助或补贴服务	老年餐桌、喘息服务
有偿服务		有一定支付能力的老人	个人从市场或非营利组织购买服务	生活照料、家政服务、康复护理、精神慰藉、紧急救助等

续表

服务类型	服务对象	服务方式	服务内容
民间公益服务	以特殊困难老人为主，兼顾一般老人	捐赠和志愿服务	以开展文娱活动、精神慰藉、健康教育、家政服务为主
居民间互助服务	社区邻里中有服务需要的老人	邻里互助服务	简单的生活照料、精神慰藉

居家养老服务的四种不同供给模式即服务类型分别包括福利服务、有偿服务、民间公益服务和居民间互助服务。其服务主体分别是政府、市场和社会。在福利服务模式中又可以分为无偿服务和低偿服务，无偿服务是政府通过财政预算以招标或直接购买社会组织的居家养老服务，向"三无"老人、低保老人、优抚对象、贫困的重度残疾老人等特殊困难老人提供的居家养老服务。在这里，政府是居家养老服务的提供主体（埋单者），而不是服务生产主体。低偿服务是由政府部分资助或向提供居家养老服务的组织给予财政补贴的方式激励社会力量提供居家养老服务，如老年餐桌、日托中心、喘息服务等服务项目都含有政府的财政补贴。截至2014年7月，全国已有19个省（区、市）建立了高龄津贴制度，22个省（区、市）出台了经济困难老年人养老服务补贴政策，北京、天津、上海、黑龙江等地建立了失能老年人护理补贴制度。[1] 政府对养老服务的补贴情况如表6—8所示。

表6—8　　　　与老年人及残疾人养老服务相关的政府补贴

政府补贴政策	补贴对象	实施范围
高龄津贴	城乡80岁以上高龄老人（有的省市下延到70岁，如陕西省）	2015年全国已有19个省份建立了该制度

---

[1] 《19省建高龄津贴制度》，陕西民政网（http：//shaanxi.mca.gov.cn/article/mzbyw/201407/20140700673838.shtml）。

政府补贴政策	补贴对象	实施范围
政府购买服务（政府向特殊困难老人发放居家养老服务券）	特殊困难老人（如"三无"老人、低保老人、优抚对象、贫困的重度残疾老人等）	
经济困难老年人养老服务补贴	对经济困难的高龄、独居、失能老年人入住养老机构或接受社区、居家养老服务提供支持	2015 年全国已有 23 个省份建立了该制度
残疾人生活补贴	具有当地户籍，持有残疾人证且残疾等级为一级、二级、三级的生活困难的各类贫困残疾人，以及符合农村五保供养条件的各类残疾人	截至 2015 年末全国已有 20 个省份建立了该制度
失能老年人护理补贴	经济困难的失能老年人	北京、天津、上海、黑龙江等少数地方试行，2015 年全国有 4 个省份建立了该制度
重度残疾人护理补贴	持有第二代残疾人证，且登记为一级的视力、肢体、智力、精神、多重残疾人；日常行为严重障碍，生活不能自理，确需他人长期照料的残疾人；无业、无固定收入，家庭经济困难的一级重度残疾人	截至 2015 年末全国已有 20 个省份建立了该制度

在以上养老服务的政府补贴中，各项补贴制度所针对的人群有别。其中，高龄津贴是针对城乡所有 80 岁以上的老年人，不分贫富，不分健康状况；政府民政部门发放的居家养老服务券主要针对的是"三无"老人和贫困老人；残疾人生活补贴、失能老年人护理补贴及重度残疾人护理补贴是专门面向残疾人的专项社会保障制度，属于政府基本公共服务范畴，所需资金由公共财政资金安排，省、市、县三级财政分担。统计显示，残疾人家庭收入主要依靠转移性收入（养老金、退休金、社

会救济、专项救助、赡养费、捐赠等），一般占残疾人家庭收入的60%多。与一般家庭相比，平均每个中轻度残疾人家庭每月要多支出45%以上的费用，重度残疾人家庭每月要多支出80%以上的费用。这些面向残疾人的专项社会保障制度正是遵循了人道主义和弱者优先原则。

　　然而，政府的福利服务不可能覆盖所有的老人，对于有一定支付能力的老人（包括残疾老人）而言，主要依靠自身的收入按照市场价格来支付各类养老服务的费用。在这里，政府要做的就是对提供养老服务的市场及社会组织进行必要的培育和支持，完善发展养老产业政策，对居家养老服务的生产者（市场、非营利组织）实施有效的监督、规范和管理。

　　民间公益服务的提供者主要是具有公共服务精神和社会责任感的志愿者，服务内容以开展文娱活动、精神慰藉、健康教育、家政服务为主。

　　从居家养老服务的不同供给模式来分析，政府购买居家养老服务的能力有限与老人购买养老服务能力不足同时并存。第一，经济发展水平的差异导致东西部不同地区政府购买居家养老服务的能力存在差别。西部地区较为落后的经济发展水平和相对脆弱的财政支撑力制约了地方政府向特殊困难老人（如"三无"老人、低保老人、优抚对象、贫困的重度残疾老人等）提供无偿的居家养老服务的能力，同时，也降低了政府对一般老人提供低偿的居家养老服务的能力。例如，兰州市城关区焦家湾街道焦家湾社区的情况比较具有代表性。该社区负责人说，他们的社区养老服务机构"资金支持基本上没有，没有专项资金，社区也没有专项资金，民政局就拨了一个日间照料中心的费用"。西安市社区养老服务机构的经费情况也与此类似，西安市民政部门对社区居家养老服务站或日间照料中心、托老所、老年活动中心等社区养老服务设施建设，每年给予的运营奖励仅1万—4万元；对社会力量兴办的各类居家养老服务组织根据其服务水平和服务人数等给予的运营奖励仅5000元或1万元。前面提到的西安市莲湖区西关街道某社区负责人在接受访谈时对我们说："民政局每年给我们每个社区养老服务站2万元补贴，基本都用于服务站的房租了，我们这个服务站的房租每月1600元。"显然，西部地区社区养老服务站的运行费用缺乏稳定的经费来源，严重制约了社区养老服务机构的发展。

第二，东西部不同地区居民收入差距带来老年人购买市场提供的有偿的居家养老服务的能力存在差别。居家养老服务的筹资融资，既包括服务供给的筹资融资，也包括老人接受居家养老服务的支付能力。从各地居家养老服务的实践来看，能享受到政府埋单免费居家养老服务的对象非常有限，主要局限于民政部门认定的"三无老人"、低保户中不能自理或半自理的独居老人、特困老人、优抚对象等，绝大部分普通老人若想享受居家养老服务，需要自费购买有偿服务。由于老人收入水平以及消费观念的局限，目前很多托老站推出的有偿服务并没开展起来，这些托老站并没有完全发挥出自己的社会化服务功能。一般家政护工对居家养老开出的服务定价单，"家庭照护一小时 60 元，专业护士两小时100 元，24 小时个人护理每日 160 元"，如此价格令普通中低收入者望而却步。

例如，陕西省 2014 年再次调整最低工资标准，调整后一类地区最低月工资标准为1280 元/月，但在上半年上调最低工资标准的 15 个省份中，陕西的工资标准仅列倒数第 4 位。统计显示，2014 年上半年，陕西省人均可支配收入仅为全国平均水平的 78.4%；居民人均可支配收入增幅虽然已超过全省 GDP 增幅，但在西北五省中仍列第四位。[①]

此外，东西部地区社会经济发展差异也带来了东西部不同地区老年人在购买养老服务的消费观念和消费习惯上存在差异。

2014 年初，全国老龄办发布了《十城市万名老年人居家养老状况调查》，调查显示，被访者购买养老服务的消费理念还没有普遍形成，36.9%的被访者愿意由市场提供居家养老服务，31.8%的被访者不愿意，31.3%被访者的表示无所谓。市场在居家养老中的作用还没有充分发挥。比如北京、上海，被访者对由市场提供居家养老服务的意愿都超过45%，但成都仅为 24.2%。[②] 东西部不同的城市，对市场提供居家养老服务接受度存在差异，这不仅源于居民收入的差异，同时也源于不同

---

① 《上半年我省民生经济调查报告出炉》，陕西民政网（http://shaanxi.mca.gov.cn/article/snyw/201408/20140800679986.shtml）。

② 全国老龄办宣传部：《"十城市万名老年人居家养老状况调查"新闻发布稿》，全国老龄委办网站（http://www.encaprc.gov.cn/jianghua/43280.jhtml）。

地区居民在养老服务消费观念和消费习惯上存在差异。普遍来说，经济越发达、人口流动性越强的地区，越能够接受市场化提供居家养老服务。反而，越是欠发达的地区，对市场化提供居家养老服务的认可度和接受度越小。

第三，东西部不同地区经济社会发展水平的差异也导致以公益服务为特征的以特殊困难老人为主要服务对象的志愿服务存在差异。公益志愿组织的发展规模、社会参与程度、服务的专业化程度以及服务所涉及的领域受到多种因素的影响，其中地区经济社会发展水平是重要的制约因素。西部欠发达地区社会组织发育相对迟缓，提供居家养老服务的非营利组织数量相对较少，这使得西部地区居家养老服务供给相对东部发达地区显得严重不足。

以上这些都显示出在西部欠发达地区，政府无偿提供居家养老服务的供给能力较低，服务规模较小，较低的收入水平制约了西部地区老年人购买有偿的居家养老服务的支付能力，落后的消费观念和消费习惯也制约了西部地区老年人对居家养老服务的购买行为。

第四，不仅无偿服务、低偿服务、有偿服务和民间志愿服务的供给能力均表现出东西部的地区差异，而且残疾老人与普通老人在经济收入上的差距也明显制约了残疾老人购买居家养老服务的支付能力。据官方调查数据，残疾人家庭恩格尔系数仍高于全国平均水平，2012 年度，残疾人家庭恩格尔系数为 48.5%，比全国居民家庭恩格尔系数的37.7%高出 10.8 个百分点。[1] 2013 年度，残疾人家庭恩格尔系数为48.5%，比全国居民家庭恩格尔系数的 36.2%高出 12.3 个百分点。[2] 残疾人家庭生活质量明显落后。2012 年城乡残疾人领取最低生活保障金的比例分别为 22.6%和 29.9%，[3] 残疾人贫困问题仍然突出。由中国残联发布的《2012 年度全国残疾人状况及小康进程监测报告》指出，

---

① 中国残联研究室等：《2012 年度全国残疾人状况及小康进程监测报告》，中央政府门户网站（http：//www. gov. cn/jrzg/2013-06/26/content_ 2434785. htm）。

② 中国残联研究室等：《2013 年度全国残疾人状况及小康进程监测报告》，中残联网站（http：//www. cdpf. org. cn/ggtz/content/2014-07/30/content_ 30458722. htm）。

③ 中国残联研究室等：《2012 年度全国残疾人状况及小康进程监测报告》，中央政府门户网站（http：//www. gov. cn/jrzg/2013-06/26/content_ 2434785. htm）。

2012 年度残疾人家庭人均可支配收入仅为全国居民家庭人均可支配收入的 56.2%。[①] 2013 年度，全国残疾人家庭人均可支配收入为 10541.1 元，是全国居民家庭人均可支配收入的 56.7%。[②] 残疾人家庭与全国居民家庭收入差距明显，很大程度上制约了残疾老人购买居家养老服务的支付能力。残疾人家庭与全国居民家庭生活水平差距情况如表 6—9 所示。

表 6—9　　　　残疾人家庭与全国居民家庭生活水平差距

	2012 年度	差距	2013 年度	差距
全国居民家庭恩格尔系数	37.7%		36.2%	
残疾人家庭恩格尔系数	48.5%	高出全国居民家庭 10.8 个百分点	48.5%	高出全国居民家庭 12.3 个百分点
全国残疾人家庭人均可支配收入是全国居民家庭人均可支配收入的比例	56.2%		56.7%	

注：表中数据均来源于官方公布的《2012 年度全国残疾人状况及小康进程监测报告》和《2013 年度全国残疾人状况及小康进程监测报告》。

与老年残疾人社区居家养老服务相关的指标还有残疾人社区服务覆盖率、残疾人康复服务覆盖率等。除了家庭以外，社区是残疾人（包括老年残疾人）服务的主要提供者。社区服务覆盖率直接反映残疾人社会服务水平和残疾人工作社会化水平，也反映和谐社区建设的水平。残疾人康复服务是残疾人区别于健全人的特殊需求，残疾人康复服务覆盖率反映了该项公共服务的普及程度。2010—2013 年《全国残疾人状况及小康进程监测报告》数据显示，我国残疾人社区服务覆盖率和残疾人康复服务覆盖率虽然在逐年提高，但总体水平依然不够理想（见

① 中国残联研究室等：《2012 年度全国残疾人状况及小康进程监测报告》，中央政府门户网站（http：//www.gov.cn/jrzg/2013-06/26/content_ 2434785. htm）。
② 中国残联研究室等：《2013 年度全国残疾人状况及小康进程监测报告》，中残联网站（http：//www.cdpf.org.cn/ggtz/content/2014-07/30/content_ 30458722. htm）。

表 6—10）。

表 6—10　　　　　2010—2013 年我国残疾人社区服务
覆盖率及残疾人康复服务覆盖率

年份	我国残疾人社区服务覆盖率（%）	残疾人至少接受过一项康复服务的比率（%）
2010	25. 3	33. 5
2011	31. 7	47. 4
2012	43. 6	55. 2
2013	44. 3	58. 3

注：表中数据均来源于官方公布的 2010—2013 年度《全国残疾人状况及小康进程监测报告》。

五　服务监督评估的比较

　　居家养老服务的监督评估包括服务标准的制定、服务质量的监督和服务评估等几个方面。东部发达地区在居家养老服务的监督评估方面走在了全国的前面。比如上海市，为了确保社区居家养老服务的专业化开展，先后颁布了多项指导性政策规定，主要包括《养老服务需求评估标准》、《评估信息的通知》、《上海市养老服务需求评估标准》、《机构养老服务基本服务规范》、《老年养护院建设标准》、《社区老年居家养老中心及建设标准》、《社区居家养老服务规范》等文件。如上海市质量技术监督局和上海市民政局联合发布并于 2010 年 2 月 1 日开始实施的《社区居家养老服务规范》提出了社区居家养老服务的内容和要求，规定了社区居家养老服务的组织、从业人员、服务项目、服务流程以及服务改进等要求。该标准适用于上海市行政区域内的社区居家养老服务社（社区助老服务社）、社区老年人日间服务中心、社区老年人助餐服务点等社区居家养老服务组织（机构）。这标志着上海市"社区居家养老服务"获得了统一的技术支持和服务质量控制依据。该《规范》定义了"社区居家养老服务"、"日常生活照料服务"和"社区居家养老服务社"、"老年人日间服务中心"、"社区老年人助餐服务点"等各类服务机构的概念；分别从事前、事中和事后具体规定各项基本服务内容与要求，明确了从业机构和人员的基本要求以及意外事件处理的要求，基本覆盖了服务过程的质量控制，并确定了质量评价的指标与方法。该

《规范》还明确了为老年人提供"助餐、助浴、助洁、助急、助行、助医"等基本生活需求的服务要求,重点关照了个性化的乃至心理服务的特殊需求——"代购、代领物品和代缴费"的代办服务、康复辅助以及"读书读报、谈心交流"的相谈服务等。[①] 该《规范》标准的制定和实施为规范该行业的服务与管理,引领该行业向规范化、专业化方向发展提供了必要的技术保障。

居家养老服务的监督评估实质上是一个对养老服务管理的问题。欠发达地区由于经济社会发展水平的制约,居家养老服务标准的制定、服务质量的监督和服务评估等机制不健全,存在管理粗放、随意性强、缺乏规范性等问题,在养老服务管理方面也与发达地区存在较大的差距。比如,对陕西省民政部门相关负责人的座谈了解到,省政府对评判社区是否建成了居家养老服务中心的标准是,只要社区开展了各项居家养老服务项目其中的任意一项就认定为建成了居家养老服务中心。显然这样的评判标准是低水平和随意的。比如,社区开辟一间空房子作为社区老人活动室,购置桌椅、报架,就可以开展老人棋牌游艺活动及报刊阅读。社区老人活动室虽然可以在某种程度上满足老人的一部分文化娱乐需求,但残障老人特别是失能老人更为迫切需求的护理服务、生活照料、康复服务、无障碍设施改造等并没有也不可能因为社区拥有一间棋牌室或阅读室而得到满足。若城市在统计社区居家养老服务覆盖率时如此依照因拥有一间老年活动室而认定该社区已覆盖到居家养老服务的话,显然是不客观的,也是不严谨的。

汇总以上对西部地区老年残疾人社区居家养老服务供给体系现状以及阻碍西部地区老年残疾人社区居家养老服务发展的因素分析,如图6—5所示。

阻碍西部地区老年残疾人社区居家养老服务发展的因素包括:其一,经济社会发展水平低。其二,政府财力不足,购买居家养老服务能力不足。其三,社会组织发育相对迟缓,社区建设滞后,社区服务能力不足,提供居家养老服务的非营利组织数量相对较少,导致社区养老服

---

①　上海市《社区居家养老服务规范》地方标准发布,新浪网(http://finance.sina.com.cn/roll/20100203/11143209335.shtml)。

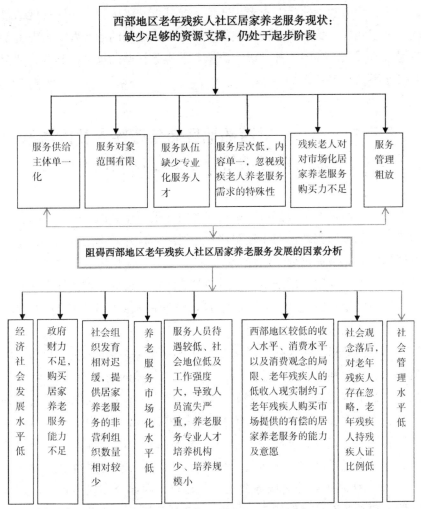

图6—5　阻碍西部地区老年残疾人社区居家养老服务发展的因素分析

务供给不足。其四，养老服务市场化水平低；市场对老年群体特别是残障老年人群体的真实有效需求了解不够，提供的现有服务针对性不足。其五，服务人员待遇较低、社会地位低及工作强度大，导致人员流失严重；养老服务专业人才培养机构少、培养规模小；该专业毕业生从事养老服务意愿不强。其六，西部地区较低的收入水平、消费水平以及消费观念的局限；老年残疾人的低收入现实制约了老年残疾人购买市场提供的有偿的居家养老服务的能力及意愿。其七，现实社会中残疾人群体的边缘化，社会观念落后，对老年残疾人及其特殊需求存在一定程度的忽略；老年残疾人持残疾人证比例低，导致相当比例的老年残疾人失去了享受政府提供的残疾人补贴以及居家养老服务补贴的机会。其八，社会管理水平低；等等。

第五节　小结：对西部地区老年残疾人社区居家养老服务供给体系的基本判断

综上，通过对东西部地区居家养老服务供给体系的比较，可以得出这样一个基本的判断：相比较东部发达地区而言，西部地区老年残疾人社区居家养老服务仍处于起步阶段，社会化的社区居家养老服务缺少足够的资源支撑，服务供给不足，服务覆盖面较小，服务供给体系尚不完善，服务质量有待提升，社区居家养老服务尚未发挥出其应有的作用，与东部发达地区存在较大差距，等等。

第一，老年残疾人社区居家养老服务供给体系中的家庭、市场、政府部门、非营利组织（志愿组织）多元供给主体的格局尚未完全形成，服务供给主体的单一化特征明显。具体表现为：（1）配偶和子女等家庭成员仍是残疾老人养老服务最主要的提供者。在社会认知上，残疾人保障属于家庭责任，残疾人只能依靠家人照料，过分夸大家庭照料功能，这种旧观念已成为一种思维定式，残疾老人家庭照料负担异常沉重。（2）社区居家养老服务覆盖面仍较小，西部很多城市社区居家养老服务覆盖率不足半数或仅过半数。（3）西部地区非营利组织的发展先天不足，发展很不充分，社区居家养老服务缺少专业化的非营利组织的参与，这成为西部地区居家养老服务主体多元化发展的一个重要制约因素。（4）养老服务产业发展不充分，市场提供的养老服务尚不能满足老年的服务需求。

服务供给主体的单一化不仅在很大程度上制约了居家养老服务供给能力的提升，同时也不利于竞争机制作用的发挥，制约了居家养老服务质量的提高。缺乏专业化养老服务组织所提供的专业化服务，极大地制约了居家养老服务开展的规模和服务质量。

第二，老年残疾人社区居家养老服务人员的构成较为单一，一些地方服务人员仅以临时的志愿者为主，专业人才短缺。由于工作待遇较低、社会地位低、职业歧视、工作强度大以及管理缺乏激励机制，服务人员存在"招不进、留不住"的问题。

第三，在服务对象上更多关注"三无"老人、低保老人、优抚对象、特困老人等，对残疾老人存在着某种程度的忽略。不仅如此，由于老年残疾人持残疾人证比例低（本课题组的问卷调查结果显示，仅有30.2%的老年残疾人持有残疾人证），这也成为阻碍残疾人津贴制度受益面扩大，阻碍政府与社会为有需要的老年残疾人提供相应的助老和助残服务的主要原因之一。

第四，老年残疾人居家养老服务的内容普遍存在单一和服务层次低的问题，忽视残疾老人居家养老服务需求的特殊性，服务内容主要集中在生活照料及家政服务方面，更为专业的、对老年残疾人更具针对性的医疗护理、康复保健、辅助器具适配、心理咨询、托养服务、喘息服务等服务占比很低，发展严重不足。服务缺少精细化，缺少针对不同残疾类型（视力残疾、听力残疾、肢体残疾、智力残疾、精神残疾、多重残疾）老人的专业化居家养老服务。

第五，在居家养老服务供给模式的构成上，政府购买居家养老服务的能力有限与老人购买养老服务能力不足并存。其一，西部地区较为落后的经济发展水平和相对脆弱的财政支撑力制约了地方政府向特殊困难老人（如"三无"老人、低保老人、优抚对象、贫困的重度残疾老人等）提供无偿的居家养老服务的能力，服务规模较小。其二，西部地区较低的收入水平、消费水平以及消费观念的局限制约了老年人购买市场提供的有偿的居家养老服务的能力及意愿；残疾老人与普通老人在经济收入上的差距也明显制约了残疾老人购买居家养老服务的支付能力。其三，西部欠发达地区社会组织发育相对迟缓，提供居家养老服务的非营利组织数量相对较少，这使得西部地区居家养老服务供给相对东部发达地区显得严重不足。

第六，在养老服务管理方面，西部欠发达地区由于经济社会发展水平及社会管理水平的制约，居家养老服务标准的制定、服务质量的监督和服务评估等机制不健全，存在管理粗放、随意性强、缺乏规范性等问题，与发达地区存在较大的差距。此外，为了应付上级检查临时请老人假扮服务对象糊弄、养老服务统计数据上编造假数据、弄虚作假的现象也时有发生，与社会上其他腐败现象一样令老百姓深恶痛绝！

第七章

完善西部地区老年残疾人社区居家养老服务体系的路径

本章在认清老年残疾人社区居家养老服务需求现状及需求特点、西部地区老年残疾人社区居家养老服务供给体系的现状、存在问题及阻碍发展的因素的基础上，针对老年残疾人居家养老服务需求的特殊性，结合西部地区经济社会发展的环境，借鉴发达国家和地区社区养老服务及残疾老人长期照料的有益经验，按照基本公共服务均等化理论的本质要求，提出完善西部地区老年残疾人社区居家养老服务供给体系的路径——确立一个视角（残障视角），走出四个认识误区，坚持五项基本原则，确立一个宗旨，构建两个服务供给体系，完善五个服务支持体系。

第一节　确立残障视角，走出老年残疾人社区居家养老服务的几个误区

以往我国社区居家养老服务中存在的一个突出问题就是缺乏残障视角——缺乏对老年人群的细分，缺乏对老年人的残障风险的充分认识，缺乏对残障老人居家养老服务需求的准确把握。统计数据及相关资料显示，老年期是我国人口致残的高发期。随着身体机能弱化，老年人导致残疾的可能性大大增加，从而形成了一种老年残障化现象。老年残障绝大部分是随着身体器官功能的老化或丧失而导致的，完全康复的可能性较低。第二次全国残疾人抽样调查数据显示，52%的老年残疾人不同程

度地存在生活自理能力方面的障碍，88%的老年残疾人存在生活活动能力方面的障碍。这些障碍的存在，都会导致老年人在日常生活中对他人的严重依赖而需要他人照料。在我国老龄化本已严峻的形势面前，我们不得不正视的另一个现实是：老年人的残疾风险以及残疾老人的晚年生活照料问题日益凸显，老年残疾人对长期照料需求迫切。传统的对老年残疾人的照料主要是以家庭为单位进行的。但随着我国家庭结构的小型化、"4-2-1"家庭结构的普遍化、第一代独生子女父母陆续步入老年阶段，家庭所能获得的养老资源尤其是生活照料资源日渐匮乏，家庭不堪重负，特别是残疾人家庭。

在推进社区居家养老服务发展的今天，我们必须充分认识到这样一个基本国情——我国不仅是世界上老龄人口最多的国家，而且是残疾人口最多的国家，还是残疾老人和失能老人最多的国家——我国面临的养老服务压力和失能老年人照护服务压力超过世界上的任何国家。

正是由于现有的社区居家养老服务缺乏残障视角，西部地区尤其如此，便加剧了西部地区老年残疾人社区居家养老服务的供需矛盾。完善西部地区老年残疾人社区居家养老服务供给体系首先必须建立残障视角，基于老年残障化、老年人残障风险加大的现实，准确把握残障老人居家养老服务的需求，回应这些需求，为残障老人提供人性化的居家养老服务。

完善西部地区老年残疾人社区居家养老服务供给体系，还必须走出老年残疾人社区居家养老服务面临的几个误区：

误区一：残疾老人是小众，社会上绝大多数人是没有残疾的，社区居家养老服务即使忽略了这一人群也没多大关系，影响不大，只要服务项目能服务于绝大多数老人就没问题，因此，不建无障碍设施、不开展护理服务、康复服务、日托服务、运送服务、喘息服务也不妨碍大局。在现实中，社会属于健全人，其公共设施与服务均为满足健全人的需求而设计，因而它不会改变环境和设施以适应残疾人，这一观念和行为在社会上是普遍存在的，因而极大地影响了老年残疾人居家养老服务的发展。

误区二：因老年疾病致残的不能算是残疾人，无残疾人证的残疾老人便不能享受无偿的居家养老助残服务和残疾补贴。残疾人证对保障残疾人合法权益发挥了积极的作用，也是残障人士享受国家相应政策补贴和无偿养老服务的凭证。然而，包括老年残疾人本人及家属、各级政府领导及政府公务人员、社区工作人员及助老服务人员在内的社会各界人群，对残疾的界定存在严重误区，误认为因伤或因先天原因造成身体残障才算是残疾人，而并未把因病特别是因老年疾病（比如糖尿病、脑中风等）导致的生活不便、日常生活不能自理或不能完全自理划归残疾范围，认为那是年老自然会出现的身体现象，是病，而不是残疾。很多老年残疾人及其家属也不愿承认残障的事实，怕被人嘲笑、被人看不起，有较强的羞耻感，更不愿意申领残疾人证。由于现实中因老年疾病而致残的老年人大都不会主动办理残疾人证，因而这些老年残疾人也就失去了享受政府无偿居家养老助残服务及残疾补贴的资格，社区在开展居家养老服务时自然也就把这些老人排除在外了。本课题组的问卷调查结果显示，60 岁以上的残障老人持有残疾人证的比例仅为 30.2%，高达 7 成的残障老人没有领取残疾人证，导致这些残障老人成为助老助残服务的"夹心层"，这直接影响到了政府实施的残疾人津贴制度和社区居家养老服务政策覆盖面的扩展。社会对残障界定存在的误区及残障老人存在的传统观念成为残障老人持证率低的主要原因。

误区三：过高估计了老年残疾人家庭的家庭照料的功能。家庭照料是老年残疾人的传统照料方式，然而，随着我国家庭结构的小型化、"4-2-1"家庭结构的普遍化、第一代独生子女父母陆续步入老年阶段，老年残疾人从家庭所能获得的养老资源尤其是长期照料资源日渐匮乏，在老龄化、高龄化、家庭小型化、空巢化、两代老人及女性劳动参与率提高的背景下，家庭照料已不堪重负，不仅严重影响到了老年残疾人晚年的生活质量，而且也影响到残疾人家庭就业人口的劳动生产率、经济收入及家庭和谐。

误区四：将政府当作养老服务供给的唯一主体，忽略市场和社会组织等多元主体。由于我国社会的特有国情，强政府弱社会，公民社会并未真正形成，社会组织发育不充分，老百姓遇到困难首先想到的是政府的责任，对"社会"这一主体在养老服务领域的责任及作用的认知极少，而老年残疾人由于购买力的制约对市场提供养老服务不大感兴趣。

这一认识误区也影响到政府在养老服务领域中对自身的合理定位以及对涉老服务的社会组织的态度。实际上在老年残疾人居家养老服务的供给上，政府更多的是兜底的责任，只有构建家庭、市场、社会、政府多元主体的养老服务体系，才能有效地满足老年残疾人居家养老服务的多层次、多样化需求。

以上四个误区阻碍了我国尤其是西部地区老年残疾人社区居家养老服务的发展，减弱了居家养老服务对残疾老人的可及性。完善老年残疾人居家养老服务体系必须更新陈旧观念，走出认识误区，实现残疾老人居家养老服务的人性化、个性化、精细化。

第二节　坚持弱者优先及残疾人权利保障等基本原则

构建和完善老年残疾人居家养老服务体系，必须坚持人道主义原则、弱者优先原则、残疾人权利保障原则、基本公共服务均等化原则以及福利多元主义等原则。

一　人道主义原则和弱者优先原则

人道主义原则和弱者优先原则都是社会保障制度的灵魂所在，其原则的贯彻实施状况也是衡量一个社会文明程度的标志之一。尊重人的权利、关怀人的幸福是人道主义特别强调的。从年龄结构看，老年人是社会中的弱者群体；从健康状况看，残障者是社会中的弱者群体。由此可知老年残疾人是双重弱势群体，因而更应得到社会的关爱和社会保障制度的优先照顾。作为社会保障制度的重要组成部分，老年残疾人居家养老服务体系的构建必须首先考虑老年残疾人养老服务需求的满足。

二　残疾人权利保障原则

对待残疾人的态度经历了个人模式、医学模式、社会模式和权利模式等几个不同阶段。在"社会模式"基础上，一种以权利为本的残疾观开始形成。这种残疾观认为残疾人是权利的享有者，他们是社会成员中的一分子，应当像健全人一样享有决定自己生活的权利。残疾人在参与社会和自身发展中所遇到的障碍是对人权的侵犯，社会有责任和义务保障残疾人的权利不受侵犯。残疾人在社会中的角色由福利救济的被动接受者转变为权利主张者。社会服务的提供将尊重残疾人的自主选择权，并强调残疾人的共同合作。

按照残疾人权利保障原则，应该将残障老人作为基本公共服务和社会保障的权利主体，关注其养老服务方面的机会平等与发展，清除阻碍残障老人实现其基本公共服务权利和社会保障权利的社会障碍，而非简单地视其为福利客体。

三　基本公共服务均等化原则

基本公共服务均等化是指政府要为社会成员提供基本的、与经济社会发展水平相适应的、能够体现公平正义原则的大致均等的公共产品和服务，是人们生存和发展最基本的条件的均等。它既包含居民享受基本公共服务的机会均等，也包括居民享受基本公共服务的结果均等。在人口老龄化、高龄化程度日益加深、老年人口中残疾老人比重提高的背景下，国家已经将老年残疾人福利服务作为残疾人社会保障体系和服务体系建设的重心之一，同时也是公共服务均等化的主要内容之一。按照基本公共服务均等化原则的本质要求，就是要让全体社会成员（当然包括老年残疾人在内）都可以平等地享受政府提供的公共服务和产品，并且全体社会成员享有公共服务的水平基本相同，以提高社会公平、体现社会正义，使所有成员"学有所教、劳有所得、病有所医、老有所养、住有所居"。

四　福利多元主义原则

福利多元主义的主要理念是分权与参与。在福利供给中，政府应重新定位自己的角色，由主要的供给者转变为监管者、规范者、仲裁者和服务的购买者，有所为有所不为，合理引导私营部门，实现社会福利最大化。中外社区居家养老服务发展的经验均表明，调动全社会的力量，政府、企业、非营利组织、社区、家庭共同提供社区居家养老服务是完善养老服务体系的必由之路。

五　确立服务老年残疾人的宗旨以及提高老年残疾人生活质量的目标

无论是人道主义原则、弱者优先原则，还是残疾人权利保障原则以及基本公共服务均等化原则，均要求老年残疾人社区居家养老服务体系必须以服务老年人为宗旨，通过人性化、个性化和精细化的社区居家养老服务，实现残障老人"老有所养"的目标，提高老年残疾人的生活质量，使其有尊严地生活，促进其社会参与和融合，缩小残疾人与健全人之间在生活质量上的差距，使老年残疾人与其他社会成员共同分享社会经济发展的成果，使老年残疾人得到更专业化的照护，生活得更幸福。

第三节　构建两大服务体系

正如第五章所分析的，残障老人对居家养老服务的需求与健康老人的服务需求相比，既具有普遍性，又具有明显的特殊性。老年人所需要的居家养老服务包括家政服务、日常生活照料、医疗保健服务、精神慰藉、康复服务、护理服务、喘息照料、接送服务、日托服务、紧急呼叫、安全援助、无障碍设施改造、法律维权等十多项。而其中康复服务、护理服务、喘息照料、接送服务、日托中心、无障碍设施改造等都是针对残障老人的居家养老服务项目，尤其是失能和半失能的残疾老人对这些服务项目的需求极为迫切。在绝大多数残障老人选择社区居家养老方式的前提下，发展老年残疾人社区居家养老服务体系必须加强两大服务体系的建设及完善——普通老人居家养老服务体系和残障老人居家养老服务体系（见图7—1）。

普通老人居家养老服务体系和残障老人居家养老服务体系是一般与特殊的关系。生活照料服务、医疗保健服务和精神文化生活服务是包括残障老人在内的所有老年人对社区居家养老服务的普遍的共同的需求，健康老人需要，残障老人也需要。但仅提供这三个方面的服务远远无法满足残障老人对社区居家养老的特殊需求，在此基础上还需要为残障老

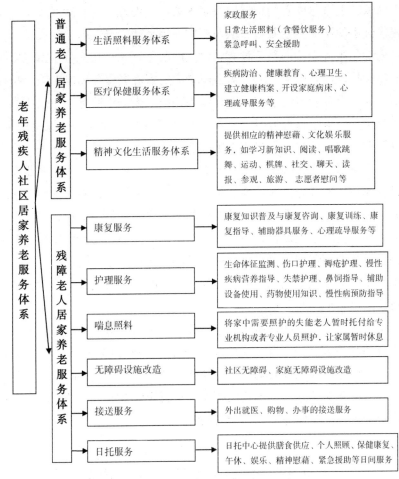

图7—1　老年残疾人社区居家养老服务体系

人专门提供以康复服务、护理服务、喘息照料、无障碍设施改造、接送服务以及日托服务为主要内容的残障老人居家养老服务。唯有这样，才能让残障老人享受到人性化、个性化和精细化的社区居家养老服务，实现残障老人居家养老服务的可及性和可得性。

人性化、个性化和精细化的社区居家养老服务是针对现有老年残疾人的居家养老服务中存在的覆盖面小、服务项目少、服务水平不高、服务针对性不足、不能照顾到老年残疾人的特殊需求等现实问题提出的。

人性化服务就是以人为本，给残障老人以人文关怀，以残障的视角考虑居家养老服务体系的构建以及服务项目的设置，为残障老人全心全意提供优质的居家养老服务，从而有效地提高残障老人的生活质量。

个性化服务强调的是一种有针对性的服务方式，在充分了解老年群体异质性特征的基础上，通过对残障老人居家养老服务需求调查，把握残障老人需求的特殊性，有针对性地为残障老人提供服务，不仅提供生活照料服务、医疗保健服务和精神文化生活服务，而且提供康复服务、护理服务、喘息照料、无障碍设施改造、接送服务以及日托服务。个性化服务还包括对不同残疾类型老人需求的准确把握，例如，同样是无障碍设施改造，肢残老人最需要的是坡道、扶手和抓栏，视力残疾老人最需要的是盲杖，听力残疾老人最需要的是闪光门铃和手写板，等等。就残障者辅助器具适配而言，轮椅、拐杖、起身绳梯、防褥疮床垫、长柄取物器、智能阅读器等也是分别适应不同残疾类型老人的不同需求，只有个性化服务才能让残障老人获得他所需要的服务，这也是残障群体的异质性所决定的。

精细化服务强调的是居家养老服务的质量与管理方面的高标准，要求服务的品质要优良，服务管理要精细，服务标准要具体、明确、科学，杜绝服务的模糊性和随意性，全面深入掌握社区内残障老人的相关信息，为服务对象建立精细化的档案，进行跟踪服务，注意与服务对象的沟通交流，注意服务的细节与技巧，等等。

第四节　完善五个服务支持体系

目前我国社区居家养老服务的发展面临诸多问题，比如，管理责任不明确、政府资金投入不足、资金来源单一、基础设施不完善、专业人才短缺、服务队伍素质不高、服务覆盖面较窄、服务项目供给不足、服务质量不高、市场化运作程度不高、城乡之间和地区之间发展不平衡，等等。

就西部地区而言，第六章分析了西部地区老年残疾人社区居家养老服务的现状：缺少足够的资源支撑，仍处于起步阶段，表现为服务供给主体的单一化，服务对象的有限性，服务人员构成的单一性，缺少专业化的服务人才，服务层次低，服务内容单一，忽视残疾老人养老服务需求的特殊性、政府购买居家养老服务的能力有限与老人购买养老服务能力不足同时并存，以及服务管理的粗放性。总之，西部地区社区居家养老服务尚未发挥出其应有的作用，与东部发达地区存在较大差距。同时，第六章也分析了阻碍西部地区老年残疾人社区居家养老服务发展的因素，其一，经济社会发展水平低。其二，政府财力不足，购买居家养老服务能力不足。其三，社会组织发育相对迟缓，社区建设滞后，社区服务能力不足，提供居家养老服务的非营利组织数量相对较少。其四，养老服务市场化水平低；市场对老年群体特别是残障老年人群体的真实有效需求了解不够。其五，服务人员待遇较低、社会地位低及工作强度大，导致人员流失严重；养老服务专业人才培养机构少、培养规模小。其六，西部地区较低的收入水平、消费水平以及消费观念的局限；老年残疾人的低收入现实制约了老年残疾人购买市场提供的有偿的居家养老服务的能力及意愿。其七，现实社会中残疾人群体的边缘化，社会观念落后，对老年残疾人及其特殊需求存在一定程度的忽略；老年残疾人持残疾人证比例低，导致相当多的老年残疾人失去了享受政府提供的残疾人补贴以及居家养老服务补贴的机会。其八，社会管理水平低，居家养老服务标准的制定、服务质量的监督和服务评估等机制不健全；等等。

　　要克服阻碍西部地区老年残疾人社区居家养老服务发展的障碍，走出西部地区老年残疾人居家养老服务供给严重不足的困境，推进西部地区老年残疾人社区居家养老服务体系的建设与完善，实现投资主体多元化、运作机制市场化、服务对象公众化、服务队伍专业化，必须完善制度保障、资金保障、组织保障、服务队伍保障、服务设施保障和信息化保障等五个服务支持体系。

一　制度保障体系

　　健全的制度是推进西部地区老年残疾人社区居家养老服务发展的根本保障。支撑老年残疾人社区居家养老服务的制度至少应该包括服务需求评估制度、服务质量评估与监督管理制度、风险管理制度、老年残疾人家庭保障的社会支持制度，等等。

　　首先，建立残障老人居家养老服务需求评估制度。不同的残障类型、不同的残障等级、不同的年龄段、不同的生活自理状况以及不同的家庭状况，都会影响到残障老人对社区居家养老服务的需求，这是由老年人的异质性所决定的。通过《养老服务需求评估标准》可以准确把握居家养老服务对象的服务需求，确保居家养老服务的针对性和有效性，保证政府的补贴资金真正用到有需要的老人身上，发挥资金利用率的最大化，避免社会资源的浪费。对服务对象建立服务需求档案，及时更新信息，为长期跟踪服务提供基础。

其次，建立残障老人居家养老服务质量评估与监督管理制度。通过《社区老年居家养老中心及建设标准》及《社区居家养老服务规范》，对社区居家养老服务社、社区老年人日间服务中心、社区老年人助餐服务点等社区居家养老服务组织就其组织、从业人员、服务项目、服务流程以及服务改进等方面，分别从事前、事中和事后各环节做出规范，确定服务质量评价的指标与方法。建立第三方的服务监督机制，对服务质量、服务过程、服务内容等进行评估，完善奖惩制度，畅通发表监督意见的渠道，接受来自社会的监督，使社区居家养老服务的供给更加透明化和公开化。通过《社区居家养老服务规范》标准的制定和实施，为规范社区居家养老服务与管理，引领居家养老服务向规范化、专业化方向发展提供必要的技术保障，从根本上保证社区居家养老服务的规范、有序、稳定、持续。

再次，建立风险管理制度。老年人的各种意外风险成为阻碍社区居家养老服务开展的一大障碍，在风险管理方面北京市的做法值得借鉴。北京市政府依托保险公司推出了"老年人意外伤害保险"，年缴费仅15元，为老年人在各类活动场所发生意外伤害时提供保障。该保险的保障范围涵盖老年人可享受优惠和基本公共服务的各类场所，涉及市域内公交车、出租车、地铁（城铁）三种公共交通工具，公园、博物馆（院）、公共体育场馆、医疗机构等十二种公共服务场所，以及养老管理服务中心（站）、养老（助残）餐桌以及托老（残）所等六类为老服务单位。① 享受城乡最低生活保障待遇人员、城镇"三无"人员、农

---

① 《北京首推老人意外伤害保险》，新浪网（http://news.sina.com.cn/c/2013-11-27/141028825982.shtml）。

村"五保"对象、享受定期抚恤补助的优抚对象及"失独"老人，由市财政统一出资投保，每人享受一份，近7万符合条件的老年人受益。政府统保老年人由市老龄办统一与保险公司签订保险协议，并向其支付保险费用。其他有购买意愿的老年人可自费购买保险。政府鼓励社会各界以企业捐赠、社会赞助、集体出资、子女购买等形式为老年人购买保险。这一具有半公益性质的保险既体现了政府"兜底儿"的作用，又使老年人遭遇意外风险后能够得到一定保障，同时，还在一定程度上化解了社区居家养老服务组织的后顾之忧。毕竟，老年人尤其是残障老人是意外风险较高的人群，完善居家养老服务体系必须考虑到构建这一风险管理制度的必要性和紧迫性。

最后，老年残疾人家庭保障的社会支持制度。长久以来，除极少数"三无"、"五保"、优抚对象残疾老人享受机构养老服务之外，绝大多数老年残疾人的照料者都是家庭成员，家庭经济负担、照料负担、精神负担沉重，在社会经济发展相对落后的西部更是如此。在大力推进社会化养老服务的今天，对这些背负沉重负担的老年残疾人的家庭保障给予社会支持极为迫切，可以更好地发挥家庭养老保障功能。这包括经济支持、服务支持以及技术支持等方面。

经济支持是指用好用足各项社会保障政策和残疾人政策，落实对老年残疾人的各项财政补贴、津贴，如特困残疾人的社会保险参保补贴、低保及各项救助、高龄津贴、经济困难老年人养老服务补贴、困难残疾人生活补贴、重度残疾人护理补贴，最大限度地改善老年残疾人的贫困现状，增加其转移性收入，从而增强其购买力。

服务支持是指在养老服务中优先考虑残障老人的需求，如通过政策优惠引导养老机构优先安排残障老人尤其是失能老人入住养老机构，社区居家养老服务优先满足残障老人对老年餐桌、社区日间照料、上门照料、家庭无障碍改造等需求，整合专业照料资源开展喘息照料服务，帮助失能老人家庭减轻照料负担；以法律的形式规定"护理假期"，保证子女在假期中照顾病患或失能父母的权利和义务，并对照顾老人的子女给予适度补贴。

技术支持是建立家庭护理培训制度，为残障老人家庭提供长期照料的技能培训、护理知识的增进，以提升家庭成员护理的水平，改善失能老人的生活质量。

二　资金保障体系

多渠道、多层次的资金保障是开展社区居家养老服务的前提。社区居家养老服务供给的资金来源主要包括政府财政资金、福利彩票公益金、居民个人支付以及其他社会投融资。在老龄化社会的今天，养老服务既不是家庭的独立责任，也不是政府可以大包大揽的，而是需要政府、企业、非政府组织、社会、家庭各方的共同努力，共同提供养老服务的资金来源。

第一，西部地区在经济增长的同时，地方政府作为主导力量应加大财政对社区居家养老服务的支持力度，建立与社区居家养老服务相匹配的财政长期投入机制，通过政府购买、政府财政补贴等形式投入社区居家养老服务的硬件建设、服务运营补贴，保障社区可利用的养老服务基础设施更加完善，并对特殊困难的老年群体提供服务补贴。

第二，完善福利彩票的管理，扩大福利彩票的发行规模，争取更多的福彩公益金用于社区居家养老服务。

第三，通过税收减免、财政补贴等财政支持政策鼓励和吸收民间资本进入社区居家养老服务领域，壮大养老服务的投资主体。吸引更多慈善组织为社区特困残障老人提供筹款服务。通过高性价比的居家养老服务引导有一定支付能力的老人家庭及子女为老人自付居家养老服务费用。

第四，完善残疾人社会保障制度。继续加大对特困残疾人参加社会保险的补贴，扩大残疾人社会保险参保率，使更多老年残疾人晚年有稳定的收入来源；完善医疗保障制度，提升残疾人医疗保障水平，减少残疾人因病致贫的现象；完善残疾人社会福利和社会救助制度，提高残疾人的转移支付收入，增强其抗风险能力；改善老年残疾人持残疾人证比率低的现状，扩大残疾人福利及残疾人社会救助的覆盖面，使残疾人社会福利制度、社会救助制度以及各项助残政策惠及更多的残疾人；统筹高龄津贴、经济困难老年人养老服务补贴、困难残疾人生活补贴、重度残疾人护理补贴，提高残障老人对养老服务的购买力，提高社区居家养老服务对特困残障老人的可及性。

第五，借鉴国外的有益经验，探索建立老年护理保险制度，为失能老人的长期照料提供稳定的经费来源，缓解失能老人及家庭的经济负担。

三　组织保障体系

福利多元主义告诉我们，福利的责任不应当仅由政府来承担，政府部门、家庭、市场（商业部门）、志愿组织（非营利组织）共同构成社会福利的四大来源，政府部门提供直接和间接福利；商业部门利用市场提供有营利性质的福利；志愿部门由自助互助组织、社区组织和非营利组织提供福利。只有遵循这样福利供给多元化的框架，才能为老年残疾人社区居家养老服务提供组织保障。老年残疾人社区居家养老服务多元主体结构如表7—1所示。

表7—1　　　　老年残疾人社区居家养老服务多元主体结构

服务主体	角色及地位	在社区居家养老服务中的职能	提供服务的动力源
政府	居于服务体系的核心地位，发挥主导作用；监管者、规范者、仲裁者和部分服务的购买者	制定相关政策法规、规划； 对提供居家养老服务的组织给予财政补贴； 购买部分居家养老服务； 对居家养老服务的生产者（市场、非营利组织）实施有效的监督、规范和管理； 对提供服务的社会组织进行必要的培育和支持	政府责任
家庭	服务的主要供给者及生产者	为残障老人提供无偿服务	家庭责任和血缘亲情
市场	服务的主要供给者及生产者	为残障老人提供有偿服务	通过服务获取利润

服务 主体	角色及 地位	在社区居家养老 服务中的职能	提供服务的 动力源
非营利 组织	服务的主要 供给者及生 产者	为残障老人提供低偿服务	实现其社会 价值和公益 目标
社区	服务的组织 者和管理者	组织实施社区养老服务的递送； 提供服务的平台； 建立服务对象信息库； 沟通服务对象与服务资源； 创新服务模式	社区的社会 福利与社会 服务职能

在老年残疾人社区居家养老服务多元主体结构中，政府在其中起到最核心的作用，居于主导地位。政府作为社区居家养老服务的监管者、规范者、仲裁者和部分服务的购买者，并非是养老服务的直接生产者。政府在其中的具体职能表现在：制定相关政策、法规、规划；对提供居家养老服务的组织给予财政补贴；购买部分居家养老服务，为特困老人的养老服务埋单，起到兜底作用；对居家养老服务的生产者（市场、非营利组织）实施有效的监督、规范和管理；对提供服务的社会组织进行必要的培育和支持；在社区居家养老服务供给中，政府有所为有所不为，合理引导私营部门，实现社会福利最大化。

家庭一直是居家养老服务的主要供给者及生产者，家庭成员出于家庭责任和血缘亲情为残障的家庭亲人提供照料服务，但家庭成员服务的专业性无法保障，政府及社会组织应为家庭提供更多的护理技能培训和服务支持。

市场同样是社区居家养老服务的主要供给者及生产者，出于通过服务获取利润的动机，市场按照交易规则为残障老人提供有偿服务。从养老产业发展角度讲，市场是养老服务业发展的主要力量。

非营利组织出于实现其社会价值和公益目标的动机积极参与社区居家养老服务的主要供给及生产，由于可以得到政府的补贴，非营利组织为残障老人主要提供低偿服务。

社区是社区养老居家服务的组织者和管理者及服务的递送者，为社区残障老人提供居家养老服务是社区的社会福利及社会服务职能使然。在社区居家养老服务供给中，社区的具体职能体现在：组织实施社区养老服务；提供服务的平台；建立服务对象信息库；沟通服务对象与服务资源；创新服务模式，如邻里互助组模式；等等。社区养老服务可以与社区再就业结合，二者互相推动。只有促进与养老服务相关的社区各类服务组织（经济组织和非营利的经济实体）、公益组织和互助组织的充分发展，才能使社区居家养老服务落到实处。

按照政府扶持、政策引导、社会兴办、实体服务、市场推动的原则，不断完善社区居家养老社会化服务机制，通过政策引导，鼓励社会资本投资兴办服务社区老人的老年生活照料、家政服务、心理咨询、康复服务等项目。培育和扶持相关的社会组织，提供优惠便利的准入机制，采取完善的管理制度和多样的合作形式。建立公开、公正、平等、规范的养老服务准入制度，积极支持多种形式开办养老服务业。

四　服务队伍保障体系

人力资源是社区居家养老服务得以发展的重要因素。养老服务是一个涉及老年护理、家政、康复、心理、社会工作等多方面专业技能的特殊行业，制约我国尤其是西部地区社区居家养老服务健康发展的一大障碍因素就是缺乏数量充足的专业化水平高的服务队伍。提高社区居家养老服务从业人员的专业化水平、培育长期照料服务人才是完善残障老人社区居家养老服务体系的必要条件。为此，必须做到以下几点：

第一，加快完善养老服务队伍建设及人才培养的相关政策及法律，加大财政支持力度。

第二，健全社区居家养老服务人员的准入机制，强化对非专业人员进行岗前培训。积极鼓励有一定文化程度的下岗职工、农民工从事养老服务，通过培训让他们掌握相关的专业技能，然后准予上岗。

第三，健全养老服务从业人员薪酬体系和激励机制，引导、规范、激励服务人员的行为，明确晋升渠道，保障其获得应有的经济回报，建立居家养老服务人员工作报酬与家政市场价格联动的工作增长机制，保障养老服务从业人员合法权益不受侵害，与养老服务从业者签订劳动合同，参加社会保险，帮助解决住宿等实际生活问题，以调动其工作的积极性，减少人员流失现象，稳定服务队伍。

第四，规范养老服务从业人员的培训机制、考核机制、监督管理机制，实行优胜劣汰的奖惩制度，注重对养老服务人员的服务伦理教育，确保服务人员具有先进的服务理念、专业化的服务技能、良好的职业认同、职业素质和道德素质，提供高质量的养老服务。

第五，强化志愿者队伍的组织建设和能力建设，通过专业培训提升志愿者养老服务的能力，提高服务的有效性，更好地发挥养老服务中志愿者的作用。鼓励低龄老年人参与社区养老服务，壮大社区居家养老服务队伍。

第六，完善教育机构对于专业养老服务人员的培养制度。进一步推进养老服务人才培养的专业化、职业化、本土化。依靠政府的大力支持，鼓励高校顺应社会的现实需求开设养老服务相关专业。开展学校培训和实训基地（养老机构或社区居家养老中心）相结合的培训制度，加大服务机构及培训机构的沟通和合作，提高养老服务行业的整体专业化水平，保证社区居家养老服务人力资源的有效供给。

第七，努力营造全社会尊重养老服务人员及其劳动的社会舆论及文化氛围，消除职业歧视，提升其社会地位，引导更多的人投入居家养老服务。

五　服务设施保障体系和信息化保障体系

在政府主导下通过广泛的社会参与，因地制宜地加强社区居家养老服务设施的建设，通过建立社区居家养老服务中心（站）、日间照料中心、老年餐桌、老年康复站、社区护理院等设施，提升助老助残服务的质量。

在经济高速发展的今天，信息化是实现有效居家养老服务的技术保障和服务载体。建立以信息技术为支撑的社区居家养老服务保障体系，既可以整合社区的养老服务资源，又可以方便老人，提高社区居家养老服务供给水平、服务质量和服务效率。以信息化养老终端采集数据为基础，利用互联网、移动通信网、物联网等手段建立系统服务与互动平台，通过整合公共服务资源和社会服务资源来满足老年人在安全看护、健康管理、生活照料、休闲娱乐、亲情关爱等方面的养老需求，从而实现信息化养老。通过充分和翔实的老人信息档案建设，应用先进的网络信息服务平台与居家养老服务体系相结合，为老年人居家养老服务提供信息的前提支撑，以及实现养老服务供给与需求的及时和有效对接，为居家老人提供细致周到的养老服务。

结　语

　　我国拥有世界上规模最大的老年人口、规模最大的残疾人口、规模最大的老年残疾人口和规模最大的老年失能人口，老年残疾已成为我国经济与社会发展进程中必须高度关注的社会问题。老年残疾人除很小一部分在养老机构安养外，绝大多数选择居家养老。我国面临的老年残疾人社区居家养老服务压力和失能老年人照护服务压力超过世界上的任何国家。

　　残疾人是社会保障和公共服务的重点人群之一，老年残疾人居家养老服务体系是我国养老服务体系和社会保障体系的重要组成部分，它关系到老年残疾人的生活条件、生活质量乃至人权保障。如何构建老年残疾人居家养老服务供给体系已成为我国老龄事业、残疾人事业、社会保障事业、社区服务发展的一个新课题。

　　观念决定思路，思路决定行动。由于现实生活中社会性障碍的存在，残疾人并不能像普通人一样行使自己的权利，残疾人实现自身权利存在诸多障碍，所以这一群体的权利必然需要一些特别的、有针对性的制度安排来保障，而要求这种特殊制度安排的权利在权利观视角下可以看作残疾人的"福利权"。福利供给不足，是造成残疾人权利受损的主要原因。由于残疾人自身的限制和市场中存在的障碍，残疾人从市场交换中获得需要的资源并不容易，所以残疾人需求的满足更加依赖国家、社会和家庭的支持，家庭保障功能的弱化又要求国家和社会应该承担更多的责任。从老年残疾人群体这个角度来看，他们的养老需求也是一种福利权。建立完善的养老服务体系并对这一群体进行必要的倾斜和支持，是我国社会保障体系建设的题中应有之义，也是老年残疾人福利权的合理诉求。在西部地区养老社会服务不发达、政府和社会组织又缺乏服务供给能力的情况下，残障老人社区居家养老服务的缺失实际上反映出"社会保障制度的缺陷"。按照残疾人权利保障原则，应该将残障老人作为基本公共服务和社会保障的权利主体，关注其养老服务方面的机会平等与发展，清除阻碍残障老人实现其基本公共服务权利和社会保障权利的社会障碍，而非简单地视其为福利客体。将残障老人尤其是失能老人社区居家养老服务纳入到基本公共养老服务的范畴，借鉴西方国家经验，建立长期照护保险制度，从根本上解决失能老人照护服务的购买力问题。同时，注重培育和鼓励养老服务市场和社会组织的发展，增加养老服务的供给，应该是西部地区地方政府更新观念，完善社区养老服务的一个基本思路。

附录 1

调查问卷

残障老人居家养老情况调查问卷

老人家:

您好! 我是×大的大学生, 本项调查目的是课题组为了真实掌握残障老人居家养老的需求与供给情况, 从而为政府制定相关居家养老服务政策以提高老年人生活质量提供参考依据。此调查问卷不记名, 仅供研究之用, 所有个人信息都会为您保密。希望您能回答下列问题, 感谢您的支持与配合!

西部地区残障老人居家养老服务研究课题组

调查对象为 60 岁及以上身体不便有下列各类障碍之一的残障老人, 包括: ①盲、低视力 (双眼视力<0.3); ②双耳不同程度的永久性听力障碍、听不到或听不清周围环境声及言语声者; ③言语障碍、不能或难以进行正常的言语交往活动者 (失声、发声困难、声音嘶哑、不会说话或者发音不清、口吃等); ④四肢残缺或四肢、躯干麻痹 (瘫痪)、畸形等而致人体运动功能不同程度的丧失以及活动受限或参与的局限者 (脑瘫、骨关节病、脑中风致半身不遂、截瘫、偏瘫、身高 1.3 米以下的侏儒、脊柱畸形、驼背等); ⑤各种因素导致有智力损害或智力明显衰退者; ⑥各类精神障碍持续一年以上未痊愈者; ⑦存在以上两种或两种以上残障者。

填写方法: 最好由调查员代念代填, 边问边填, 不要遗漏。条件允许的可由老人或其家属填写。请在符合调查对象情况的选项上画圈, 不要画在两个选项之间，以免造成无法统计。大部分题都是单项选择题，写了"可多选"的题是多项选择题。

居家养老服务是指政府和社会力量依托社区，为居家的老年人提供生活照料、家政服务、康复护理和精神慰藉等方面服务的一种服务形式。它是对传统家庭养老模式的补充与更新。

1. 您的年龄为：（　　）

①60—64 岁　　　②65—69 岁　　　③70—79 岁

④80—89 岁　　　⑤90 岁以上

2. 您的性别为：（　　）

①男　　　　　　②女

3. 您现居住在：___省___市___县　　属于：（　　）

①农村　　　　　②城镇

4. 您的文化程度为：（　　）

①文盲、不识字　②小学　　　　　③初中

④高中　　　　　⑤大专及以上

5. 您的残障类型为：（　　）

①视力残疾　　　②听力残疾　　　③言语残疾

④肢体残疾（包括半身不遂、脑瘫、骨关节病等）

⑤智力残疾　　　⑥精神残疾　　　⑦多重残疾

6. 您的残疾等级为：（　　）

①一级（极重度）②二级（重度）　③三级（中度）

④四级（轻度）

7. 您是否领过残疾证？（　　）

①领过　　　　　②没有领过

8. 您生活是否能自理？（　　）

①完全自理　　　②基本自理　　　③半自理

④不能自理

9. 您的婚姻状况：（　　）

①已婚，有配偶　②丧偶　　　　　③离异

④未婚

10. 现在您和谁生活在一起？（　　）

①老伴及孩子　　②老伴　　③儿女

④孙子　　⑤独居　　⑥保姆

11. 您现在的经济来源是什么？（　　）

①靠自己的养老金（退休金）　　②靠自己或老伴劳动

③靠自己的积蓄　　④靠儿女供养　　⑤靠领"低保金"

⑥五保供养

12. 如果您是农村居民，那您家每年人均纯收入是：（　　）

①一年 850 元以下（低保线）　　②一年 850—1500 元

③一年 1500—3500 元　　④一年 3500—5212 元

⑤5212 元以上　　⑥没有任何收入

13. 如果您是城镇居民，那您家每月人均纯收入是：（　　）

①200 元以下（低保线）　　②200—399 元

③400—800 元　　④800—1200 元　　⑤1200—2000 元

⑥2000 元以上　　⑦没有任何收入

14. 您的日常生活主要靠谁来照顾？（　　）

①没有人照顾，靠自己照顾自己　　②靠老伴照顾

③靠儿女照顾　　④靠其他亲属照顾　　⑤雇保姆照顾

⑥靠社区的专业服务人员　　⑦靠老伴和保姆

15. 您除了残疾是否还同时患有其他疾病？（　　）

①患有其他慢性疾病　　②没有

16. 您现在是愿意在家养老还是愿意去养老院养老？（　　）

①在自己家里　　②去养老院

17. 您在养老问题上最大的困难是：（　　）（可多选）

①经济困难　　②没有人来照顾自己

③生病　　④家庭矛盾

⑤精神孤独，没人和我说话交流　　⑥其他困难

18. 您老年生活中最希望谁来照料您的日常生活？（　　）

①自己　　②老伴　　③儿女

④其他亲属　　⑤社区的专业服务人员

⑥保姆

19. 您对社区为老服务的态度是：（　　）

①赞同，很有必要　②不大赞同，意义不大

③无所谓

20. 您是否需要社区为您提供上门的为老服务？（　　）

①需要　　　　　　②不需要　　　　　　③无所谓

21. 如果您需要社区为您提供上门的为老服务，您最迫切需要的服务内容是什么？（　　）（可多选）

①送餐服务　　　②代购服务　　　③洗衣、打扫卫生

④日常陪护　　　⑤ 陪同就医　　　⑥陪同康复训练

⑦医疗护理　　　⑧陪同聊天

22. 您对社区养老服务设施建设和机构养老的态度分别是：

您的态度是	①认为很有必要	②有必要	③不大赞同，意义不大	④无所谓
日间照料中心（社区托老所）				
家政服务中心（上门服务）				
社区老年餐厅				
社区老年文化活动中心				
养老机构集中安养				

23. 您在养老问题上最大的期望是什么？（　　）（可多选）

①子女能经常陪护和照料自己

②能得到国家给的一定的经济补贴

③居家养老，能有人上门来提供各种服务

④ 能进养老机构集中安养

⑤社区能派专业人员陪同康复训练和进行医疗护理

⑥有人陪同聊天　⑦其他（可写出来_____）

24. 您现在生活的社区有没有为身体障碍行动不便的老人提供各种助老服务的（如送餐服务，代购服务，洗衣、打扫卫生，日常陪护，陪同就医，陪同康复训练，医疗护理，陪同聊天）？

①有   （提供的服务项目是＿＿＿＿＿＿＿＿）

②没有   ③不清楚

25. 如果政府建立残障人安养院并给入住安养院的残疾老人补贴，您愿意入住安养院吗？（   ）

①愿意   ②不愿意   ③无所谓

26. 您还有什么特别想表达的吗？

非常感谢您的支持与配合！祝您长寿安康！

填完所有问题后，请仔细检查确认无遗漏后，调查员签名。

调查员：＿＿＿＿大学＿＿＿学院＿＿＿专业   姓名：＿＿＿

调查日期：＿＿＿年＿＿＿月＿＿＿日

附录 2

访谈案例

案例 1

W 奶奶，84 岁，西安人，住西安市雁塔区，有退休金。患高血压、心脏病（已安装心脏起搏器）、帕金森氏综合征等多种疾病，双腿行动不便，没有办理残疾人证，常摔跤，行走需借助行走器或别人搀扶。以前生活半自理，现在和 90 岁的老伴生活在一起，这是个残疾加高龄的家庭。子女同在一个城市，但没有与老人同住。老人不习惯与孩子同住，说生活习惯不同，住在一起别扭。每周末子女回家照料老人。家里为照顾她请了一位钟点工，月工资 1900 元。每天来家照料她和做家务 3—4 个小时，每周休息一天。老奶奶行走主要是靠老伴和保姆照料。两年前摔跤骨折后，生活完全不能自理，吃喝拉撒全在床上。为老人请了全天候护工，每天 150 元护理费。

养老问题最大的困难是生病。最希望子女来照料自己。老奶奶赞同社区为老服务，也需要社区为老服务。最迫切需要的社区养老服务内容是医疗护理和陪同就医。由于生活不能自理，去医院看病非常困难，两三个人陪同就医都很困难，出租车见是坐轮椅的老人一般都不愿意载。

在养老问题上最大的期望是能得到国家给予一定的经济补贴，居家养老，能有人上门来提供各种服务，社区能派专业人员陪同康复训练和进行医疗护理，能有人陪同聊天。老奶奶所住的社区目前还没有为行动不便老人提供助老服务。

老人说不愿意住养老院。自己行动不便，又怕给他人添麻烦，情感常处于矛盾与压抑、不安状态。老伴 90 岁，年事已高，有高血压和冠心病，照料老伴力不从心，照料时容易急躁，压力大。家庭气氛不如以前平和。

另外，市面上残障老人生活辅助用品较难买到，如马桶旁边的扶手、浴椅无处购买，且相关信息很少。

照顾老人的保姆很难请到合适的。一个保姆做饭做家务还可以，但不会与老人沟通，干了很久还显得生分。另一个保姆，不会做饭，不会使用家电，不会使用天然气灶，个人卫生习惯不好，不刷牙，让老人感觉不爽。还有一个保姆，做饭凑合，但老人上厕所需要扶时，她却在一边干自己的私活（绣十字绣），不主动上前帮扶老人，90 岁的老伴不得已自己扶老伴上厕所。家人感慨：合适的保姆太难找了！都换了好多个了。

案例 2

H 奶奶，87 岁，住西安市高新区，个头很矮小，驼背，走路手挂拐杖，没有办理残疾人证。退休 37 年了，退休前是某纺织厂工人。50 岁刚退休时退休金才 40 多元，现在 2000 多元。身体还算可以。眼睛不好，双眼都是白内障，看不清东西，认不清人。有胃病，风湿性关节炎，腿疼，心脏和血压还好。有两个儿子、一个女儿，现在住在女儿家。两个儿子都退休了，大儿子退休金 2700 元，二儿子退休金 3400 元，女儿女婿白天上班，大儿子来做午饭，晚上女儿回来做饭。H 奶奶说：“我现在什么都不用做，儿女都非常孝顺，吃现成的。天晴有太阳了，我就下楼晒太阳。我很满足。咱们社区什么服务也没有，我也不需要什么。有女儿女婿在身边，对我都很好，我很知足。”

案例 3

Z 奶奶，72 岁，住西安市碑林区，身患帕金森氏综合征、风湿性关节炎、心脏病等多种疾病，没有办理残疾人证。每天服药后可以勉强在室内挪步，但在下一顿服药前药效衰减时就几乎瘫在床上不能动弹，平时由 73 岁的老伴照顾。养老金 3000 多元，每月治病买药的费用在 2500 元以上，其中 2000 元可以在医保里报销，其余部分需自付。两个孩子都在外地工作，要照顾自己的小家庭和上学的孩子，工作也很忙。家里就只有两位老人自己生活。老伴负责日常家务、做饭、照顾她。由于家里不能离人，老伴如果有事外出，不得已只有请楼上的邻居来家里帮忙照看一会儿。Z奶奶行动不便，有太阳时老伴会推着轮椅带妻子出去晒太阳。前一阵Z奶奶风湿病犯了住院2周，老伴就在医院申请了一个陪护床位，自己也住在病房日夜照料妻子，吃饭就吃医院食堂送的饭菜，或者在医院周边小餐馆订餐送到病房。73岁的老伴自己也患有十几年的糖尿病，现在每天需要打胰岛素，但妻子瘫在床上，他硬撑着也得做全部家务，照料妻子，很是辛苦。他们所在的社区没有为老服务的相关项目，也没有老年餐桌。家里最大的困难是缺人手，老伴年纪也大了，照料妻子有些力不从心。他们说如果社区里有为老年人提供送餐服务，就可以解决他们的大问题了，起码不用操心买菜做饭的一摊子事了。

案例4

X爷爷，81岁，住西安市新城区，丧偶，17年前患脑溢血，病了17年了，瘫痪在床也有3年了，没有办理残疾人证。去年以来大部分时间都在医院（花去了50多万元医药费，基本都是公费报销）度过。一直由儿子、女儿、孙女轮流照料。前些年老人一直由女儿照料，后来随着女儿年龄增大（60多岁了），健康不佳，力不从心，就主要由孙女照料。孙女也有一个上学的孩子需要照料，既要照护自己的小家庭，又要照料瘫痪在床的爷爷，压力很大。到现在老人瘫痪3年多了，白天由孙女照料，晚上由儿子照料。这次住院就大半年时间，大孙女一个人照料不过来，另一个大学刚毕业的小孙女就不得不放弃找工作，专门在医院轮流照料老人。这家人手还算是比较多的，有儿子、女儿、孙女可以轮换照料，就这样都使得全家人身心疲惫，大家都是硬挺着、坚持着。如果是家里人手少的，可怎么办呀？

案例5

S先生，60岁，住西安市未央区，双下肢因儿麻重度残疾，肢残一级，行走靠双手拄小板凳，有残疾人证。小学文化，在一家残疾人福利企业任会计，即将退休。妻子，54岁，退休工人，双下肢因儿麻重度残疾，肢残一级，行走靠拄双拐或轮椅。S先生的母亲87岁，退休工人，养老金 2300 元，长期患心脏病、高血压、脑血栓等多种疾病，生活半自理，病轻的时候可以手拄拐杖走几步，病重的时候便卧床不起，头脑不清，甚至大小便失禁拉在床上。这是个夫妻双残并且两代残疾的家庭。S 先生家中有姐弟 5 人，他是老二，是家中唯一的男孩。S 先生的母亲几年前住进一家民办养老院，刚进去时，生活尚能自理，情况还算可以。但后来随着身体变差，生活自理能力下降成为半自理后，养老院服务人员服务质量差的问题就让家人越来越担忧了，由于老人生活不便，吃饭、如厕各种生活照料都需护理人员照顾，护理人员担心老人吃饭多，上厕所的次数频繁，事情多，就给老人很少的饭，老人吃不饱，还要遭受护理人员的冷眼和斥责。家人去看望老人时发现老人处在这种环境下，就对养老院的服务及管理非常失望，加之老人自己也坚决要求回家，于是就离开了养老院。回家后由老人的 5 个子女轮流照料其生活，一个子女轮一个月。老人的大女儿已经 64 岁了，也是老年人了；S 先生排行老二，是重度肢残人，儿媳也同样是重度肢残人，自己生活都很不方便，但出于孝心仍坚持照料自己的母亲。轮到 S 先生照顾老人时，他媳妇就找来一位原来厂里的工友，40 多岁，智力残疾，下岗了，没有收入，住在一起帮忙照料老母，S 先生家负责这位工友的吃住生活，这位工友则帮忙跑跑腿，买个菜什么的，实际上是肢残人与智残人之间的互助形式。

问及对社区养老有何看法时，S 先生回答说："我从来没有听说过社区能提供养老服务。我对社区一点指望都没有。国家政策越到基层执行越差。"

问及社区是否主动联系过，问你家老人养老服务有什么需求？回答：从来没有过。

问及若社区能提供为老人送餐上门，是否愿意支付费用？回答：当然愿意。

案例 6

P 女士，62 岁，家住西安市灞桥区，盲人，有残疾人证。已退休，退休前是盲人按摩医生。其丈夫也是盲人，这是个夫妻双残家庭。P 女士的丈夫现在因脑梗塞瘫痪了，起不了床，生活完全不能自理，吃喝拉撒全在床上，靠保姆照料。家里如果没有保姆就只能送去养老院。

　　问及作为盲人，在养老方面有什么特殊困难？P 女士回答：老年盲人肯定生活中困难比一般老人更大，身体状况还好时最大的困难是出门，自己出不去，多活动多晒太阳对身体好，可老年盲人自己出不去，过去用盲杖探着走，可现在路上车多，车速又快，如果没有人陪伴，我们盲人自己出去太困难、太危险了。平时买菜或去商场、超市购物是老年盲人最大的困难。我家离菜市场有一两站路，平时买菜都是我孩子周末买好放进冰箱里，或是由保姆或朋友帮我买好。孩子周末回来做些菜，放到冰箱里，我吃的时候热热就行。我家用的天然气灶，点火有声音，我会摸索着做简单的饭，复杂的饭做不了。我还买了电饼铛，盲人使用起来挺方便的。我把做饭东西放得很有规律，别人要是给我放乱了，我就找不到了。如果东西掉到地上，我要找到也很困难。

　　盲人还有一个困难就是户外活动。院子里也有健身活动器材，但没有标志，我很难找到器材。盲人走路靠标志，比如顺墙根走，或是顺着道沿走，而健身器材在院子中间，没有标志我就摸不到。

　　还有一个困难就是盲人精神寂寞，常年待在家里出不去，心很慌、很闷，精神有点受不了，这种感觉一般人理解不了，精神太寂寞了。盲人都买收音机、诵读机，用来解闷。

　　我上班那会儿曾经跟单位一起去郊区春游过。可现在这种机会太少了，没有人陪，出不去了。

　　如果以后年龄再大了，生活不能自理了，当然需要社区上门服务，买菜、搞卫生、陪伴看病什么的。我这些要求是不是太过分了？有这些服务当然好了。

　　听说以后要办残疾人养老院，那就更好了。希望这样的养老院能够适应残疾人的需求，无障碍，有电脑能上网，让残疾人精神生活丰富点。省残联办第一期盲人电脑培训班我就参加了，学会了上网、聊天，离开了电脑我会更寂寞的。

　　案例 7

　　G 先生，60 岁，家住西安市灞桥区，夫妻都是盲人，有残疾人证。这是个夫妻双残的家庭。G 先生说："退休前是地段卫生院的按摩医生，现在仍在家经营按摩诊所。夫妻二人月收入 4000 多元，现夫妻二人生活自理。自己去楼下 100 多米远的地方买菜，自己做饭、做家务，两人一起去超市，遇见工作人员或热心的顾客会指引我们购物，其他不需要他人帮忙。社区也没有主动上门问候或提供服务。我们现在身体还好，可以自理，以后如果剩下一个人了，也许会考虑住养老院。我们希望建残疾老人的老年公寓，能进出自由，自由入住，过年过节或儿女回来了能自由地回家住，家里没人时再回去住，收费能按实际入住天数计算，一个月费用在 1500 元以下就可以接受。

"说到我们的困难呢，盲道有人修建，但没人管理，常有自行车保管站和小汽车停车占用盲道。希望交警能管一管盲道占用的事，处罚占用者。

"希望社区能建个老年活动站，家里没地方锻炼，老年活动站能有康复活动和锻炼身体的器材，有乐器、棋牌等老年活动就好了。"

案例 8

L 奶奶，90 岁，家住西安市莲湖区，患脑溢血后遗症，走路不灵便，没有办理残疾人证。接受访谈时正由 60 多岁的女儿扶着散步晒太阳，老人已丧偶，一直靠儿女轮流照料，没请保姆，原因是不放心保姆的照料。脑溢血后怕摔，再摔就很难康复了，后果不敢想象。现在如厕需要人扶着，吃饭可以自己吃。

L 奶奶说：建社区托老所当然有必要啦，但我家住 7 层，没有电梯，上下楼梯很困难，连下楼晒太阳都很少，很不方便，如果去托老所，自己下不了楼，也去不了啊。

老人 60 多岁的女儿说，母亲有我们姐妹几个照顾，以后轮到我们老了，孩子都是独生子女，万一我们老了不能动了，就只能进养老院了。

案例 9

T 女士，74 岁，家住西安市雁塔区，退休工程师，两年前刚刚丧偶，视力残疾，没有办理残疾人证。由于眼睛看不清，日常生活包括做饭都靠摸索着做，现在一人独居，每日女儿来家帮忙做点家务，买菜送过来，陪伴母亲说说话。老人最大的困难是出行，看不见，就出不了门，也不敢自己独自出门，现在外面的车开得很快，看不见的人走路太危险了。顶多是自己围着自家楼摸着墙走走，算是活动活动身体，生活很单调。目前社区没有开展任何助老服务。

案例 10

B 女士，68 岁，家住西安市莲湖区，肢残，丧偶，有残疾人证。B 女士是某公司职工的遗属，儿子 40 多岁，智残，是个两代残疾的家庭。家里就母子二人，相依为命，靠每月 560 元低保金生活，公司残联每月给其生活救济 100 元，每月收入 660 元，吃饭勉强够了，但如果生病了，就无钱就医。家住在 B 女士老伴原单位的二室房子，又乱又脏又黑，无灯，房子里堆满杂物，室内拉根绳子，上面杂乱地搭着衣物，下水道堵塞了，脏衣服泡在盆里，家里老鼠成灾，油瓶盖都被咬碎。儿子躺在床上呻吟，平时需要服药治疗。B 女士说，陪儿子看病是她的一大难题。年近七旬又下肢残疾的她拖不动 40 来岁的儿子。她最需要的是社区有人帮忙陪她智残的儿子去医院看病。

案例 11

Z 先生，76 岁，家住西安市莲湖区，退休教师，二级残疾，年轻时一条腿截肢，拄拐行走。其妻子，74 岁，退休教师，进入老年后患腿部疾病，四级残疾。家庭特征为夫妻双残。老两口每个月的退休工资总共 7000 多元，生活较宽裕。只有一个儿子，常年在外地工作，一年回来看望两三次。平时只有老两口在家，虽然经常参加老年文艺活动，但由于没有亲人在身边，精神上还是很孤独。

问：您有没有享受到社区的居家养老服务？

答：没有，没有享受到政府、社区的任何帮助。我们社区做得很差，完全忽视高收入的老年残疾人，我们受关注度最小。

问：您目前养老方面遇到的最大的困难是什么？

答：买菜难，看病难，出行最困难。只有一个儿子，还不在身边。假如我们在路边跌倒了，手里拿着电话，都不知道该打给谁。想想这些特别心酸，我们这些曾为孩子付出最多的父母，年老了反倒无人理睬，过得最悲惨。难道我们让儿子追求自由，过自己的生活，我们错了吗？今天这个局面，我们活该吗？

问：您的日常生活由谁来照顾？

答：只有我们老两口相依为命。虽然我们没有受到政府和社区的任何关怀，但是朋友的友谊让我们倍感欣慰。老朋友、老同学，还有一些学生非常关心我们，给予我们各种帮助，包括代购药品、提供一些所需信息、买菜、接送我们去医院、节假日的看望等，这些让我们特别感动，甚至比亲儿子做得都好，友谊超过了亲情。朋友的关怀和帮助是我们的精神支柱。

问：您对居家养老的态度如何？

答：相对于机构养老，我们认为最实际、最可行的是居家养老，我们也迫切需要居家养老服务。一方面，一些养老机构价格贵、服务质量差；另一方面，对于我们这些老年残疾人来说，举家搬迁，不太实际，奔波于养老机构和家之间太不方便。但是，目前政府和单位对我们这群老年残疾人呼声的忽视，以及不作为的态度，让我们特别失望，他们的努力远远赶不上我们的需要。虽然我们寄希望于居家养老，但是觉得我省的居家养老 10 年内不会有太大改观，最终我们还是可能去机构养老。

问：您对机构养老的态度如何？

答：我们最希望的是居家养老，趁着自己还可以自理，我们暂时不会去机构养老。但是，未雨绸缪，我们已经陆陆续续考察了周边的一些养老机构，主要考虑的因素有交通方便；就医方便，医生随叫随到；还有就是公寓内有老年大学，能满足我们的精神需求。我们准备今年夏天，先去老年公寓住一段时间，看看情况怎么样，再作打算。

问：您有没有考虑过请保姆或者家政来照顾您的生活？

答：我们从未请过保姆，一是价格贵，二是见过周围太多保姆与雇主出现纠纷的事情，我们为了避免出现这些不必要的麻烦，一直没请保姆。偶尔请家政过来打扫一下卫生，但是服务质量和态度实在不敢恭维。

问：您认为老年残疾人和健康老人相比，在养老需求上最大的区别是什么？

答：出行难，精神孤独，是最大的区别，也是我们养老遇到的最大的困难。出门打不到车，由于下肢残疾，公交车上不去，出门太难了。

问：您对居家养老服务有什么建议？

答：第一，我们希望社区能有所作为，不能仅仅关注朝阳产业，还得兼顾夕阳产业，能为我们老年残疾人做一些实事。希望能由社区出面，而不是经过保姆中介方式，集中二三十个闲散劳动力，进行专业培训，统一服务价格，服务于社区的老年人。第二，腾出部分闲置的零散房（比如一层楼），集中起来，解决老年人打针输液、看病难的问题。我们腿不方便，看病打针过门口的天桥很困难。第三，腾出部分闲置房，使需要帮助的老年人集中安养。第四，食堂应加强管理，聘用高素质人员，提供适合老年人口味的健康的饭菜。

案例 12

X 先生，男，68 岁，住西安市雁塔区，2008 年患脑膜瘤，手术后遗症逐渐显现，日渐消瘦，肢体残疾、智力残疾等多重残疾，没有办理残疾人证。由 60 岁的妻子照顾其日常起居。入户访谈是与 X 先生的妻子进行的。

问：目前 X 先生的身体恢复状况如何？

答：基本不能自理，只能勉强用勺子吃饭，拄着拐杖可以溜达，但身体日渐消瘦，体重从 65kg 下降到了 58kg，并且失眠严重，一晚上起来 9 次，折腾得我无法睡觉。

问：志愿者上门主要提供哪些服务？

答：志愿者每周来 1—2 次，主要是推他下楼晒晒太阳，陪他下下棋。我不需要志愿者帮我做家务，只要是对他的身体健康有益处的事，我都会让志愿者帮着做，比如晒太阳、下棋等。

问：您目前遇到的最大的困难是什么？

答：人手问题。我每天不仅要 24 小时照顾老伴，还要照看 2 岁半的孙子，我实在是快撑不住了，特别需要一个人来帮我分担。前段时间体检，我身体的各部位都有问题，精神也快崩溃了。

问：像您这种情况，有没有考虑请保姆或者钟点工？

答：分析一下我们的收入情况。我们俩的退休金加起来是每月 4000 多元，老伴每月的医药费就要 3000 多元，一大半的钱都花费在看病上。而现在的保姆特别贵，每月 1700 多元，还得包吃住。如果保姆的工资在 1500 元以下，确实能分担我的重担，我们也会考虑。钟点工，也实在是请不起。

问：您有没有想过把老伴送到养老院？

答：因为我现在的身体实在是吃不消，所以一直在考虑送老伴去养老院，但老伴本人不愿意去养老院。公办养老院我们进不去，我考察了几家民办养老院，2400 元可以入住，因为伙食不错，所以我在考虑，就是价格太贵了。另一家养老院费用为每个月 1500 元左右，对这个更中意，因为这个价格我们可以承受得起。

案例 13

W 先生，62 岁，住西安市莲湖区，以前是搬运工，长期从事体力劳动，2005 年因脑梗后遗症一条腿不灵便了，2007 年发生二次脑梗，腿基本不能走路了，没有办理残疾人证。现在他每月养老金 1973 元（妻子养老金每月 2600 元），有基本医疗保险，还办理了脑梗后遗症和高血压的慢性病医保，每月大约药费 300 元。在家里依靠行走器的支撑，可以自己刷牙洗脸、如厕、洗澡，但自己洗不了衣服。白天经常坐电动轮椅出来晒太阳。对社区的希望就是能有个老年活动中心，可以让老年人在那里聊聊天，最好有专业医务人员给像他这样的脑梗后遗症患者指导康复活动。

夫妻俩以前各人管各人的钱，脑梗住院后就把工资存折交给了妻子。希望政府能关注男性同胞中的弱者，生病了，瘫痪了，但养老金全由老婆掌管，自己没有经济上的自主权，老婆给一点才能花一点，不给就没钱花，对自己的退休金没有经济上的自由支配权，希望政府能管管，能派专人代我们行动不便的人从银行取回钱来交到我们自己手上，由我们自由支配。我自己去银行取过钱，但银行台阶太高，轮椅上不去，取钱不方便。现在每天自己买饭吃，老丈人也有病，家里没有人做饭，自己又做不了饭，只能在小饭馆买饭吃，每月饭钱大约 300 元。夫妻俩在家总是吵架，感情不好，心情不愉快。也想过去住养老院，但那里不自由，进去就不让随意出来，跟坐监狱似的，所以就没去。

案例 14

G 奶奶，在调研中我们遇到一位推轮椅的中年妇女，她指着轮椅上的老人说："我母亲 89 岁了，瘫痪了，大小便都失禁，请不起保姆，保姆管吃住一个月工资得 1000 多元，我们付不起，只能兄妹四人轮流照看母亲。"类似这种由家人照料残疾老人的情况我们在调研中还看到了很多。

案例 15

L 奶奶，73 岁，家住陕西省石泉县二里桥街，退休职工。由于风湿病导致身体骨关节变形致残，同时患有心脏病、胆结石等疾病，生活基本可以自理。

问：首先我们想了解一下您目前的主要经济来源是什么，每个月收入有多少，由谁来照顾您的日常生活呢？

答：我主要是靠退休金维持生活，由于老伴前几年去世了，儿子下岗在家，平时主要是他照顾我，一个月能有 2000—3000 元吧。

问：那您目前生活自理情况如何，养老方面遇到的最大问题是什么？

答：你也看到了，我手上的关节变形比较严重，家务活是干不了的，不过生活基本自理还是没有问题的，但是这个病要靠药物长期维持，停药的话病情就会加剧，因此在养老方面经济不是很宽裕，再加上我自身还有其他疾病，这也是一个问题。另一方面，女儿工作较忙，自己身体也不方便出去与别人聊天呀什么的，感觉比较孤独，没有人说话，平时也就是看看书看看电视打发时间。

问：既然这样的话，那您觉得社区给老年人提供一些养老服务是不是有必要呢，您所在的这个社区也还比较大，有没有这方面的服务呢？

答：我们小区是有洗衣服、打扫卫生这方面的服务，是家政公司办的，价格比较高，如果依赖这种服务的话我在经济上承受不了，我还是觉得由自己的子女照顾我的老年生活比较好。

问：子女的照顾固然是很好，但如果社区建立一些养老服务设施的话，您觉得怎么样，例如社区托老所负责白天对老年人的照顾、家政上门服务、老年餐厅、文化活动中心、养老院等？

答：托老所我觉得无所谓，家政服务和文化活动中心对我这样的老年人是很有必要的，特别是文化中心，可以使老年生活丰富一些，当然不要像现在一些地方全是打麻将的，要有一些比如下棋、唱歌、画画之类的活动。餐厅和养老院的话我觉得意义不大，老年人的胃口有点怪，餐厅不一定能做得好。

问：刚才您也说了希望自己的子女照顾自己，那如果国家为行动不方便的老年人专门建立安养院，入住的话还有一定的经济补贴，您愿意去吗？

答：那当然愿意了，国家建立这类安养院的话，肯定会有专业的护理人员和服务人员，而且还给补贴，我相信大部分老年人都是愿意去的。

案例 16

岳奶奶，75 岁，家住在汉中市郭家湾镇，视力残疾，文化程度仅仅是小学，由于丧偶目前独居在自家的院子里。尽管目前老人家的耳朵已经听不清周围的环境声，双眼也有不同程度的白内障，但日常生活基本能够自理，收入则主要依靠于孩子们的孝顺，每年提供米面油及2000 元的生活费，日子紧巴，但是一家人的关系倒是和和睦睦的，已是四世同堂。

由于经济条件和地理条件的限制，岳奶奶居住的汉中市郭家湾镇并没有任何的养老院设施，更没有专业化的社区养老服务项目和组织，养老更多的是家庭式的养老模式，对于社区养老岳奶奶则表示自己没有听说过。因此，如果在两者之间选择的话，她更倾向于选择自己熟知和信赖的居家养老，这样一方面能够在熟悉的环境中生活，另一方面也能够为子女省下不小的开支。在听过我们对社区养老的进一步说明和追问后，岳奶奶也表示自己可能不会享受到如此完善的养老服务了，因此对于社区养老服务持无所谓的态度。但假想自己能够享受的话，她最希望的就是医疗护理，因为自己的身体越来越不好，生病了目前养老问题上的最大困难，对于其他的日间护理、老年人餐厅等服务项目，她认为这些对于老年人，尤其是身体不便的农村老人是有积极的意义的，但等到具体实现则需要很长的时间和巨大的花费，这些都是自己等不起的。

谈到对于目前自己养老现状时，岳奶奶表示虽然自己的身体存在不便，但子女都比较孝顺，老年生活还是比较幸福的。在谈及对于未来的期望时，她希望子女们能够经常陪护和照顾自己，并且能够得到国家的经济补贴，以应对可能存在的生病风险。最后她还感谢我们给她介绍了她不敢设想的养老方式，她也表示随着国家和经济的发展，但愿后辈们能够有机会在农村也享受到这么好的养老服务，但是对于她自己而言，即使目前有入住养老院的机会，她也会选择在家养老，因为对她而言健康和与家人在一起是最重要的。

案例 17

雷先生，男，74 岁，失明老人，家住陕西省商洛农村，无儿无女，没有配偶，生活孤苦。其妻早在十年前就已去世，而与亡妻早年育有一子也于不久前因得不治之症去世，生活无依无靠，仅靠本家及乡里邻居接济生活。由于其情况特殊，村里将其列为本村仅有的 12 家"五保户"之一，每年有 1430 元的生活保障金，老人已享受新型农村养老保险，每年有 962 元的养老金收入，每半年发一次，再加上逢年过节的一些临时性救助，由于新农合的报销比例较高以及政策对"五保户"的照顾，虽然老人常年生病，医疗费用基本都能得到全额报销，所以在现有制度框架内，老人的基本生活能够得到保障，但保障水平较低，不能满足老人更高层次的需求。特别是残障老人所必需的生活照顾不能得到满足，精神层面的需求更是无法满足，当然老人对此的需求并不强烈。由于农村基础设施建设严重滞后，养老资源严重缺乏（调查者在乡政府查资料得知本乡尚无一家配套设施齐全的标准化养老院，更没有专门针对残障人士设置的福利院），短期内政府政策也不可能偏向于这些残障老人。再加上社区照顾等服务缺乏，使得残障老人的生活处于很不利的境地。

案例 18

L 先生，63 岁，初中文化程度，家住陕西省汉阴县涧池镇草桥村，幼时一条腿因故残疾（三等残疾），育有一儿一女，儿子几年前因病去世，现与老伴生活在一起。

问：您和妻子参加了农村的养老保险吗，您有没有领取国家的残疾人津贴，主要的生活来源是什么呢，大概一年每个人能有多少？

答：残疾人津贴这个没有，我们现在都过了 60 岁，都在领养老金了，儿子以前所在单位每个月也给我们发一些津贴，另外，在农村嘛，也有一些农活可以挣点钱，一年的话差不多有 6000 元钱吧。

问：按照您目前的情况，您是愿意在家里养老还是去养老院呢，您在养老问题上有哪些困难呢？

答：我是不想去养老院的，还是觉得家里好，现在虽然领养老金了，但钱还是不够用，而且平时只有我和老伴两个人在家，还是有些孤单。

问：那如果国家为身体不方便的老年人建立专门的养老院，并给入住的人一些经济补贴，您愿意去吗？

答：如果养老院的条件好，国家还给补贴的话，那肯定是愿意去的。

问：那您对自己的养老问题上哪些需求比较多，例如家人的陪护、专业人员的护理、国家的经济补贴、有人陪着聊天等这些方面？

答：国家能补贴、家人能多陪我肯定是好啊，我目前的身体，有专门的护理人员也很好。

问：您认为社区为你们这些老年人提供一些服务怎么样，有没有必要？

答：这个我很需要啊，你看我腿不方便，家里的农活都要我老伴做，社区有这些服务的话，洗衣服啊、打扫卫生、平时对我的照顾这些就可以不用我老伴做了。

问：那现在您住的这里有没有这些服务？

答：我们这是农村，还没有这些。

问：您看如果社区建设下面这些养老服务设施，哪些对您来说有用，比如负责白天照顾老人的托老所、家政服务中心、老年餐厅、文化活动中心和养老院？

答：农村的文化活动不多，但是我对这些还比较喜欢，所以我觉得文化活动中心是很有必要的；托老所和家政服务也比较好；我不愿意去老年餐厅和养老院。

案例 19

W 女士，65 岁，现与老伴在农村生活，有两个儿子和一个女儿，均在城里工作生活。王某在两年前患有半身不遂，起先由两个儿媳和女儿轮流看护，后由于工作压力和来回奔波辛苦，实在没有时间和精力照顾老人，就由老伴负责日常生活起居。因为照顾不周，老太太两次煤气中毒，一次喝药自杀未遂，一系列打击致使其小脑萎缩，现在已经被送往私人养老院。

问：首先非常感谢您抽出时间接受我的访谈。请问您是哪年患病的？

答：两年前患上半身不遂，一直瘫痪在床。

问：生活是否能自理？

答：完全不能自理了，起初是两个儿媳和女儿轮流照顾，由于既要照顾我还得回城里看护孩子，实在力不从心。一年前就由老伴照顾日常起居，一个平时什么家务活都不干的大男人照顾我非常吃力。

问：您现在的经济来源是什么？

答：老伴和我岁数都大了，没有劳动能力了，儿女每月都会给一定的生活费，医药费也是由他们支付。

问：您除了身体行动不便，还有什么其他疾病吗？

答：唉，因为瘫痪在床曾经不想拖累儿女，喝农药自杀过，期间还两次煤气中毒，小脑开始萎缩了，脑子现在很不好使。

问：您现在愿意在家养老还是在养老院养老？

答：虽然我现在身在养老院，但是我情愿在家养老。老伴一个人在家也很孤独，我还是很挂念他，想念家里的老邻居们。

问：您在养老问题上最大的困难是什么？

答：儿女们的经济条件都不错，可以把我送进比较好的私人养老院，但是我挂念家里的一切，在这里我感觉孤独和被抛弃感，就这样终老很不甘心啊。

问：村里如果有医护人员，为您提供上门的为老服务，照料您的日常生活，您愿意吗？

答：这当然好了，我就是不愿意离开生活了一辈子的家，那样才有归属感。

问：如果有护理人员为您提供上门的为老服务，您最迫切需要的内容是什么？

答：洗衣服、打扫卫生、做饭、日常陪护、陪同聊天。

问：您在这家养老院感觉如何，有什么不满意的地方吗？

答：日常生活照顾的还不错，希望能有人多陪我聊聊天，能让我常回家看看。

问：如果政府建立老年安养院，并给行动不便的老人发放津贴，您愿意入住吗？

答：不愿意。说实话，我哪里都不想去，我只想在自己家里终老，儿女们能常回家看看。

案例 20

L女士，86 岁，已守寡多年，有一个儿子和两个女儿，儿媳已经去世，现与儿子两人相依为命。生活来源主要靠粮食收入，生活过得比较节俭。由于年事已高，老太太腿脚不大灵便，处于半自理状态。常常因为感冒、拉肚子这样的小病在家输液，卧床休息。精神上倍感孤独，没有人和她说话聊天。

问：您现在身体怎么样？

答：最近天气比较冷，得了流感，浑身没有力气，有时大小便失禁。这些天一直卧床休息，打点滴。

问：您生活能自理吗？

答：平时身子骨挺硬朗的，洗衣做饭等家里的家务都由我干。现在生病了，需要人照顾了。

问：您现在和谁生活在一起？

答：守寡 40 多年了，我一直一个人生活。3 年前儿媳生病去世了，我搬来和儿子一起住了，身体好时还可以照顾他的日常生活。

问：您现在的经济来源是什么？

答：家里有几亩地，还有粮食收入，女儿和孙子、孙女也经常会给一些零花钱。

问：您现在生病了谁来照顾您？

答：两个女儿轮流来看护，等过段时间生病好了，就搬到女儿家住一段时间。

问：您除了身体不便是否还同时患有其他疾病？

答：耳朵背，腿脚不是很灵便。

问：您现在愿意在家养老还是愿意去养老院养老？

答：养儿防老啊，当然是在家养老。现在去养老院的都是一些没儿没女的老人（偏见），可怜得很。

问：您现在感觉最大的困难是什么？

答：现在国家政策好，我每个月都可以免费领取 55 元老年津贴，可以补贴家用。现在不能出门，感觉很孤独，平时连说话的人都没有。

问：您老年生活中最希望谁来照顾您的日常生活？

答：我不希望麻烦任何人，迫不得已，我希望由自己的女儿来照顾我。

问：村里如果有医护人员，为您提供上门的为老服务，照料您的日常生活，您愿意吗？

答：愿意啊。

问：如果有护理人员为您提供上门的为老服务，您最迫切需要的内容是什么？

答：洗衣服、打扫卫生、做饭、日常陪护、陪同聊天。

问：如果政府建立老年安养院，并给行动不便的老人发放津贴，您愿意入住吗？

答：不愿意。我舍不得这里的老邻居，生活了一辈子的地方有感情的。

案例 21

Y 女士，年龄为 79 岁，居住在农村，小学文化程度。肢体残疾，由于某次不小心摔跤造成左臂无法伸直，比如洗头无法自己完成。残疾等级为轻度，没有领取过残疾证：在当地农村基本上没有这一类型的证明。现在和儿女在一起，生活可以半自理，现在的主要经济来源是靠儿女供养，未享受到政府为残疾人发放的补贴，但是政府有发放过老年补贴。

Y 女士现在的主要日常生活是靠儿女照顾，除了身体不适还患有心脏病，现在即使有养老院她仍然愿意在自己家里养老。她在养老问题上遇到的最大困难是经济问题，认为自己对儿女也造成很大负担。这是农村养老问题的一个共性。在老年生活中仍然希望儿女能够照顾自己。

其居住地没有社区养老服务这一项目，通过向其解释，认为社区为老服务很有必要，其最迫切的服务内容是日常陪护，洗衣、打扫卫生等项目。她认为在社区养老服务设施建设中，社区老年文化活动中心、日常照料中心是非常必要的。其在养老问题上的最大期望是子女能经常陪护自己，能得到国家给予的一定经济补贴，以及有人陪同聊天。其中国家经济补贴是最重要的。

Y 女士认为即使政府设立养老院，她也仍然希望在家让儿女陪护自己。现在所居住的地方暂时还未出现为身体不便的老人提供各种服务的组织，也未有任何机构为其家做无障碍改造。

她特别想要表达的是希望国家可以为老年残疾人提供更多的保障，包括经济、社区服务等一系列保障，从而尽可能减轻儿女负担。

现在农村养老的最大问题是资金问题，老年人容易生病，看病花销很大，子女不仅要照顾老人，还要负担自己的孩子，经济压力很大。所以政府解决老年养老问题的关键在于解决其经济问题，不仅增加对养老的资金投入，也应减免各种费用，尽可能减轻农村居民负担。

案例 22

J 先生，62 岁，家住陕西省商洛市商州区杨峪河镇，属于城郊农村，初中毕业，在采石场遭遇巨石压迫，导致下肢严重残疾近 20 年，领取了残疾证，残疾等级二级。生活基本自理，已婚，有配偶和三个孩子。两个女儿已出嫁，儿子（已经成家）和妻子在市区摆地摊，家庭共有三代五人，他们平时也少回家，J 先生现在独居，靠养老金（每月 65 元）、低保金（每月 90 元）、残疾救助以及儿女的供养生活，享受国家发放的贫困残疾人津贴，每年人均纯收入 2680 多元。配偶和三个孩子过节会回家看望，过年会将其接到城里一同团圆过年，许多生活必需品和药品平时都由他们购买，生活无忧，但就是缺少照料和精神安慰，感觉比较孤独和不自由。

对社区养老的认识、态度及自身需求，现在喜欢在家养老，没有想过去养老院（市养老院就在本镇，距离近）。在养老上最大的问题就是，没人来照顾自己，生病无人看护，并长期存在家庭矛盾，精神孤独，和自己交流的人很少。老年生活中希望子女照顾自己，赞同社区养老，认为很有必要（经常看新闻，对政策有了解）。但如果有专门的上门服务，会有需要，需要的服务内容如代购服务、洗衣、打扫卫生、陪同聊天等。对社区养老服务设施建设和机构养老的态度，认为家政服务中心、社区老年餐厅、养老机构集中安置很有必要，社区老年文化活动中心有必要。在养老问题上最大的期望是能得到国家一定的经济补贴，居家养老，能有人上门来提供各种服务，有人陪同聊天，但现在所在的社区没有组织为身体障碍行动不便的老人提供各种养老服务，也没听说过，如果政府建立残疾人安养院并提供补贴，自然愿意入住。目前还没有什么组织到家里提供无障碍改造。

希望过年过节能有亲人回家看望、有定期的陪护、购买生活用品、整理清扫内务，也希望养老服务能更完善、更全面、更有效、更有针对性。

案例 23

A 奶奶，68 岁，家住陕西省商洛市商州区腰市镇西里村，视力残疾，不识字，没念过书。

问：奶奶，您每天在家里大概都干些什么呢？

答：我每天天一亮就起床，起来就打水做饭，10 点左右吃完饭，出来转一下，天气好有力气就去地里干活，下午 3 点多吃饭，吃完饭去拾点柴，也没有电视，晚上 6 点就睡了。

问：您现在身体怎么样？

答：我眼睛看不清楚，不方便，还有腰椎间盘突出、高血压，但是不敢吃药，吃不起啊。

问：您是定期体检发现这些病的吗？现在咱们也有医保了呀，为什么还不敢吃药？

答：我们哪有钱去体检，每年镇上会组织给老年人体检一次，检查完了，就说你有什么病啊，要住院或者做手术或者吃药，没有钱知道了也没办法。村里医保让报销的卫生所看得不好，远的医院好又去不了，去了也不能报销。

问：那每年体检之后就没有什么人来看一下老人吗？对病情比较严重又看不起病的老人有没有帮助的措施或者是联系其子女的？

答：唉，人家只管查病，谁还管这些，给你查出来看不看就是自己的事了。

问：您知道残疾证吗？您领过没？

答：不知道，没领过，村里也没说过呀。再说了，现在要办个啥都要去县里，我们也坐不了车，认不得路，哪去得了呀。

问：您现在和谁住在一起呢？

答：一个人，孩子都在外面打工。

问：那您一个人平时干活需要帮忙吗？

答：基本上都干得了，但是上街买东西有时去不了，要让人捎着买。

问：那您现在花的钱是自己以前攒的，还是孩子给的，或者是还有其他来源？

答：孩子都各有各的负担，我自己种了一亩地，有钱了就花多点，没钱了就花少点，过不去了就卖粮。除了农保，也没有其他收入，吃糠咽菜，只要身体好不得病就行，没啥。

问：那您一个人住，平时的生活有人照顾吗？

答：这还有啥照顾的，一个人能做饭能洗衣服就行了，孩子忙，也都不在身边。只不过有时候生个病，躺在床上起不来，连一口热水都喝不上。

问：您目前生活上有什么困难吗？

答：有啊。有时候生病自己去不了远一点的医院，还有，没有钱看病吃药啊。

问：如果村里有人给老人提供上门服务的话，您觉得需要吗？

答：需要啊，有人上门那当然好啊，可是没有啊，而且要是让交钱也交不起啊。

问：奶奶，如果说现在有人能给我们提供上门服务的话，您最需要的是什么？

答：最需要的就是有人能替我去买东西，我年龄大了；走不了那么远的路，眼睛也看不见，还有啊，生病的时候医生能到家里来看病，不用自己跑那么远。

问：奶奶，我给您说几种养老服务机构，您看看需要吗，托老所、家政服务中心、老年餐厅、老年活动中心、养老院，您觉得这些机构咱们村需要建吗？

答：老年活动中心和养老院需要，有活动中心了我们以后出来就有个坐的地方，不用坐在路边上了。有了养老院，我们以后老了，可以住在一起，相互还能说说话，病了不舒服了起码能吃上饭、喝上水。至于其他的那些就无所谓了。

问：咱们村里有没有给身体不方便的残障老人提供什么服务的，有没有做过无障碍改造？

答：没有，都没有。

问：如果政府安排您住养老院，您愿意吗？

答：愿意倒是愿意，但就是怕收钱，我们没有钱住啊。

问：您现在在养老方面最大的愿望是什么？

答：也没有什么愿望，就只是希望能多见见孩子，他们能多回来看看我。

案例 24

女性，今年76岁，家住陕西省商洛市商南县富水镇，小学文化，由于年老患病导致下肢瘫痪，无法站立行走，平时靠轮椅移动，残疾等级为二级，领有政府发的残疾证，生活处于半自理状态。老人家住农村，所在的县是一个国家级贫困县，经济发展比较落后，老年人服务发展还处于起步阶段。老人现和老伴生活在一起，和儿子已经分家。家里的经济来源主要靠政府发放的残疾补贴和老年人补贴以及贫困老人的补助，粮食主要由儿子提供，平时吃饭是两家在一起，老人生病或是一些花费比较大的都由儿子承担，老人家中无劳动收入，但儿子会为老人分担一些花销。在生活上主要靠老伴照顾，身体比较虚弱，相比于住养老院，由于身体原因以及农村人的观念是养儿防老，老人更愿意住在自己家里，这样离儿女近，也比较习惯。身体的原因使得老人饱受病痛折磨，因此生病成为老人养老最大的困难。老人每天由老伴推着出去晒太阳，日常生活由老伴照料，因此老伴的照顾也是老人最大的期待。

农村地区的传统观念比较重，在儿女生活得好的情况下把父母送到养老院可能会被认为是不孝，因此没人会把老人送去养老院，而老人自己也不愿意去养老院。对于社区服务，农村地区的限制使得其发展有限经济落后，该地区目前还没有老年人社区服务，而老人认为上门服务也不需要，有子女及老伴照顾就足够了。如果能提供服务，老人最需的就是医疗护理，这是由老人的实际情况决定的。这里的农村目前还没有关于社区养老服务的设施和机构，如果能提供，老人认为社区老年文化活动中心是有必要建立的，这有利于老年人交流与娱乐，是比较好的一项服务。而对于日间照料中心、家政服务中心、社区老年餐厅和养老机构集中安排这些机构或措施则认为是无所谓的，这对于农村来说没什么必要，有子女就足够了。

对于现在的养老状况，老人表示还算满意，唯一期望的就是国家能给予一定的经济补贴，虽然目前有，但还是希望加大补贴数额。对于政府补贴住养老院，老人表示，补贴也不会去的，住不惯。对于农村来说，加大经济上的补贴还是最实际的。

案例 25

男性，80 岁，家住陕西省宝鸡市陈仓区群力社区，工厂退休职工，高中文化程度。已婚，有配偶，现与老伴儿一起生活。身体状况为中度的肢体残疾，半身不遂，生活不能自理，由于生病致残，未领取残疾证。家庭人均月收入 1000 元。

问：请问您现在的生活来源主要靠什么呢？

答：老伴儿没退休工资，主要就靠我一个人的退休工资。

问：您日常的生活主要由谁来照顾呢？

答：主要还是老伴儿，我在轮椅上，什么都干不了。

问：那您目前的身体怎么样？

答：不好，年纪大了，高血压什么的都来了。

问：如果有好的养老院，您是愿意在家养老还是去养老院养老？

答：我是愿意在家里的，可是我这种身体，老伴儿照顾实在太困难了，如果有合适的，也可以试试。

问：那就目前而言，您觉得在养老方面最大的困难是什么？

答：最困难的还是身体，工资大部分花在看病上了。另外为了照顾我，孩子们闹得矛盾挺多的呢。

问：那您最希望以后的老年生活由谁来照料呢？

答：希望儿女多照顾点，我老伴也能轻松点。

问：现在发展起来的社区服务，能够给老年人提供生活照料、家政服务、康复护理等服务，您觉得怎么样？

答：听着还不错，不过我也负担不起。

问：那如果有这样的社区服务，而且价格合适，您会选择让他们上门服务吗？会让他们干些什么？

答：可以试试，平常的打扫卫生、陪护、看病都需要人，我老伴一个人忙不过来。

问：现在社区养老服务建设有日间照料中心，也就是社区托老所；家政服务中心，这个可以提供上门服务；还有社区老年餐厅、社区老年活动文化中心以及养老机构集中安排，对这些，您是怎么看的呢？

答：家政中心和文化活动中心很有必要，其他的无所谓了。

问：那您对日后的养老有什么期望呢？

答：一个是孩子们多照顾照顾我，另一个就是能不能给我们这种残疾人一些补助，我们的医保太低了。

问：那咱们这个社区有没有组织给咱们身体不便的老人提供服务的，像洗衣、做饭陪护、康复服务之类的？

答：好像没有，有也是自己家请保姆，请的也就是一些中年妇女做个饭什么的，专门康复训练的就更没了。

问：如果政府建立残障老人安养院并给入住的老人一些补贴，您愿意入住安养吗？

答：可以试试，不过就怕我这种情况没办法照顾。

问：那咱们这有没有机构或者组织到家里给做些无障碍改造的，比如修个坡道、装个扶手什么的？

答：没有，我们只能尽量找一楼的房子，在门口简单处理一下，让轮椅能上来，以前在楼上的时候，就尽量待在家里。

　　案例 26

　　D 奶奶，家住四川省资中县孟塘镇力量村，听力轻度残疾。

　　问：您读书读到哪？

　　答：我只读了一两年的书。

　　问：您的身体有没有例如视力障碍、听力障碍等？

　　答：我眼神很好，但听力不好，身上还有点风湿病。

　　问：您是否领过残疾证呢？

　　答：没有啊，那是什么？而且我的身体没有残疾啊。

　　问：您的生活能否自理？

　　答：我基本一个人在家，完全能够自理。

　　问：您目前的婚姻状况是怎样的？

　　答：我老伴去世很久了。

　　问：现在您和谁一起生活呢？

　　答：我和孙子孙女一起，孙女一个月回来一次，孙子一个星期回来一次。

　　问：您现在的钱主要来自哪里呢？

　　答：我的钱基本都是我的子女给我的。

　　问：您家每年净收入每个人平均大概有多少？

　　答：我儿子媳妇都在外地打工，平均大概一年一个人有 8000 元吧。

　　问：您的日常生活主要是由谁来照顾呢？

　　答：我基本是靠自己呀。

　　问：现在如果有养老院，您是愿意在家养老还是去养老院呢？

　　答：我还是喜欢在家里面，可以帮着儿子他们看看房子呀，而且还可以种种地。

　　问：您觉得您在家中养老遇到的最大困难是什么呢？

　　答：我就是在家没有人说话，老是自言自语。

　　问：您最希望由谁来照料您的日常生活呢？

　　答：我希望儿子媳妇他们能在家照顾我吧。

　　问：如果社区上要为您提供上门服务，您最迫切需要什么服务呢？

答：我在家看病不方便，要是看病能方便点就好了。

问：您认为托老所有必要存在吗？

答：我们这就有一个幸福院，是让"五保户"去住的，我们其他人都没有地方去，有一个的话还是有必要的。

问：您觉得有一个能来为您家提供上门服务的机构有必要吗？

答：我在家可以自己扫扫地呀，多动动对身体好，不需要呀。

问：您觉得有一个老年餐厅有必要吗？

答：我在家可以自己做饭呀，趁着现在还能动，想吃什么就做什么，不需要餐厅，而且我们村就不可能有这个。

问：您觉得有一个老年文化活动中心怎么样？

答：我还没听过这个呢，我们三姑六婆喜欢一起聚着聊天，但是很没劲，有一个的话应该也能让我们新鲜点。

问：你在养老方面最大的期望是什么呢？

答：我希望能有人陪我说话，儿子和女儿在家就更好了。

问：您的家附近有没有什么能为您提供服务的人呢？

答：没有，我们在村子里，又偏僻，什么人都没有，就除了我刚给你说的幸福院。

案例 27

惠奶奶，74 岁，家住陕西富平县的农村。老伴去世，自己同儿子孙子生活，由于儿子常年在外做生意，孙子毕业后也出外打工，家里往往只剩惠奶奶一个人。惠奶奶在幼年时发烧，由于未及时治疗而导致听力下降。年轻时尚好，如今年事已高，听力更是急剧下降，现在与她做日常交流需要高出平常人好多倍的音量，并辅之以肢体语言。惠奶奶并未领过残疾证，也没有享受过类似残疾人补助等政府补贴或救助。

由于家中贫困，惠奶奶并未上过学，虽然听力不太灵敏，但并不妨碍惠奶奶成为远近皆有好名声的能行人。惠奶奶体质一直不好，除了听力不便外，她的腿也经常疼痛，走路已显蹒跚和摇晃，并患有慢性疾病——肺心病很多年，一旦天气变化或者吃饭不到位，都会久咳不止。因此惠奶奶没有一天不吃药，用她的话说，是真真的"药罐子"。

惠奶奶的生活费用由子女共同负担，子女大都外出挣钱，只有三女儿在忙活理发店生意之余能多探望她。老人生活非常孤单，独自守着空荡荡的屋子，最希望子女多陪她坐会儿，能时常陪护和照料自己。提到政府的补贴，老人表示如果有当然好，可以减轻子女的负担。

由于听力障碍，与老人沟通并不是非常方便，大多数问题是由她的女儿回答的。提到社区服务，惠奶奶的女儿说，在农村实行这个并不是很现实，而且大多数农民并不很了解。在解释后，她当即表示非常赞同，希望多在老人的用餐、医疗以及精神慰藉方面给予关怀。

案例 28

X 爷爷，60 岁，住在陕西省咸阳市兴平县西吴镇豆马村，文化程度为文盲。由于幼时发烧，加之当时家中贫困没有及时治疗导致他自幼双目失明，残疾等级为一级，生活不能自理，吃饭穿衣、上下床、上厕所、洗澡等都需要人帮忙。除此之外，由于年老，X 爷爷的肢体行动也渐渐不便，需要定期进行治疗。

女儿外嫁后，家中有老伴、儿子、儿媳妇、孙子孙女共 6 人。老伴也因年老身体不太好患有风湿病，但能够照顾 X 爷爷；儿子常年在外打工很少回家；儿媳虽然有一份稳定工作，但工资低微只能贴补家用，主要是照顾两个孩子和务农。家中的经济收入来源靠儿子打工，儿媳微薄的工资，还有几亩田地。每年人均纯收入为 150 元左右，很难满足两位老人的医药治疗费用和营养费用。

X 爷爷一直和老伴、儿女一起生活，日常生活起居都是由老伴照料，平日的经济来源于儿子的供养，一月 60 元的养老金，还有政府为贫困残疾人发放的补贴。尽管如此，X 爷爷视力残疾和日渐不便的肢体残疾治疗费用，加之老伴的风湿病医药费，使 X 爷爷家生活十分拮据。所以经济不足成为 X 爷爷养老问题上最大的困难。

X 爷爷表示不愿入住养老院的理由是在家中还有老伴的照顾，不愿丢下老伴。他还说自己老年时最希望由老伴和儿女照顾，但同时他也很能体谅儿女工作忙不能常伴膝下，所以有老伴陪同照料就够了。X 爷爷很赞同为老服务，希望村上能够提供一些上门的为老服务，尤其是医疗护理、陪同康复训练。X 爷爷说针对他自己而言，日常照料中心、社区老年餐厅、养老机构集中安养并不那么必要，建立能够提供一些上门服务的家政服务中心更为迫切。村上还没有其他组织为身体障碍行动不便的老人提供日常陪护、心理咨询、陪同康复等各种助老服务，也没有在家中进行无障碍改造。他希望能居家养老，有人上门来提供各种服务，村上能派专业人员陪同康复训练和进行医疗护理，最重要的是能得到国家给予一定经济补贴来缓解养老困难。

最后，X 爷爷表示为了减轻儿女的经济负担，如果政府建立残障人安养院并且给入住的残障老人补贴，他愿意和老伴一起入住安养院。希望政府能加大对贫困残障人士的关注程度，使残障人尤其是残障的老年人真正过上好日子。

案例 29

王爷爷，62 岁，家住甘肃省白银市会宁县老君乡。他没有上过学，未婚，独居。王爷爷先天失明，一级残疾，也是"五保户"。政府每年给他 2400 元的补助。他生活基本自理，做饭、打扫、上厕所、逛街都没有问题。扫帚扫完立在哪个墙角，他记得很清。烙馍做饭下调料他样样得心应手。他拄着他那根不离手的拐杖可以去街上赶集。

因为一个人过久了，很渴望有人陪陪他，聊聊天。问及养老院的事，老人很激动，说自己已经老了，能进养老院再好不过了。至于最大的困难便是精神上的孤独，没有人陪他说话聊天。因为未婚无子女，老人最希望社区有人上门提供服务，帮他处理一些日常家务，比如打扫、洗衣服之类的，更重要的是陪他聊聊天。老人认为设立日间照料中心、家政服务中心、社区养老服务、文化活动中心都是极好的事，可以照顾身体不便的老人。没有人和组织去王爷爷家做过无障碍改造。

案例 30

刘爷爷，68 岁，住在陕西省商洛市商南县城关镇。高中学历，曾在镇政府工作。他半身不遂，还患有骨关节病，一直在家休养，没有领残疾证。刘爷爷现在和老伴在一起生活，生活半自理，有些事情得老伴搀扶着才能做。刘爷爷靠着自己的退休金和儿女的供养生活，家里雇有保姆，保姆每月工资 2000 元，日常生活靠老伴和保姆照顾，儿女只是有时过来探望。刘爷爷希望能在家和养老院轮换着居住，认为这样不会孤单。

他很赞同社区为老服务，认为这样做很有必要。刘爷爷迫切需要社区上门为老服务的代购服务、陪同就医、医疗护理和陪同康复训练，认为上门服务、社区老年文化活动中心这两项有必要建立。他期望儿女能经常陪护和照料自己，希望社区能派专业人员陪同康复训练和进行医疗护理。刘爷爷现在生活的社区里没有提供社区养老服务。刘爷爷希望能够对家里进行一下无障碍改造，说这样会让他的生活更方便一些。

案例 31

陈奶奶，68 岁，已婚有配偶，住于陕西省商南县稻田坪村。听力残疾，没有残疾证，不识字，体弱多病，除身体不便外还有高血压、冠心病慢性疾病，经常听不到别人对她说的话。陈奶奶生活上基本能够自理，现在跟老伴一起生活，日常生活主要靠自己和老伴照顾。陈奶奶一家每年人均收入 5000 元，经济来源主要靠自己及老伴的劳动和儿女供养以及少量的低保金，但陈奶奶没有享受到政府为贫困残疾人发放的补贴。陈奶奶不愿在养老院养老，认为养老院没有归属感也不自在。陈奶奶在养老问题上最大的困难是经济困难且精神孤独，没有人陪她说话。陈奶奶最希望自己的子女照顾自己的日常生活，有人陪她聊天。她所在的村里没有养老服务。陈奶奶对日间照料中心等社区和机构没有概念，对这些设施和机构持无所谓的态度。据她所知，没有组织和部门为村里的残障老人提供助老服务。

案例 32

房爷爷，72 岁，家住陕西省商洛市商州区金陵寺镇房店村，没有文化，下半身瘫痪，且有语言障碍，语言表达不清，属于多重残疾，但没有领过残疾证。房爷爷现在和老伴生活在一起，儿女都在外地，会偶尔来看望他。他在日常生活上基本上不能自理，需要依靠老伴的照料。房爷爷每天会在老伴的搀扶下依靠拐杖在屋内走动几圈，可以自己用勺子吃饭。房爷爷现在的经济来源主要是靠每月 2000 元的退休金，没有享受到政府为贫困残疾人发放的补贴，除去基本生活费和医药费后，房爷爷家每年的结余大约 5000 元。房爷爷除了身体不便之外还患有慢性哮喘、气管炎和前列腺炎等疾病。房爷爷表示愿意在家里养老，而在养老问题上的最大困难有生病、家庭矛盾和精神孤独。而他最希望老伴来照料自己的日常生活。关于社区为老服务，房爷爷认为很有必要，并对此表示赞同，而他自己也需要社区能够为自己提供上门的养老服务，并且表示自己最需要的服务内容是日常陪护、陪同就医、陪同康复训练和医疗护理等。房爷爷认为日间照料中心、家政服务中心、社区老年餐厅、社区老年文化活动中心和养老机构集中安养等社区养老服务设施建设和机构养老很有必要，而他在养老问题上最大的期望是子女能经常陪护和照料自己，能得到国家给予的一定的经济补贴，有人陪同聊天和居家养老，能有人上门来提供各种服务。同时，他希望社会能够重视安养老人，老人的社会地位能有所提高。房爷爷所在的地方并没有社区或其他组织为残障老人提供各种助老服务，也没有机构或组织到他家做无障碍改造。他表示如果政府建立残障人安养院并给入住安养院的残疾老人补贴，他是愿意入住安养院的，同时希望子女能够经常回家看看。

案例 33

张爷爷，64 岁，家住云南省红河哈尼族彝族自治州元阳县攀枝花乡碧播村，彝族，文盲，是一位眼睛完全无光感的重度的视力残疾人，失明 25 年了，生活半自理。现在家里和老伴、儿子、儿媳、四岁的孙子一起生活，家人均系文盲。

问及张爷爷是否领过残疾证和是否享受到政府为贫困残疾人发放的补贴时，张爷爷表示他从未听说过什么残疾证，更没有享受到什么残疾人补贴，一直以来都是靠着老伴、儿子儿媳的劳动为经济来源，当然，从前年开始就和村中很多贫困家庭一样已在领取低保金了，家里每年人均纯收入还在 700 元以下。

问到日常生活主要由谁来照顾时，张爷爷说他能做到比如穿衣、靠棍拐走路等，但洗衣做饭一般由老伴、儿媳照料。对于是否愿意入住养老院，张爷爷表示他哪儿也不愿意去，就待在家里养老，虽然失明了，但和孙子在一起让他很快乐，他舍不得孙子。问及养老问题面临的主要困难是什么时，张爷爷说，经济困难是最大障碍之一，另外精神上还会有些孤独，在老伴、儿子儿媳都去劳动且孙子也和他的小伙伴去玩时，基本上没人和他说说话了。还有就是家庭矛盾，儿子经常会和张爷爷及他老伴吵架，特别是在儿子喝醉酒之后，甚至会动手打人，但他并不怨恨儿子，只是这会让他为自己是个盲人而悲伤。问及是否需要上门提供的养老服务，张爷爷回答说，要是真有的话当然需要，陪同聊天、日常护理都是他迫切需要的服务。

问及张爷爷在养老问题上最大的期望是什么，张爷爷说他期望儿子平常对自己好点，期望得到国家给予的补贴，期望能有人和他多说说话，而最希望的是可以在家养老，由专门的服务人员上门服务，因为他想在家可以经常抱抱孙子，而不想离开家去养老院，就算是政府建立残障人安养院并给入住安养院的残疾老人补贴也不愿意去，当然，村里也没有养老院，也没有为老人提供服务的组织。访问许多村民时还发现，村干部有时还私自克扣村民的最低生活保障金、五保供养金等。

最后，问张爷爷还有什么特别想表达的，张爷爷说："很感谢小伙子今天来陪我聊天，我也没什么可说的，就是希望政府能多给点补贴，而且补贴金能真正到村民手里，而不是让村干部拿去盖他们家的房子、给他们的孩子买车什么的，希望村干部们不要再克扣低保费了。"

案例 34

王爷爷，75 岁，家住陕西省宝鸡市岐山县蒲村镇。由于从小患有小儿麻痹症导致下肢残疾，从小就不能用腿走路，以前他用木头做了一辆四轮小车代步，现在得到了政府的补助，市残联给王爷爷捐助了一台轮椅，现在出门方便多了，而且王爷爷每个月可以从政府那里得到 100元的补助费，这对于王爷爷的生活来说特别重要。王爷爷由于从小残疾，所以终身未婚，更没有子女，其生活主要靠他的弟弟及街坊四邻的照顾和接济。独居生活使他非常寂寞和孤独，非常希望有人陪他说话聊天。王爷爷晚年自己的身体状况很不好，经常需要就医，但没有人陪同，所以，王爷爷很是头疼。每次生病，要是能扛过去，王爷爷基本上都选择硬扛，不愿去就医。鉴于自己的情况，他很想去养老院养老，在养老院至少有人可以照顾他，能有老人互相说说话、解解闷。但王爷爷又说担心费用太高自己支付不了，所以自己恐怕是实现不了这个愿望了，王爷爷特别希望政府能加大对农村残疾老人的帮扶，关注弱势群体，希望能够建立由政府补助的残障老人安养院，进行集中安养。

　　王爷爷说自己越来越老了，自己养老方面最大的问题就是没有人来照顾自己，自己生活又不能完全自理，而且自己无经济来源，老年的养老生活就特别困难，他自己特别心烦和头疼，自己的老年生活也不知道何去何从，所以特别希望政府和有关部门能够帮他解决养老问题。

参考文献

［1］包头日报：《内蒙古包头市 2012 年将建 25 个"托老所"》，2013 年 4 月 19 日（http：//www. chinaacc. com/new/184_ 900_ 201202/21ba172894813. shtml，2012-02-21）。

［2］《北京市市民居家养老（助残）服务（"九养"）办法发布》，2014 年 6 月 22 日，中央人民政府网站（http：//www. gov. cn/gzdt/2009-12/17/content_ 1489588. htm/2014-06-22）。

［3］《北京市 2012 年老年人口信息和老龄事业发展状况报告》，2013 年 9 月 26 日，中国社会报网（http：//www. shehuiwang. cn/2013/zonghe_ 0926/18004. html）。

［4］《北京首推老人意外伤害保险》，新浪网（http：//news. sina. com. cn/c/2013-11-27/141028825982. shtml）。

［5］彼得·M. 布劳：《社会生活的交换与权力》，商务印书馆 2008 年版。

［6］《残疾人权利公约》，中国人大网（http：//www. npc. gov. cn/wxzl/gongbao/2008-12/24/content_ 1467401. htmtm）。

［7］陈琛：《莲湖创新社会管理模式 提升为民服务本领》（http：//news. 163. com/13/0220/05/8O4R284I00014AED. html/2013-02-20）。

［8］陈为智：《当前社区居家养老服务中的关键问题反思及前瞻》，《西北人口》2016 年第 3 期。

［9］陈为智：《福利政策视角下社区居家养老服务关键议题的反思》，《重庆工商大学学报》（社会科学版）2016 年第 5 期。

［10］陈燕祯：《老人服务与社区照顾——多元服务的视点》，威仕曼文化股份有限公司 2011 年版。

［11］陈志科、马少珍：《老年人居家养老服务需求的影响因素研究》，《中南大学学报》（社会科学版）2012年第3期。

［12］陈英姿、满海霞：《中国养老公共服务供给研究》，《人口学刊》2013年第1期。

［13］成都日报：《全市首个特色养老品牌 青羊区打造"10分钟助老服务圈"》，2013年4月19日（http：//www. cdrb. com. cn/html/2012-09/20/content_ 1689270. htm，2012-09-20）。

［14］《成都市2013年老年人口信息和老龄事业发展状况报告》，中国老龄产业协会网（http：//www. zgllcy. org/chanye/news_ in. php? f=yanjiu&nohao=318）。

［15］《成都市2013年老年人口信息和老龄事业发展状况报告》，四川省人民政府网（http：//www. sc. gov. cn/10462/10464/10465/10595/2014/5/6/10300863. shtml）。

［16］《成都市首个农村居家养老服务中心投入试运营》，四川省人民政府网（http：//www. sc. gov. cn/10462/10464/10465/10595/2014/3/31/10297256. shtml）。

［17］《成都探索残障人居家安养服务新模式》，新民网（http：//news. xinmin. cn/domestic/2013/12/03/22836510. html）。

［18］程凯：《试析我国残疾人的社会保障问题》，《红旗文稿》2006年第7期。

［19］程凯：《我国农村残疾人社会保障的现状与对策》，《行政管理改革》2010年第7期。

［20］重庆市民政局：《重庆全市城镇社区居家养老服务情况调查（摘编）》（http：//www. yanglao. com. cn/article/5074. htm）。

［21］重庆市民政局：《梁平县给高龄老人发放高龄补贴》，2013年4月19日（http：//jmz. cq. gov. cn/zh/news/qxmz/show. aspx? msort=&sort=74&id=6826，2011-09-26）。

［22］褚湜婧、王猛、杨胜慧：《典型福利类型下居家养老服务的国际比较及启示》，《人口与经济》2015年第4期。

［23］褚湜婧、杨胜慧、段玉珊：《关于农村老年残疾人服务体系的理论思考》，《理论界》2013年第3期。

［24］戴卫东：《中国长期护理保险制度构建研究》，人民出版社2012年版。

［25］戴卫东：《我国重度残疾老年人状况及其社会保障》，《中国卫生事业管理》2010年第3期。

［26］［丹麦］埃斯平·安德森：《福利资本主义的三个世界》，苗正民、滕玉英译，商务印书馆2010年版。

［27］第二次全国残疾人抽样调查办公室、北京大学人口研究所：《第二次全国残疾人抽样调查数据分析报告》，华夏出版社2008年版。

［28］第二次全国残疾人抽样调查领导小组、中华人民共和国国家统计局：《第二次全国残疾人抽样调查主要数据公报（第二号）》，2007年5月28日，中残联网站（http：//www. cdpf. org. cn/sytj/content/2012－06/26/content_ 30399867. htm）。

［29］丁志宏：《我国老年残疾人口：现状与特征》，《人口研究》2008年第4期。

［30］丁元竹：《基本公共服务均等化：战略与对策》，《中共宁波市委党校学报》2008年第4期。

［31］杜鹏、孙鹃娟、和红、尹尚菁：《中国农村残疾人状况及政策建议》，《人口与经济》2009年第2期。

［32］杜鹏、武超：《中国老年人的生活自理能力状况与变化》，《人口研究》2006年第1期。

［33］杜鹏、杨慧：《中国老年残疾人口状况与康复需求》，《首都医科大学学报》2008年第3期。

［34］杜英歌、张皓：《我国残疾人社区公共服务供给机制》，《浙江万里学院学报》2010年第5期。

［35］费孝通：《家庭结构变动中的老年赡养问题——再论中国家庭结构的变动》，《北京大学学报》1983年第3期。

［36］《甘肃山区农村空巢老人面临晚年之困》，中国新闻网（http：//www. chinanews. com/sh/2013/12－17/5631200. shtml）。

［37］葛素表、金小茜：《完全失能老人超千万　我国凸显"长寿不健康"现象》，新华网（http：//news. xinhuanet. com/society/2011－11/27/c_ 111197879. htm）。

［38］《关于做好政府购买残疾人服务试点工作的意见》（财社〔2014〕13号），中央人民政府网（http：//www. gov. cn/xinwen/2014-04/30/content_ 2669118. htm）。

［39］《贵州3年内将建2400个社区居家养老服务中心》，2013年4月19日，新华网（http：//news. xinhuanet. com/2013-01/03/c_ 114229998. htm，2013-01-03）。

［40］《贵州：基本实现了居家养老服务在城市社区全覆盖》，新华网（http：//www. gz. xinhuanet. com/2013-11/28/c_ 118326478_ 2. htm）。

［41］贵州遵义赤水文明办：《遵义赤水着力推进社区居家养老服务》，2013年4月19日（http：//www. wenming. cn/syjj/dfcz/gz/201111/t20111111_ 384606. shtml，2011-11-11）。

［42］桂世勋：《中国残疾老人发展趋势及残疾状况研究》，《中国人口科学》1999年第3期。

［43］郭竞成：《居家养老模式的国际比较与借鉴》，《社会保障研究》2010年第1期。

［44］国际在线（北京）：《兰州城关区虚拟养老院：银发浪潮下的养老创新模式》，2013年4月19日（http：//news. 163. com/12/0821/15/89EMLMEB00014JB5_ all. html，2012-08-21）。

［45］国家统计局：《中华人民共和国2009年国民经济和社会发展统计公报》，中央政府门户网站（http：//www. gov. cn/gzdt/2010-02/25/content_ 1541240. htm）。

［46］《国务院关于加快发展养老服务业的若干意见》（国发〔2013〕35号），中央政府门户网站（http：//www. gov. cn/zwgk/2013-09/13/content_ 2487704. htm）。

［47］国务院办公厅：《关于政府向社会力量购买服务的指导意见》（国办发〔2013〕96号），新华网（http：//news. xinhuanet. com/fortune/2013-09/30/c_ 125473371. htm）。

［48］国务院办公厅：《社会养老服务体系建设规划（2011-2015年）》，中央政府门户网（http：//www. gov. cn/zwgk/2011-12/27/content_ 2030503. htm）。

［49］《国务院办公厅转发中国残联等部门和单位关于加快推进残疾人社会保障体系和服务体系建设指导意见的通知》（国办发〔2010〕19号），中央政府门户网站（http：//www. gov. cn/zwgk/2010-03/12/content_ 1554425. htm）。

［50］《国务院办公厅转发全国老龄委办公室和发展改革委等部门关于加快发展养老服务业意见的通知》，中央政府门户网站（http：//www. gov. cn/zwgk/2006-02/17/content_ 202553. htm）。

［51］《国务院关于印发"十三五"加快残疾人小康进程规划纲要的通知》（国发〔2016〕47号），中央人民政府网站（http：//www. gov. cn/zhengce/content/2016-08/17/content_ 5100132. htm）。

［52］海淀区人民政府：《2013年"养老超市"将覆盖海淀170个社区》，新华网（http：//www. beijing. gov. cn/zfzx/qxrd/hdq/t1224670. htm，2013-01-18/2013-04-19）。

［53］何晔：《残疾人社区公共服务供给：困境及对策》，《唯实》2013年第6期。

［54］胡宏伟、李玉娇、张亚蓉：《健康状况、群体差异与居家养老服务保障要求》，《广西经济管理干部学院学报》2011年第2期。

［55］黄源协：《社区照顾——英国与台湾的经验检视》，杨智文化事业股份有限公司2000年版。

［56］黄俊辉、李放：《政府购买服务的逻辑与挑战——南京市鼓楼区居家养老服务网的案例研究》，《中共南京市委党校学报》2013年第1期。

［57］纪宁、孙东：《法国发展养老服务业促进就业和完善社会保障的启示与借鉴》，《中国经贸导刊》2010年第21期。

［58］贾玉娇：《农村残疾人社会服务需求分析——基于对东北8县2局的实证研究》，《社会保障研究》2012年第2期。

［59］蒋承、顾大男、柳玉芝、曾毅：《中国老年人照料成本研究——多状态生命表方法》，《人口研究》2009年第3期。

［60］蒋承、赵晓军：《中国老年照料的机会成本研究》，《管理世界》2009年第10期。

［61］蒋秋、黄光曦：《广西养老服务改革新走向　推行政府购买

服务》，2014 年 6 月 17 日，中国经济网（http：//gx. ce. cn/sy/gd/
201406/17/t20140617_ 1581870. shtml）。

［62］《今年陕将建 100 社区养老示范站　提供多样化服务》，华商
网（http：//news. xiancity. cn/readnews. php？id＝152039）。

［63］经济参考报：《"居家养老"是重要出路》，2013 年 4 月 19
日，（http：//jjckb. xinhuanet. com/2012-07-27/content_ 390388. htm，
2012-07-27）。

［64］《九部门关于加快推进养老服务业人才培养的意见》，教育部
网站（http：//www. moe. edu. cn/publicfiles/business/htmlfiles/moe/
s7055/201407/170939. html）。

［65］《居家养老服务站社区覆盖率 75%》，2014 年 2 月 22 日，东
方热线网（http：//news. cnool. net/0-1-22/2047. html）。

［66］《居家养老　让老人老有所养》，陕西传媒网（http：//www.
sxdaily. com. cn/n/2013/1010/c362-5243395. html）。

［67］拉萨晚报：《拉萨将实施重度残疾人家庭无障碍设施改造项
目》，2013 年 4 月 19 日，拉萨市政府网（http：//www. lasa. gov. cn/
Item/38422. aspx，2012-04-23）。

［68］兰州晨报：《兰州将启动"阳光计划"等 7 大养老项目》，
2013 年 4 月 19 日（http：//www. gs. chinanews. com/news/2012/10-
24/200913. shtml，2012-10-24）。

［69］兰州晚报：《城关区虚拟养老院成全国范本》，2013 年 4 月 19
日（http：//www. lzbs. com. cn/ttnews/2011－04/15/content_ 2153545.
htm，2011-04-15）。

［70］老龄产业集团新闻中心：《西藏老龄事业健康发展》，2013
年 4 月 19 日（http：//www. chinallcy. com/article/10037. html，2010-
08-16）。

［71］李琳、谢亚超、李羿：《宝鸡居家养老服务将实现全覆盖 老
人可享无偿服务》，人民网（http：//sn. people. com. cn/n/2014/
0609/c190243-21379238. html）。

［72］李兵、张恺悌：《中国老龄政策研究》，中国社会出版社
2009 年版。

［73］李迎生、厉才茂：《残疾人社会保障理论与实践研究》，华夏出版社 2008 年版。

［74］李长远：《发达国家社会组织参与居家养老服务的经验对我国的启示》，《党政视野》2016 年第 1 期。

［75］李军：《公共政策视阈下政府购买居家养老服务研究》，《江苏大学学报》（社会科学版）2014 年第 5 期。

［76］李玉玲：《北京"九养"：体现民生福利》，《社会福利》2010 年第 4 期。

［77］廖洪：《桂林市社会化居家养老模式的探索与思考》，《中共桂林市委党校学报》2012 年第 4 期。

［78］林义：《社会保险制度分析引论》，西南财经大学出版社 1997 年版。

［79］龙俊霖：《拉萨俄杰塘社区成立全区首个居家养老服务站》，2013 年 4 月 19 日（http：//www. chinatibetnews. com/shehui/2012－11/30/content_ 1120904. htm，2012－11－30）。

［80］陆泽雁：《介入与嵌入：欠发达地区居家养老服务的策略》，《汕头大学学报》（人文社会科学版）2016 年第 2 期。

［81］吕红平、张恺悌、李晓凤等：《中国老幼残疾人与残疾人婚姻研究》，华夏出版社 2008 年版。

［82］马洪路：《残疾人社会工作》，中国社会出版社 2010 年版。

［83］梅运彬：《老年残疾人及其社会支持研究——以北京市为例》，武汉理工大学出版社 2010 年版。

［84］［美］保罗·萨缪尔森：《经济学》，人民邮电出版社 2011 年版。

［85］［美］罗斯曼·朱丽叶（Juliet C. Rothman）：《残疾人社会工作》，华东理工大学出版社 2008 年版。

［86］［美］约瑟夫·E. 斯蒂格利茨：《公共部门经济学》，中国人民大学出版社 2005 年第 3 版。

［87］米红、杨贞贞：《老年残疾人居家养老服务补贴模式创新与实证研究》，《残疾人研究》2011 年第 2 期。

［88］《民政部　财政部关于中央财政支持开展居家和社区养老服

务改革试点工作的通知》，民政部网站（http：//xxgk. mca. gov. cn/n1360/79688. html）。

[89] 民政部规划财务司：《2008 年民政事业发展统计报告》，2009 年 5 月 22 日，民政部网站（http：//www. mca. gov. cn/article/zwgk/mzyw/200905/20090500031426. shtml）。

[90] 民政部：《青海省民政厅关于在西宁市开展社区老年人日间照料中心试点建设指导意见》，2013 年 4 月 19 日（http：//mzzt. mca. gov. cn/article/nzfxh2010/fgzcylcx/shfl/201007/20100700086585. shtml，2010-07-05）。

[91] 民政部：《社区服务体系建设规划》，中央政府门户网站（http：//www. gov. cn/zwgk/2011-12/29/content_ 2032915. htm）。

[92]《民政部关于推进养老服务评估工作的指导意见》，民政部网站（http：//www. mca. gov. cn/article/zwgk/fvfg/shflhshsw/201308/20130800499070. shtml）。

[93]《民政部国家标准化管理委员会商务部国家质量监督检验检疫总局全国老龄工作委员会办公室关于加强养老服务标准化工作的指导意见》，民政部网站（http：//www. mca. gov. cn/article/zwgk/fvfg/shflhshsw/201402/20140200585735. shtml）。

[94]《民政部 中国残联关于贯彻落实国务院关于全面建立困难残疾人生活补贴和重度残疾人护理补贴制度的意见的通知》（民函〔2015〕274 号），2015 年 11 月 3 日（http：//www. cdpf. org. cn/zcwj/zxwj/201511/t20151103_ 532833. shtml）。

[95] 穆光宗：《解析"老年弱势群体"》，《社会科学论坛》2005年第 3 期。

[96] 穆光宗、姚远：《探索中国特色的综合解决老龄问题的未来之路》，《人口与经济》1999 年第 2 期。

[97] 南纪门街道党工办：《渝中区南纪门街道"服务四拓展"创新推进居家养老建设》，2013 年 4 月 19 日（http：//www. 12371. gov. cn/html/zqdj/jcdj/dxz/2013/02/05/143524241894. html，2013-02-05）。

[98]《内蒙古将全面实施"9073"社会养老服务体系建设》，2013年 4 月 19 日，新华网（http：//www. nmg. xinhuanet. com/xwzx/2013-

03/21/c_ 115102051. htm，2013-03-21）。

　　［99］内蒙古包头市文明办：《包头社区居家养老给空巢老人建温暖的家》，2013 年 4 月 19 日（http：//www. wenming. cn/syjj/dfcz/201112t20111219_ 430411. shtml，2011-12-19）。

　　［100］宁夏广播电视总台：《宁夏 2015 年城镇社区居家养老服务站基本覆盖》，2013 年 4 月 19 日（http：//www. nxtv. com. cn/article/nxnews/20120504262814. html，2012-05-04）。

　　［101］宁夏文明办：《银川市居家养老服务措施多效果好》，2013 年 4 月 19 日（http：//wmw. hkwb. net/content/2011-11-30/content_ 536925. htm？node=378，2011-11-30）。

　　［102］《农村社区养老服务覆盖率仅 6.5%》，新浪网（http：//news. sina. com. cn/o/2014-05-04/191530058589. shtml）。

　　［103］潘海生、姚升厚、吕一民、郭志刚：《杭州六项举措撑起失能老人服务网》，浙江新闻网（http：//zjnews. zjol. com. cn/system/2014/05/05/020005689. shtml）。

　　［104］攀枝花市人民政府：《攀枝花 200 户残疾人家庭将进行无障碍改造》，2013 年 4 月 19 日（http：//www. sc. gov. cn/10462/10464/10465/10595/2012/2/22/10199865. shtml，2012-02-22）。

　　［105］裴晓梅：《长期照护社会保险的世界趋势与中国推展》，《上海城市管理》2010 年第 1 期。

　　［106］彭华民、黄叶青：《福利多元主义：福利提供从国家到多元部门的转型》，《南开学报》2006 年第 6 期。

　　［107］祁峰、薛忠义：《日本居家护理服务的发展与启示》，《东亚经济论坛》2010 年第 4 期

　　［108］秦艳艳、邬沧萍：《我国城市社区居家养老服务体系中政府职能分析》，《兰州学刊》2012 年第 1 期。

　　［109］青海日报：《6410 万福彩公益金资助青海西宁新建 93 个社区老年日间照料中心》，2013 年 4 月 19 日（http：//fczx. mca. gov. cn/article/mtbd/201209/20120900359762. shtml，2012-09-25）。

　　［110］青海日报：《青海：我省出台无障碍设施建设使用管理规定》，2013 年 4 月 19 日（http：//www. mohurd. gov. cn/dfxx/201002/

t20100209_ 199642. html ，2010-02-06）。

［111］《青海省出台老龄事业发展规划 社区将基本实现居家养老服务全覆盖》，2013 年 4 月 19 日，人民网（http：//news. xinhuanet. com/yzyd/local/20120428/c_ 111859599. htm？prolongation = 1，2012-04-28）。

［112］《青海省社会养老服务体系建设规划（2011—2015 年）》，青海省人民政府网（http：//www. qh. gov. cn/zwgk/system/2012/11/19/000082130. shtml）。

［113］清华大学老年学研究中心：《老年长期照护体系的规划与发展》，《社会福利》2010 年第 4 期。

［114］邱红、王晓峰、温丽娟、刘红军：《人口老龄化与老年残疾人状况分析》，《医学与社会》2010 年第 7 期。

［115］屈朝霞、郝溪瑶、刘天骄：《社区居家养老服务保障供给现状的实证分析——基于 177 个社区的实地调查》，《广西经济管理干部学院学报》2011 年第 3 期。

［116］全国老龄办宣传部：《“十城市万名老年人居家养老状况调查”新闻发布稿》，全国老龄委办网站（http：//www. cncaprc. gov. cn/jianghua/43280. jhtml）。

［117］全国老龄工作委员会办公室：《2010 年度中国老龄事业发展统计公报》（http：//www. cncaprc. gov. cn/jianghua/12147. jhtml）。

［118］全国老龄委办公室、发展改革委、教育部、民政部等：《关于全面推进居家养老服务工作的意见》，民政部网站（http：//www. mca. gov. cn/article/zwgk/fvfg/shflhshsw/200802/20080200011957. sht-ml）。

［119］《全国养老服务体系建设工作会议在乌兰察布市召开》，乌兰察布传媒网（http：//news. hexun. com/2013-08-19/157212419. ht-ml）。

［120］《让老人老有所养老有所依——碑林区关心居民开展“居家养老”侧记》，陕西西安民政网（http：//xian. mca. gov. cn/article/gzdt/201310/20131000536993. shtml）。

［121］任炽越：《真正成功的是在家养老——澳大利亚居家养老服

务一瞥》，《社会福利》2010 年第 1 期。

　　［122］［日］一番ケ瀬康子：《护理福利学探究》，中国社会出版社 2009 年版。

　　［123］三秦都市报：《西安建居家养老服务站 165 家，空巢老人成常客》，2013 年 4 月 19 日（http：//xian. qq. com/a/20120326/000013. htm，2012-03-26）。

　　［124］陕西电视台：《让居家养老点亮夕阳红》，2010 年 10 月 18 日，西安市民政局网站（http：//www. xamzj. gov. cn/content. jsp? urltype = news. NewsContentUrl&wbnewsid = 7732&wbtreeid = 1009）。

　　［125］陕西民政：《陕西省老龄事业发展"十二五"规划任务分解方案》（http：//shaanxi. mca. gov. cn/article/mzyw1/201205/20120500312441. shtml）。

　　［126］陕西统计局：《2013 年陕西省国民经济和社会发展统计公报》，陕西经济信息网（http：//www. sei. gov. cn/ShowArticle2008. asp? ArticleID = 238610）。

　　［127］《陕西省人民政府关于进一步完善困难残疾人生活补贴和重度残疾人护理补贴制度的实施意见》（陕政发〔2016〕2 号），陕西省人民政府网（http：//www. shaanxi. gov. cn/0/103/11329. htm）。

　　［128］《陕西省人民政府关于加快推进残疾人小康进程的实施意见》（陕政发〔2015〕33 号），2015 年 7 月 28 日，陕西省人民政府网（http：//www. shaanxi. gov. cn/0/103/11055. htm）。

　　［129］《陕西省人民政府关于加快发展养老服务业的意见》（陕政发〔2014〕21 号），2014 年 7 月 8 日，陕西省人民政府网，（http：//knews. shaanxi. gov. cn/0/103/10493. htm）。

　　［130］《陕西省人民政府办公厅关于鼓励和引导社会资本进入养老服务领域的若干意见》，陕西民政网（http：//shaanxi. mca. gov. cn/article/mzyw1/201310/20131000537714. shtml）。

　　［131］《陕西省民政厅兑现十项惠民承诺助推民生保障》，陕西传媒网（http：//www. sxdaily. com. cn/n/2013/1223/c145 - 5309860 - 1. html）。

　　［132］《陕西省 2013 年人口发展报告》，全国老龄委办网站（http：//www. cncaprc. gov. cn/tongji/50557. jhtml）。

[133] 上海民政：《社区居家养老服务规范》，中国社会福利网（http：//shfl. mca. gov. cn/article/bzgf/dfbzgf/201008/20100800102149. shtml）。

[134]《上半年我省民生经济调查报告出炉》，陕西民政网（http：//shaanxi. mca. gov. cn/article/snyw/201408/20140800679986. shtml）。

[135]《上海市发布 2013 年上海市老年人口和老龄事业监测统计信息》，上海民政网（http：//www. shmzj. gov. cn/gb/shmzj/node4/node10/node1775/u1ai37519. html）。

[136]《社区居家养老托起"夕阳红"》，2013 年 12 月 18 日，新浪网（http：//news. sina. com. cn/o/2013 - 12 - 18/061029013237. shtml）。

[137] 石人炳：《我国农村老年照料问题及对策建议——兼论老年照料的基本类型》，《人口学刊》2012 年第 1 期。

[138]《水西社区"三纳入、四同步、四到位"开展居家养老服务工作》，2013 年 4 月 19 日，乌蒙新网（http：//www. cnwmw. cn/article-5654-1. html，2012-11-27）。

[139]《四川居家养老服务覆盖率超过一半》，四川日报网（http：//politics. scdaily. cn/szyw/content/2013 - 11/13/content_ 6396591. htm? node = 3605）。

[140] 四川日报：《全省首个农村新型社区老年助残关爱站开放》，2013 年 4 月 19 日（http：//www. sc. gov. cn/jrsc/201012/t20101220_ 1102113. shtml，2010-12-20）。

[141] 四川日报：《四川力争"十二五"末初步形成"9073"养老格局》，2013 年 4 月 19 日（http：//sichuan. scol. com. cn/dwzw/content/2012-05-24/content_ 3744099. htm? node = 968，2012-05-24）。

[142] 四川省民政厅：《资阳：创新居家养老服务模式 探索建设虚拟养老院》，2013 年 4 月 19 日（http：//www. scmz. gov. cn/InfoDetail. asp? ID = 11110，2012-05-24）。

[143]《寺庙建养老院列入西藏十二五规划》，网易新闻（http：//

news. 163. com/14/0109/06/9I4L2AB200014AED. html/2014-01-09）。

　　［144］孙炳耀：《当代英国瑞典社会保障制度》，法律出版社 2000 年版。

　　［145］孙思：《社区居家养老服务供给主体的多元化构建》，《社会福利》2016 年第 5 期。

　　［146］孙泽宇：《我国城市老年人长期护理的现状与对策》，《中国老年学杂志》2009 年第 8 期。

　　［147］台湾长期照护专业协会：《照顾服务福利及产业开发方案实施调查（2006）》。

　　［148］台湾老人福利推动联盟：《老人福利白皮书》，2003 年。

　　［149］台湾内政主管部门：《老人状况调查》，2005 年。

　　［150］台湾"内政部"：《老人赡养护及长期照护资源分布表》，2005 年。

　　［151］台湾"内政部"：《老人福利服务办理成果统计》，2006 年。

　　［152］台湾"内政部"：《老人赡养护及长期照护资源分布表》，2007 年。

　　［153］台湾卫生部门：《台湾地区"老人保健与生活问题"调查》，2006 年。

　　［154］台湾"行政院"社会福利推动委员会长期照顾制度规划小组：《改善长期照顾居家服务各项措施规划报告》，2005 年。

　　［155］台湾"行政院"社会福利推动委员会长期照顾制度规划小组：《加强居家式健康服务规划报告》，2005 年。

　　［156］台湾"行政院"社会福利推动委员会长期照顾制度规划小组：《整合照顾管理组织及功能规划报告》，2005 年。

　　［157］台湾"行政院"卫生署：《卫生统计年报》，2005 年。

　　［158］台湾研究发展考核委员会：《2020 年的人口社会结构预测》，2009 年。

　　［159］田玲、张思峰：《居家养老服务发展的思路框架与制度安排——基于国际实践经验的分析探讨》，《改革与发展》2014 年第 6 期。

　　［160］王飞：《西安养老困局：利润太薄　养老机构苦苦支撑》，华商网（http：//news. hsw. cn/system/2010/08/14/）。

［161］王培霖：《苏州"虚拟养老院"探路》，2012 年 12 月 25 日（http：//finance. eastmoney. com/news/1350，20121225265110269. html）。

［162］王志俭：《日间照料中心：现代养老新方式》，每日甘肃网（ http：//gansu. gansudaily. com. cn/system/2014/03/17/014927867. shtml）。

［163］《我国失能、半失能老人近 4000 万人》，2015 年 12 月 6 日，新华网（http：//news. xinhuanet. com/local/2015-12/06/c_ 1117370072. htm）。

［164］《我省首个街道老年就餐配餐中心运营》，陕西西安民政网（http：//xian. mca. gov. cn/article/gzdt/201310/20131000530206. shtml）。

［165］《我市将建百个老年餐桌示范点　下拨 400 万元专项资金　每个示范点拟补助 3 万—5 万元》，陕西西安民政网（http：//xian. mca. gov. cn/article/gzdt/201310/20131000529688. shtml）。

［166］王静、吴明：《北京市某城区居家失能老年人长期护理方式选择的影响因素分析》，《中国全科医学》2008 年第 11 期。

［167］王顺茗、林欢：《大学生志愿服务居家养老存在的问题及其对策——以广西南宁为例》，《广西青年干部学院学报》2010 年第 4 期。

［168］王素英：《中国社会养老服务体系建设现状及思路》，《社会福利（理论版）》2012 年第 9 期。

［169］韦宇红：《我国城市社区养老服务资源有效供给研究》，《理论导刊》2012 年第 6 期。

［170］邬沧萍：《人口老龄化对社会经济的影响和我们的对策》，《中国特色社会主义研究》2001 年第 6 期。

［171］邬沧萍：《社会老年学》，中国人民大学出版社 1999 年版。

［172］［苏］乌尔拉尼斯：《世界各国人口手册》，魏津生等译，四川人民出版社 1982 年版。

［173］《武隆：用"3+1"模式关爱"空巢老人"》，2013 年 4 月 19 日，新华网重庆频道（http：//www. cq. xinhuanet. com/2012-05/14/c_ 111945447. htm，2012-05-14）。

［174］《乌鲁木齐居家养老现状调查 推行 6 年仍处起步阶段》，2013 年 4 月 19 日，人民网（http：//xj. people. com. cn/n/2013/0225/c345984-18204978. html，2013-02-25）。

［175］《乌鲁木齐年内将试点居家养老服务信息平台》，2013 年 4 月 19 日，新疆网（http：//www. hongshannet. cn/News/2013-03/14/content_ 2107336. htm，2013-03-14）。

［176］武学慧、唐幼纯、王维：《上海市老年长期护理（LTC）需求实证分析》，《劳动保障世界》2010 年第 10 期。

［177］邬艳芳：《昆明官渡区东华路社区居家养老模式受群众称赞》，云南网（http：//society. yunnan. cn/html/2014-03/13/content_ 3122466. htm）。

［178］吴玉韶：《中国老龄事业发展报告（2013）》，2013 年 2 月 27 日，全国老龄工作委员会办公室网站（http：//www. cncaprc. gov. cn/jianghua/22341. jhtml）。

［179］《西安市残疾人托养服务工作实施方案出台，残疾人托养补贴实现新标准》，2014 年 5 月 9 日，陕西传媒网（http：//www. xa-dpf. org. cn/ptl/def/def/index_ 1269_ 2265_ ci_ trid_ 1045604. html）。

［180］西安市公布《加快推进社会养老服务体系建设实施意见》，陕西省人民政府网（http：//www. shaanxi. gov. cn/0/1/9/42/135633. htm/2012-12-12）。

［181］《西安市民政财政密集出台五个养老配套文件推动社会养老服务体系建设更好更快发展》，民政部网站（http：//www. mca. gov. cn/article/mxht/mtgz/201309/20130900515731. shtml）。

［182］西安日报：《西安市将提高残疾人托养服务补贴标准》，（http：//news. cnwest. com/content/2014-06/10/content_ 11236873. htm）。

［183］《西安市政府工作报告》，中国经济网（http：//district. ce. cn/zt/zlk/bg/201402/10/t20140210_ 2268479. shtml）。

［184］谢琼：《人口老龄化与老年残疾人保障体系的构建》，《中国人民大学学报》2008 年第 1 期。

［185］谢婷、李放：《政府购买居家养老服务的供给现状——基于

南京市服务对象的调查》,《社会福利》2016 年第 5 期。

［186］谢秀珍:《我国老年人权利法律保护的对策研究》,《公会论坛》2010 年第 4 期。

［187］新华社:《青海为 1200 余户残疾人家庭提供无障碍设施改造服务》,2013 年 4 月 19 日（http://sdleshan. e23. cn/2012/1214/1401. html,2012-12-14)。

［188］《新疆构建"9073"养老服务模式 居家养老成为主流》,2013 年 4 月 19 日,新华网（http://pension. hexun. com/2012-10-21/147032840. html,2012-10-21)。

［189］《新疆今年重点推进居家养老和社区养老》,2013 年 4 月 19 日,新疆新闻在线网（http://www. xjxnw. gov. cn/zx/snkx/jnkx/03/992395. shtml,2013-03-04)。

［190］《新疆克拉玛依区养老工作情况简介》,腾讯新闻网（http://news. qq. com/a/20130722/004645. htm)。

［191］徐宏:《中国老年残疾人养老服务供需问题研究——基于 9 省调查问卷的分析》,《经济管理研究》2015 年第 3 期。

［192］许光:《制度变迁与利益分配:福利三角模式在我国的应用与拓展》,《中共浙江省委党校学报》2010 年第 3 期。

［193］许孟婕、徐丽萍:《坚守 10 余年 开创居家养老"昆明模式"》,法制网（http://www. legaldaily. com. cn/locality/content/2014-04/29/content_ 5487846. htm? node=30530)。

［194］阎青春:《四种居家养老服务模式的"利"与"弊"》,《社会福利》2009 年第 3 期。

［195］杨洪涛:《贵州农村居家养老服务三难题待解》,2013 年 4 月 19 日（http://news. cnfol. com/121116/101,1281,13700321,00. shtml,2012-11-16)。

［196］杨梨、钟静霞:《社会工作视阈下的中国社区居家养老》,《社会福利》2012 年第 8 期。

［197］杨敏、张河川:《对我国政府购买居家养老服务发展的思考》,《社会学研究》2010 年第 4 期。

［198］姚文、刘小芹、冯学山:《社区脑卒中患者的日常生活能力

与长期照料需求研究》，《中国初级卫生保健》2010 年第 10 期。

　　［199］姚远：《对家庭养老概念的再认识》，《人口研究》2000 年第 9 期。

　　［200］姚远：《老年残障对我国家庭养老功能变化的影响》，《人口研究》2009 年第 2 期。

　　［201］姚远、陈昀：《老年残疾人身份认同问题研究》，《人口研究》2011 年第 6 期。

　　［202］姚远：《我国老年群体的多标志特征及相关政策构建——基于北京市老年残疾人的视角》，《人口与经济》2009 年第 2 期。

　　［203］姚远：《中国家庭养老研究》，中国人口出版社 2001 年版。

　　［204］《一个呼叫器开启居家养老新生活》，2013 年 4 月 19 日，宁夏新闻网（http：//www. nxnews. net/zt/system/2012/09/13/010423429. shtml，2012-09-13）。

　　［205］易松国：《社会福利社会化的理论与实践》，中国社会科学出版社 2006 年版。

　　［206］《银川改造残疾人家庭无障碍设施》，2013 年 4 月 19 日，新华网（http：//www. people. com. cn/h/2011/1021/c25408 - 3262894101. html，2011-10-21）。

　　［207］《云南安宁创新居家养老模式为老年人"暖巢"》，2013 年 4 月 19 日，中国广播网（http：//native. cnr. cn/city/201210/t20121016 _ 511137825. html2012-10-16）。

　　［208］《云南积极应对人口老龄化 大力发展老龄服务事业》，2013 年 4 月 19 日，云南网（http：//cp. cctv. com/20130117/106002. shtml，2013-01-17）。

　　［209］《云南今年将新建 500 个居家养老服务中心》，2013 年 4 月 19 日，云南网（http：//www. yn. xinhuanet. com/newscenter/2013-01/ 23/c_ 132121366. htm，2013-01-23）。

　　［210］云南日报：《昆明市首个温馨家庭服务中心居家养老项目启动》，2013 年 4 月 19 日（http：//newhouse. km. soufun. com/2013-01- 06/9313569. htm，2013-01-06）。

　　［211］臧秀娟、赵亮：《贵阳市城市居家养老问题研究》，《贵州商

业高等专科学校学报》2011 年第 1 期。

[212] 张国平:《居家养老社会化服务的新模式——以苏州沧浪区"虚拟养老院"为例》,《宁夏社会科学》2011 年第 3 期。

[213] 张红凤、孙敬华:《居家养老服务供给模式比较分析及优化策略——以山东省为例》,《山东财经大学学报》2015 年第 5 期。

[214] 张晖:《"居家养老服务"中国本土化的经验审视》,《西北大学学报》2013 年第 5 期。

[215] 张晖:《"居家养老服务"是服务输送还是补贴发放?》,《浙江学刊》2013 年第 5 期。

[216] 张磊、吕庆喆、陈新民:《2011 年度全国残疾人状况及小康进程监测报告(上)》,《残疾人研究》2012 年第 3 期。

[217] 张磊、吕庆喆、陈新民:《2011 年度全国残疾人状况及小康进程监测报告(下)》,《残疾人研究》2012 年第 4 期。

[218] 张金峰:《老年残疾人社会保障需求的性别差异研究》,《中华女子学院学报》2011 年第 1 期。

[219] 张金峰:《中国老年残疾人口异质性分析》,《石家庄经济学院学报》2010 年第 1 期。

[220] 张旭升、张孝廷:《服务投递者参与政府购买居家养老服务的动机、行动策略及政策建议》,《西北人口》2013 年第 1 期。

[221] 张艳芳:《促进养老服务供求失衡的中国政府购买养老服务政策研究》,《西北人口》2016 年第 1 期。

[222] 张盈华:《老年长期照护的风险属性与政府职能定位:国际的经验》,《西北大学学报》2012 年第 10 期。

[223] 张盈华:《老年长期照护:制度选择与国际比较》,经济管理出版社 2015 年版。

[224] 张玉琼:《中国老年人社区健康照护现状、问题与对策研究》,《中国老龄科学研究》2013 年第 3 期。

[225] 张玉琼、许琳:《家庭政策视角下的失能老人养老服务研究》,《残疾人研究》2016 年第 2 期。

[226] 赵蓓蓓:《中国社会残疾人渐边缘化 出行障碍更为突显》,中国新闻网(http://www.chinanews.com/gn/2011/09-27/3355532.

shtm）。

　　［227］赵建玲：《老年残疾人家庭现状与需求特点分析》，《残疾人研究》2014 年第 1 期。

　　［228］赵艳华：《河北省需求结构转变下养老服务供给模式创新研究》，《产业与科技论坛》2015 年第 24 期。

　　［229］郑功成：《残疾人社会保障：现状及发展思路》，《中国人民大学学报》2008 年第 8 期。

　　［230］郑功成：《中国残疾人社会保障的宏观思考》，《河南师范大学学报》2007 年第 6 期。

　　［231］中华人民共和国国务院新闻办公室：《国家人权行动计划（2012—2015）》（http：//politics. people. com. cn/GB/70731/18142657. html）。

　　［232］中华人民共和国国家统计局：《中华人民共和国 2015 年国民经济和社会发展统计公报》，中央政府门户网站（http：//www. stats. gov. cn/tjsj/zxfb/201602/t20160229_ 1323991. html）。

　　［233］《中共中央国务院关于促进残疾人事业发展的意见》，中央人民政府网（http：//www. gov. cn/gongbao/content/2008/content_ 987906. htm）。

　　［234］中国残联研究室、北京大学人口研究所、国家统计局统计科学研究所：《2008 年度全国残疾人状况及小康进程监测报告》，中央政府网站（http：//www. gov. cn/fwxx/cjr/content_ 1315535. htm）

　　［235］中国残联研究室、北京大学人口研究所、国家统计局统计科学研究所：《2009 年度全国残疾人状况及小康进程监测报告》，中央政府门户网站（http：//www. gov. cn/jrzg/2009 - 12/02/content_ 1478080. htm）。

　　［236］中国残联研究室、北京大学人口研究所、国家统计局统计科学研究所：《2012 年度全国残疾人状况及小康进程监测报告》，中央政府门户网站（http：//www. gov. cn/jrzg/2013 - 06/26/content_ 2434785. htm）。

　　［237］中国残联研究室、北京大学人口研究所、国家统计局统计科学研究所：《2013 年度全国残疾人状况及小康进程监测报告》，中残

联网站（http：//www. cdpf. org. cn/ggtz/content/2014－07/30/content_
30458722. htm）。

［238］《中国老龄事业发展"十二五"规划》，2011 年 9 月 23 日，
中国新闻网（http：//www. chinanews. com/gn/2011/09－23/3349429_
2. shtml）。

［239］中国老龄科学研究中心课题组 张恺悌、孙陆军、牟新渝、
王海涛、李明镇：《全国城乡失能老年人状况研究》，《残疾人研究》
2011 年第 2 期。

［240］《中国家庭空巢率超 50% "老有所依"该如何实现？》，
《光明日报》2016 年 2 月 18 日，新华网（http：//news. xinhuanet.
com/politics/2016-02/18/c_ 128730413. htm）。

［241］中国经济时报：《宁夏石嘴山强化农村老人居家养老服务》，
2013 年 4 月 19 日，（http：//news. hexun. com/2013-02-22/151356901.
html，2013-02-22）。

［242］《中国空巢家庭接近五成 将出现老龄化高峰》，凤凰网（ht-
tp：//finance. ifeng. com/roll/20090827/1158336. shtml）。

［243］中国居家养老调查：《专业服务人才少资金不足》（http：//
shaanxi. mca. gov. cn/article/llyj/201405/20140500643140. shtml）。

［244］《中央专项彩票公益金支持农村幸福院项目管理办法》，中
央 人 民 政 府 网（http：//www. gov. cn/zwgk/2013 － 05/22/content _
2408528. htm）。

［245］主席令（第 3 号）：《中华人民共和国残疾人保障法》，中央
政 府 门 户 网 站（http：//www. gov. cn/jrzg/2008 － 04/24/content _
953439. htm）。

［246］主席令（第 73 号）：《中华人民共和国老年人权益保障法》，
中央政府门户网站（http：//www. gov. cn/banshi/2005-08/04/content_
20203. htm）。

［247］资阳市民政局：《资阳在全省首创"一键通"居家养老服务
中心》，2013 年 4 月 19 日（http：//smzj. ziyang. gov. cn/details. aspx?
id=650，2011-11-25）。

［248］《19 省建高龄津贴制度》，陕西民政网（http：//shaanxi.

mca. gov. cn/article/mzbyw/201407/20140700673838. shtml）。

〔249〕《2013 年西安市社区居家养老服务运营奖励名单公示》，西安市民政局网站（http：//www. xamzj. gov. cn/info/1035/10232. htm/2013-11-2）。

〔250〕《2013 年西安市政府工作报告》，陕西省人民政府网（http：//www. shaanxi. gov. cn/0/1/75/528/139470. htm/2013-02-20）。

〔251〕2014 年上海市政府实事项目：《为 29 万名需要生活照料的老人提供社区居家养老服务》，上海民政网（http：//www. shmzj. gov. cn/gb/shmzj/node9/node1780/node1782/index. html）。

〔252〕《2015 年中国残疾人事业发展统计公报》（残联发〔2016〕14 号）（http：//www. cdpf. org. cn/zcwj/zxwj/201604/t20160401_ 548009. shtml）。

〔253〕 American Health Care Association Reimbursement and Research Department, *Trends in Nursing Facility Characteristics*, June 2011.

〔254〕 Anne Reimat, *Welfare regimes and long-term care for elderly people in Europe*, The European Social Model in a Global Perspective IMPAL-LA-ESPAnet Joint conference, March 2009.

〔255〕 Baggott, R., *Health and Health Care in Britain*, London：St. Martin's Press, 1994.

〔256〕 Centers for Medicare & Medicaid Services（CMS）, *Nursing Home Data Compendium*, 2010, Table 2. 2, Table 2. 4.

〔257〕 Colombo, F. et al., *Help Wanted? Providing and Paying for Long-Term Care*, OECD 2011.

〔258〕 Commission for Economic Planning and Development, Executive Yuan, *Population Projection of Taiwan Area*：2006 to 2051.

〔259〕 Howard Gleckman, *Long-Term Care Financing Reform：Lessons From The U. S. And Abroad*, The Urban Institute, February 2010.

〔260〕 MetLife Mature Market Institute, *Market Survey of Long-Term Care Costs*, 2011.

〔261〕 Morrow Howell, N., *Volunteering in later life：Research frontiers*, Journal of Gerontology：Social Sciences, 65B, No. 4, 2010.

[262] OECD, *Projecting OECD Health and Long-Term Care Expenditures: What Are The Main Drivers?* OECD, Economics Department Working Papers, No. 477, 2006.

[263] Policy Watch: U. S. *Disability Policy in a Changing Environment Richard V. Burkhauser*, The Journal of Economic Perspectives, Vol. 16, No. 1, Winter 2002.

[264] Quinn, W., *Personal and Family Adjustment in Later Life*, Journal of Marriage and the Family, No. 10, 1982.

[265] Sherrade, M. Morrow Howell, N. Hinterlong, J. & Rozario, P., "Productive Aging: Theoretical Choices and Directions", In N. Morrow Howell, J. Hinterlong & M. Sherraden, eds. *Productive Aging: Concepts and Challenges*, Baltimore: Johns Hopkins University Press, 2001.

[266] Stoller, E., *Inform Nerworks of Community Based Elderly: Changes in Composition over time*, Research on Ageing, No. 10, 1988.

[267] WHO, *Home-Based and Long-term Care. Report of a WHO Study Group*, WHO Technical Report Series 898, 2000.

后　记

　　本书是在我主持的国家社科基金项目"西部地区老年残疾人居家养老服务供给体系研究"（10BSH059）的最终研究成果的基础上完成的。项目自 2010 年立项，经历了文献搜集、实地调研、问卷调查、个案访谈、课题组讨论、学术会议交流、完成论文与研究报告写作等研究环节，2014 年 9 月完成了预定研究计划，提交结项申请，2015 年 7 月获得结项证书。参与本课题资料收集、问卷调查、访谈以及发表课题论文的课题组成员主要有唐丽娜、任都甜、艾东、高磊、程欣、石玗、顾柳堃、张盈华、张晖、翟绍果、张艳妮、徐敬凯、李敬、刘欣、张心远等。本人和王俊丽、王晓东、丁一、刘云娜等老师分别组织西北大学、宁夏大学、内蒙古大学、兰州政法学院、西藏民族学院等高校的学生在陕西、宁夏、内蒙古、甘肃、西藏和四川等省区完成了问卷调查。问卷统计分析主要由石玗、唐丽娜完成。在本书的写作过程中，高磊、刘欣、王美琪为第二章和第六章提供了部分资料，张盈华、顾柳堃、程欣参与了第三章的撰写，唐丽娜完成了第四章的撰写。张玉琼参与了书稿的格式校订。感谢课题组全体成员齐心协力对课题研究的辛勤努力与付出！

　　在课题调研过程中，课题组得到了陕西省民政厅、陕西省老龄委、陕西省残疾人联合会、甘肃省民政厅、兰州市民政局、西安市民政局、西安市残疾人联合会、西安市莲湖区民政局、莲湖区残疾人联合会、莲湖区居家养老服务中心、未央区养老服务中心等部门和机构以及我们走访的相关社区的大力支持和帮助，在此一并致以深深的感谢！同时，还要感谢在西部多个省区的调研中接受我们问卷调查和深度访谈的所有残障老人及其家属！本书参考了大量国外有关文献，特向各位文献作者表示由衷的感谢！本书的出版得到了西北大学公共管理学院的大力支持以及出版基金的资助，特此说明。

　　本书的出版得到了中国社会科学出版社孙萍编辑的大力支持和帮助，在此表示衷心的感谢！

　　由于研究水平有限，本书一定存在疏漏或不妥之处，恳请专家学者和广大读者的批评指正。

许　琳

2016 年 7 月 25 日于西北大学